教科と総合に活かす

ポートフォリオ評価法

新たな評価基準の創出に向けて

西岡加名恵著

図書文化

序 確かな学力保障にポートフォリオ評価法を！

　ポートフォリオとは，本来，画家や建築家，新聞記者といった職業の人々が，雇い主に自らを売り込むときに用いる「紙ばさみ」，ファイルやスクラップ帳のことを指す。たとえば画家であれば，自分の代表作や個展のビラ，新聞に載った批評などを綴じ込む。それを見れば，その画家の力量や画風，さらには社会的な評価が一目瞭然である。さらに，ポートフォリオづくりは画家自身にとっても，自らの作品の良し悪しを見分けつつ自分の歩みを振り返る機会となるし，自分の到達点を確認し，今後の課題や目標を考える場ともなる。そのようなポートフォリオづくりを子どもたちに行わせることによって，子どもたちの学習に対する**自己評価力を育む**とともに，**教師も子どもの学習と自分の指導をより幅広く，深く評価しよう**とするのがポートフォリオ評価法である。つまり，ポートフォリオに子どもの作品や自己評価の記録，教師の指導と評価の記録を蓄積していく中で，学習活動と教育活動を評価することができる。ポートフォリオ評価法の一つの特徴は，そのような評価の目的や主体については多様に設定できるという柔軟性をもっている点にある。

　日本において，ポートフォリオという用語ほど急速に普及した教育用語も少ないだろう。ほんの数年前までは，「ポートフォリオ？　何ですか，それは？」という反応が返ってくることがほとんどであった。現在では，少なくとも言葉は知っているという教師がほとんどである。しかし反面，<u>学習ファイルとどう違うのかよくわからない，労力がかかるわりにどう役立つのかがわからない</u>，という声を今でも耳にする。

　私自身，ポートフォリオをめぐっては，2つのことを危惧している。一つは，ポートフォリオが総合学習とのみ結びつけられてしまいがちな点である。日本

では，ポートフォリオの普及に特殊な経緯が見られる。すなわち，「総合的な学習の時間」においては従来の筆記テストでは評価ができそうにない，そこで代替の評価法はないかという発想からポートフォリオ評価法が紹介された。たしかにポートフォリオ評価法は総合学習にも役立つが，本書で明らかにするように，英米においてポートフォリオ評価法はむしろ教科教育において用いられている。学生時代から到達度評価に関心をもってきた私がポートフォリオ評価法と出会ったときにまず感じたのは，「これで到達度評価が面白くなる！」という強烈な印象であった。2002年度からの指導要録において本格的に導入された「目標に準拠した評価」（以下，目標準拠評価）を充実させるためにも，**ポートフォリオ評価法はさらに活用されるべき**だと考える。だが，ポートフォリオ評価法を教科教育において活かした実践例は，日本ではまだ少ない。

　もう一つの心配事は，総合学習においてポートフォリオが用いられる場合，単にファイルに資料を蓄積しただけに終わる例や，見栄えの良いポートフォリオづくりにのみ重点が置かれる例が多く見られる点である。ポートフォリオを**単なる学習ファイルにとどまらない，「評価法」として用いるためには，まず教師が子どもの具体的なパフォーマンスを捉えるための評価基準をもつこと，またそれを子どもにも伝えて子どもの自己評価力を養うことが必要不可欠**である。そのために，**ポートフォリオについて話し合う場，すなわちポートフォリオ検討会**（portfolio conference）が行われることが重要である。しかし，具体的にポートフォリオ検討会の時間をどう確保し，どう進めるかについても，日本ではこれまで十分に明らかにされてきたとはいいがたい。

　ここで改めて日本における先行研究を振り返ってみると，その多くは，日本においてポートフォリオ評価法をいかに導入できるかを探ることに関心の焦点を置いていた。したがって，アメリカ合衆国（以下，アメリカ）においてポートフォリオ評価法が登場した背後にある評価観の転換を紹介し，日本における具体的な進め方を提案するという形のものが多かった[1]。その中から，日本での優れた実践づくりの成果を踏まえた著作も生み出されてきている[2]。

　ただ，英米におけるポートフォリオ評価法についての研究という観点からこ

れらの先行研究を見直すと、ややもすればアメリカでの実践の共通性が抽出される形で紹介されがちな傾向があることに気づく。ポートフォリオ評価法の多様性にふれる少数の例外[3]はあるものの、なぜそのような多様性が生じるのかにまで光をあてた研究は、管見の限りでは見当たらない[4]。

　実は、英米においてポートフォリオ評価法は、異なるカリキュラム観に基づき多様に展開している。私は、かねてから、基準準拠型・基準創出型・最良作品集という3種類のポートフォリオの存在に注目してきた[5]。基準準拠型ポートフォリオというのは、教育する側が評価基準をあらかじめ設定し、それと照らし合わせて作品を収集していくタイプである。一方、最良作品集ポートフォリオの場合は、子どもが自分にとって重要な作品を自由に選ぶことができる。基準創出型ポートフォリオは両者の中間的な形態であり、教師と子どもが相互交渉を行いながら、どの作品を残していくかを決めていくタイプである。3種類のポートフォリオは、作品を選ぶ権利、つまり評価基準を設定する権利が誰に属するかに対応している。これをポートフォリオの所有権（ownership）という。3つに着目することは、教育と学習の評価について考える上で、その主体の位置づけを整理する上で役立つ。

　結論を先取りしていえば、ポートフォリオ評価法を実践する際には**目的に応じてどの種類を用いるかを選ぶことが重要である。すなわち教科教育においては基準準拠型ポートフォリオを、総合学習においては基準創出型ポートフォリオを用いる必要がある**。そこで本書ではポートフォリオ評価法の基本的な原則を今一度確認した上で、それぞれのタイプのポートフォリオについて詳述し、今後の実践への示唆を与えることを目指したい。

　ここで、各章の内容を紹介しておこう。第1章では、日本における教育評価研究のこれまでの流れを概観する。ここでは目標準拠評価の先行理論ともいうべき到達度評価論において、どこまでが解明され、何が課題として残されていたかを明らかにする。また今後の展望を探るため、近年の学習観の転換（**構成主義的学習観**）、「**真正の評価**」（authentic assessment）論と「**パフォーマンスに基づく評価**」（performance-based asssessment）、自己評価論、子ども

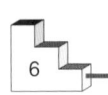

の参加論を整理する。また，英米においてポートフォリオ評価法がどのように登場してきたか，その経緯を述べる。

　第2章では，ポートフォリオ評価法の基本的な考え方と進め方を確認する。ポートフォリオ評価法の実践は一枚岩ではないが，ある程度の共通性が見られることも事実である。そこで第2章では，ポートフォリオが「評価法」となるための基本的な原則を押さえるとともに，特にポートフォリオ検討会の進め方について詳しく扱う。

　第3章では，総合学習と基準創出型ポートフォリオを検討する。ここではカリキュラムにおける総合学習の位置づけを確認し，総合学習に見られる単元の構造と評価の観点を提案する。「総合的な学習の時間」は各学校が創意工夫を活かして自由に実践すべき時間であるが，筆者は総合学習を子どもの興味・関心に基づく探究を主軸に展開する，カリキュラムの領域として捉える立場に立っている。ここでは，そのような総合学習において基準創出型ポートフォリオをどう活用できるかについて，ポイントを整理する。

　第4章・第5章では，基準準拠型ポートフォリオに焦点を当て，教科教育においてそれをどのように活用できるかを探る。第4章では，目標準拠評価を実施するにあたって，指導要録の各観点に対応した評価のあり方を提案する。ここでは基準準拠型ポートフォリオを推奨しているウィギンズ（G. Wiggins）の理論に特に焦点を当てたい。構成主義的学習観に基づき重視されているような「高次の学力」を評価するためには**パフォーマンス課題**（performance task）を採り入れることが重要である。そこで，パフォーマンス課題とその評価基準表である**ルーブリック**（rubric）の開発方法と指導法を扱う。最後に，「関心・意欲・態度」の評価の位置づけ方についても検討したい。

　さらに第5章では，パフォーマンス課題を取り入れた「学力評価計画」の具体的なイメージを明らかにしたい。目標準拠評価を行う際には，まず評価基準となる**妥当な目標を絞り込み，それが達成されたことを示す証拠は何かを考える必要がある**。それらの証拠のリストが，基準準拠型ポートフォリオに入れるべき作品の規定となる。ここでは特に，100年以上の歴史があるイギリス（主にイングラ

ンド）の資格制度を検討したい。日本において導入されたばかりの目標準拠評価をそれと同水準にまで体系立てることは一足飛びには不可能であろう。しかし、目標準拠評価がシステムとしてどう機能しうるかのイメージを把握しておくことは、現時点でも有意義なことだと信じ、あえて詳しく紹介したい。

第6章では、最良作品集ポートフォリオについて扱う。最良作品集ポートフォリオは、子ども中心主義のカリキュラム理論を背景に登場しているものである。それは目標準拠評価とは異なる発想に基づいており、教育評価論全体の体系を見直す意味でも意義深い提案がなされている。ここでは最良作品集ポートフォリオの代表的実践校であるアメリカのクロー・アイランド小学校の事例研究を行う。

以上を総括する終章では、ポートフォリオ評価法の意義を改めて確認するとともに、基準準拠型ポートフォリオと最良作品集ポートフォリオの間にある「論争」から私たちが学ぶべき点について考察したい。

読者には興味のある章から読んでいただきたい。ポートフォリオ評価法の基本を確認するには第2章が欠かせないが、たとえば総合学習に興味のある方は第3章を、教科教育においてポートフォリオを活用したいと考えている方は第4章と第5章を読まれるとよいと思う。また、各章の冒頭には要旨を、各章末には要点をまとめたQ&Aを配置した。Q&Aを通して読んでいただくだけでも、本書の趣旨は把握していただけるのではないかと思う。学校現場で問題となっている評価の論点の中には、論争的なものも多い。本書ではあくまで一つの立場から提案を行うことによって、現場の課題と結びついた方向で今後の論争が進むことを期待している。読者には率直なご批正を願いたい。

ポートフォリオ評価法が単なる形式として流行するにとどまらず、一つの理念をもったアプローチとして定着するのであれば、日本における優れた実践の蓄積を再発見し、さらに発展させる契機となるだろう。本書がポートフォリオ評価法の本質的な特徴と多様な展開の可能性について理解していただく一助となれば幸いである。

なお、本書で報告する研究成果は、天野正輝先生、Professor Clyde Chitty

をはじめとする恩師の先生方，研究に協力してくださった多数の学校の先生方，鳴門教育大学でお世話になっている方々，友人や家族の支えがあって得られたものである。また出版にあたっては，石井英真氏・遠藤貴広氏に草稿に目を通してもらってコメントをいただいたほか，図書文化社の編集者工藤彰眞氏に粘り強いご支援をいただいた。これらの方々に対し，心からの謝意を表明したい。

2003年4月

(1) 加藤幸次・安藤輝次『総合学習のためのポートフォリオ評価』（黎明書房，1999年），小田勝己『総合的な学習に適したポートフォリオ学習と評価』（学事出版，1999年），高浦勝義『ポートフォリオ評価法入門』（明治図書，2000年）など。

(2) 安藤輝次『ポートフォリオで総合的な学習を創る』（図書文化，2001年），佐藤真編『ポートフォリオ評価による通知表・指導要録の書き方―小学校各教科・総合的な学習の時間―』（学事出版，2001年），寺西和子『確かな力を育てるポートフォリオ評価の方法と実践』（黎明書房，2003年），宮本浩子「自己評価力を育てるポートフォリオ検討会」（『教育目標・評価学会紀要』第11号，2001年，pp.13-25）など。

(3) たとえば，堀江祐爾は，アメリカのウィスコンシン州マクファーランド地区において，「学習成果ポートフォリオ」，「展示ポートフォリオ」，「蓄積ポートフォリオ」の3種類が使い分けられていることを紹介している（堀江祐爾「アメリカにおける＜新しい＞国語科学力評価の方法―学習者の学びの過程と成果を蓄積するポートフォリオ評価―」全国大学国語教育学会『国語科教育』第44集，1997年，pp.134-125）。また，寺西和子は，ポートフォリオ作成の目的・内容・選択を，それぞれどうやるのかについて考える必要性を論じている（寺西和子『総合的な学習の評価―ポートフォリオ評価法の可能性―』明治図書，2001年，pp.61-62）。

(4) そのような中で，アメリカの文献が直接翻訳されつつあることの意義は大きい。たとえばE・ショアー，C・グレース（貫井正納他訳）『ポートフォリオガイド―10のステップ―』東洋館出版社，2001年。B・シャクリー他（田中耕治監訳）『ポートフォリオをデザインする―教育評価への新しい挑戦―』ミネルヴァ書房，2001年。また，イギリスのポートフォリオ評価法に関する文献の翻訳には，E・グロワート（鈴木秀幸訳）『教師と子供のポートフォリオ評価―総合的学習・科学編―』（論創社，1999年）がある。

(5) 拙稿「ポートフォリオ評価法とは何か？」田中耕治・西岡加名恵『総合学習とポートフォリオ評価法・入門編』日本標準，1999年。

目次 CONTENTS

教科と総合に活かすポートフォリオ評価法
――新たな評価基準の創出に向けて――

序　確かな学力保障にポートフォリオ評価法を！ ——— 3

第1章　教育評価論の成果と課題 ——— 15

１．教育評価と学力評価　15
【1】教育評価とは何か――教育評価の目的・対象・参加者　15／【2】学力評価の4つの立場――指導要録の変遷に注目して　18／【3】政策の転換――目標準拠評価と個人内評価の重視　22

２．教育目標＝学力をめぐる論議　24
【1】学力概念設定の意義――学力を保障するために　24／【2】課題　25／【3】展望　29

３．目標づくりをめぐる論議　31
【1】「目標分析」の問題点　31／【2】子どもの位置づけ　32／【3】大人の世代の参加論――学区制と選択制　38／【4】ポートフォリオ評価法への着目　39／【付論1】英米におけるポートフォリオ評価法の登場　39
Ｑ＆Ａ　48

第2章　ポートフォリオ評価法の考え方と進め方 ——— 52

１．ポートフォリオ評価法とは　52
【1】ポートフォリオ評価法の定義　52／【2】ポートフォリオ評価法の意義と課題　53／【3】ポートフォリオの容器――目的や中身，整理能力に応じて選ぶ　57／【4】ポートフォリオの中身――作品，自己評価の記録，指導と評価の記録　58／【5】ポートフォリオ評価法の6原則　59／【6】ファイルとどう違うのか　62

2．ポートフォリオの種類　63
【1】評価対象となる学習の範囲——ポートフォリオは学習の多様な範囲に対応できる柔軟な枠組み　63／【2】ポートフォリオの所有権——評価基準の設定権と作品の決定権　67

3．ポートフォリオ検討会の進め方　68
【1】ポートフォリオ検討会の種類——対話の進め方で3つに分けられる　68／【2】検討会での指導のポイント　70／【3】進め方の3タイプ　71／【4】ポートフォリオの「所有権」との対応関係　82／【5】検討会における指導のポイント　83

Q＆A　87

第3章　総合学習と基準創出型ポートフォリオ —— 94

1．カリキュラムにおける総合学習の位置づけ　94
【1】カリキュラム編成の2つの原理——子ども中心主義と学問中心主義　95／【2】カリキュラムの3類型　98

2．総合学習の特徴　101
【1】単元の構造——共通の大テーマ，直接的な体験重視，「問題解決のサイクル」の繰り返し　101／【2】評価の観点——中心は価値ある「問題」に気づくこと　104／【3】目標をパフォーマンスの具体像として捉え直す　109

3．総合学習の単元を始めるにあたって　110
【1】大テーマと重点目標の設定　111／【2】単元計画の作成——検討会のための時間をとる　112／【3】ポートフォリオの容器の選定　113／【4】ポートフォリオに残す資料　115／【5】ポートフォリオ評価法について目的・進め方を説明する　116

4．指導と評価のポイント　116
【1】ポートフォリオを整理し直す　116／【2】集団での話し合いを組織する　118／【3】個別・グループ別で対話する　124／【4】環境を整える　127

Q＆A　131

第4章　教科教育と基準準拠型ポートフォリオ ―――― 133
　　　　―目標と評価法の対応関係を踏まえて―

１．目標準拠評価と基準準拠型ポートフォリオ　133
【１】目標準拠評価の導入に伴う課題と基準準拠型ポートフォリオ　133／
【２】学力の種類と評価法の対応関係――学力の種類に適した評価法を選ぶ　134／
【３】ポートフォリオを活用する意義　138

２．パフォーマンス課題　140
【１】パフォーマンス課題の実例　140／【２】パフォーマンス課題の作り方　143

３．ルーブリック作成の手順のポイント　144
【１】ルーブリックとは何か　144／【２】ルーブリックの種類　147／【３】ルーブリック作り　148／【４】スタンダード――社会的に認められた水準　157／
【５】ルーブリックを理解させる指導　158

４．「関心・意欲・態度」の評価　161
【１】「関心・意欲・態度」の内実　161／【２】観点を見直す可能性　163／
【３】書式の変更　168／【４】クロス・カリキュラムの発想　169
Ｑ＆Ａ　177

第5章　教科教育における学力評価計画の策定 ―――― 188

１．学力評価計画の策定　188
【１】公開と承認の原則　188／【２】「逆向きの設計」――教育目標，達成と認められる証拠，学習という手順　189／【３】目標（能力概念と領域概念）と評価法の対応関係の整理　191／【４】３つの次元から学力評価計画を立てているイギリスの資格試験の例　193／【５】観点別の総括的評価――日常の評価を合計するか，最終・最良の出来で評価するか　196／【６】総合評定のつけ方――「全体的なルーブリック」の策定が求められている　199

２．学力評価計画を評価する　203
【１】妥当性と信頼性――「カリキュラム適合性」と「比較可能性」へ　204／
【２】実行可能性――これまで日本の議論に欠けていたもの　206／【３】評価

の公正性 206／【付論２】学力評価計画を開発するシステム：国家と学校を調整する中間項 208

Q＆A 214

第6章　最良作品集ポートフォリオと子どもの学び ──── 222

１．子ども中心主義のカリキュラムと最良作品集ポートフォリオ 222
【１】最良作品集ポートフォリオの意義 223／【２】最良作品集ポートフォリオを用いる上での留意点 224

２．クロー・アイランド小学校におけるポートフォリオ評価法の実践 225
【１】クロー・アイランド小学校の概要 225／【２】クロー・アイランド小学校の実践 226／【３】最良作品集ポートフォリオを支持する主張──個性的な学びのあり方を全体として把握する 233

３．最良作品集ポートフォリオの位置づけ 236
【１】学力評価と「学び」の評価 236／【２】大人による子どもの学習の評価 237／【３】子どもによる教育評価への参加 239

４．日本の実践に見る最良作品集ポートフォリオの要素 240
【１】鳴教大附小の「長期ポートフォリオ」 240／【２】指導要録の観点に対応させたポートフォリオ 241

Q＆A 245

終章　ポートフォリオ評価法の意義と展望 ──── 246

１．ポートフォリオ評価法の全体像 246
２．ポートフォリオ評価法の本質──学習と評価の主体性 247
３．学力評価と指導過程における位置づけ 250
４．社会的な目標づくりと教育評価における位置づけ 251

索引 ──── 254

Q&A

第1章 ——————————————————— 48
1. 絶対評価，目標準拠評価，到達度評価の違いは？
2. 思考・判断などの指導はどうすればよいのでしょうか？
3. 評価基準となる目標はどうやって作るのですか？
4. 「規準」と「基準」の使い分け方は？
5. 自己評価や相互評価に基づいて成績をつけてもよいですか？

第2章 ——————————————————— 87
1. ポートフォリオと，ファイルやノートとの違いは？
2. ポートフォリオには何を入れるのですか？
3. 子どもの「作品」ならすべて入れるのですか？
4. なぜ今さらポートフォリオなのですか？
5. ポートフォリオづくりに取り組んでも，ファイルと変わらないのですが…
6. 集めた「作品」をどう評価すればよいのでしょうか？
7. ポートフォリオを具体的にどう指導に活かせばよいのでしょうか？
8. ポートフォリオに「作品」が残りません…
9. ポートフォリオ評価法を始める前に考えておくことは？
10. ポートフォリオ検討会を行う時間などありません…
11. ポートフォリオに取り組んでも子どもの学びの振り返りの内容が深まりません…

第3章 ——————————————————— 131
1. 総合学習でも評価基準を設定しなければなりませんか？
2. 総合学習での「評価の観点」は？
3. 毎時間ポートフォリオに目を通してコメントするのは大変です…

第4章 ——————————————————— 177
1. 評価に追われ，この上教科までポートフォリオ評価法までする余裕がありません…
2. 基準準拠型ポートフォリオに収める「作品」とは？
3. 基準準拠型ポートフォリオはこれまでのポートフォリオのイメージと合わないのですが…

4. 指導要録の観点別に適した評価法を教えてください
5. パフォーマンス課題とは？ またどうやって作るのですか？
6. 改めて基準準拠型ポートフォリオなどといわなくても学習評価計画を立てています
7. 「知識・理解」と「思考・判断」は切り離せないと思うのですが？
8. ルーブリックとは？ 評価基準（表）との違いは？
9. 「特定課題のルーブリック」の作り方，「B（ふつう）」の基準の決め方は？
10. 学級・学校を越えて同等の「B（ふつう）」の基準を作るには？
11. 英米でルーブリックを課題とともに示すといいますが，子どもにはわかりにくくないですか？
12. ルーブリックや作品例を示すと，子どもがまねしたり点数にとらわれたりしませんか？
13. そもそも子どもの評価を点数でつけることに抵抗があります
14. 「関心・意欲・態度」の評価はどうすればよいのでしょうか？

第5章 ——————————————————— 214

1. 毎時間1～2つの観点を評価するのもなかなか大変です…
2. パフォーマンス課題を取り入れる時間がありません…
3. 入試に必要な知識を教えるだけで手一杯です！
4. 形成的評価と総括的評価の関係づけ方を教えてください
5. 指導要録の観点別学習状況欄は，単元ごとの評定を合計・平均すればよいのでしょうか？
6. 総合評定はどのように算出すればよいですか？
7. 学期ごとにルーブリックを作ると，力を伸ばしても，ずっとCをつけざるをえない子がでてしまいます…
8. 完全な学力評価計画など作れません。また指導過程で基準が変わることもあると思いますが？
9. 学力評価計画が社会的に承認されるとはどういうことですか？
10. 各学校で学力評価計画を作るのは難しいと思いますが？
11. 日本でも，資格授与団体が評価を担当すべきなのでしょうか？

第6章 ——————————————————— 245

1. 結局，3種類のポートフォリオのうちどれが最も優れているのですか？

第1章
教育評価論の成果と課題

> 　教育評価とは何か，まず，その目的・対象・参加者からその広がりを考える。次に，指導要録の変遷を通して，教育評価の中核である学力評価について認定評価（戦前の絶対評価），相対評価，個人内評価，到達度評価という4つの学力評価の立場を確認する。
> 　その後，現在の目標準拠評価による観点別評価と総合評定を行う際の課題を検討し，解決の展望を示す。そこには構成主義的学習観，「真正の評価」や「パフォーマンスに基づく評価」，目標づくりや評価への子どもや市民の参加といった動向がある。ポートフォリオ評価法はこれらの動向の中から発展してきた。

1．教育評価と学力評価

【1】教育評価とは何か──教育評価の目的・対象・参加者

　教育評価といえば，人々が真っ先に思い浮かべるのは，テストを行い，成績を通知表や指導要録につけるという営みであろう。このような成績をつける営みを**評定**というが，教育評価は評定をつける活動にとどまらない。梶田叡一のように，教育評価を「教育活動と直接的あるいは間接的に関連した各種の実態把握と価値判断のすべて」[1] を含む概念であると定義する論者もいるほどである。このように教育評価概念を幅広く設定すれば，教育評価を行う際には，何のための評価なのか（評価の目的），何を評価するのか（評価の対象），誰が評価に参加するのか（評価参加者），といった問いに答えなくてはならない。表1[2] は，これらの問いに対して想定しうる回答を整理したものである。

【評定】

一般的には，学期末や学年末に総括的評価として成績を判定し，通知表や指導要録に成績をつける行為を指します。指導要録の「評定」欄は，各教科の成績について「観点別学習状況」欄を総合して3段階ないし5段階で評価を記入する形になっています。（「観点別学習状況」欄も，ABCの3段階で記入する評定です）。一般的には評定のことを「評価」と呼びがちですが，評価は「評定」をつける作業のみではありません。

表1は，事実として教育評価という語で語られている要素を書き並べたものである。まず，**評価の目的**に注目すると，梶田の定義によれば，表1に挙げられた目的のすべてが教育評価の目的となりうるといえるだろう。しかし，教育評価論の中には，教育目標として設定された学力について，それが子どもの身についているかどうかを評価する営みを学力評価として捉え，**学力評価**を教育評価の中核に位置づける理論も登場している。これが，到達度評価論である。

表1　教育評価の目的・対象・参加者

（McTighe & Ferrara（1998）を参考に，筆者が大幅に改変した）

評　価　の　目　的	評　価　の　対　象	評　価　参　加　者 (主体／情報の受け手)
指導の計画や改善のため： ・子どもの長所やニーズを把握する ・学校がおかれている諸条件を理解する ・プログラムの効果を測る 指導方法として： ・学習上の期待についての情報を交流する ・学習についてフィードバックを与える ・知識・スキル等を応用する練習の機会を提供する ・動機づける 子どもの評定・学習集団編制・選抜のため： ・プログラムを選択する ・等級づける ・習熟度別学級編制を行う ・進級の可否を判断する ・入学許可・不許可を判断する ・資格を授与する 説明責任のデータ提供のため	子どもの学習 ・学力 ・人格形成（学び一般） 教育の方策 ・指導法，学習方法 ・授業 ・単元 ・教育課程 　（全体，または教科／総合学習／特別活動） ・教師 ・子ども集団，学級 ・教育条件・教育環境 ・教育経営／管理 ・学校 ・教育制度・教育政策 ・社会と学校の関係　など 教育目的・目標 ・教育目的 ・教育目標 　（上位目標・下位目標）	教師個人 子ども個人 子ども集団 教師集団 　（学年，教科，学校など） 学校管理者 保護者 地域住民 指導主事 他の学校園・大学 ビジネス界／雇用者 教育委員会 　（都道府県・市町村） 国家（立法・司法・行政） 一般市民 研究者　　　　　　など

到達度評価論では，教育評価の目的が，教育実践家である教師が教育の成果があがっているかどうかを確認し，実践を向上させるためのものだとされる。したがって，学力評価の結果は子どもの「ネブミ」にではなく，むしろ教育へのフィードバック（feedback）として受け止められるべきものだと考えられる。筆者は，基本的にはこの到達度評価の立場から教育評価を捉える立場に立っている。

【教育評価と学力評価】
　教育とは，子どもの発達を助ける働きかけの営みです。教育評価は，この働きかけがうまくいっているかどうかを評価する行為すべてです。一方，子どもに身につけさせたい学力を教育目標として設定し，その学力が身についているかどうかを評価するのが学力評価です。学力評価は教育評価の中核ですが，教育評価にはこれ以外に授業評価やカリキュラム評価，学校評価などが含まれます。

　ただし，教育評価として行われる学力評価は，学習集団編制や選抜のため，あるいは学校が「説明責任」（accountability）を果たすためといった目的で行われる評価と実際には重なってくるのも事実である。したがって，教育評価が教育的な評価となるためには，様々な目的をどう調整するかが考えられる必要がある。

　次に**教育評価の対象**は，大きく3つに分類できる。第一に，教育はあくまで目指された学習を子どもに促してこそ成功したといえるから，まず子どもの学習がどうなっているかを評価しなくてはならない。特に，子どもに学力が保障されているかどうかを教育目標と照らし合わせて評価する学力評価は，教育評価の中核である。

　第二の要素は，あらゆる教育の方策についての評価である。これは，特定の指導法，授業，教育課程，学校，教育制度などを，子どもの学習，特に学力獲得にいかに貢献しえているかという観点から評価するものである。

　第三に，評価基準として設定されている教育目的や目標そのものについても，その妥当性が評価対象となることが重要である。この点に関し，旧来のマスタリー・ラーニング論や到達度評価論では多くの場合，学問・教科内容から到達目標を抽出し構造的に整理する「**目標分析**」[3]という手法が取り入れられてきた。しかしながら，目標設定権の所在や，教育目的と教育目標との間に起こり

【目標分析】
　目標分析は，次のような手順でより細かな目標を明らかにしていく手法です。まず，学問の系統性に沿って「何のために，何を」教えるかを明確にし，教科・学年の目標を決めます。次に，基本的指導事項（たとえば「一位数の乗法」）ごとに，「何を，どこまで」教えるかを分析します。最後に授業ごとに「誰に，どのようにして教えるか」を考えます。到達度評価論や現在の目標準拠評価の導入にあたっても，この手法が用いられている例が大半です。

うる矛盾の調整，子どもの学びの多様性への対応などについて十分に理論化されてきたとはいいがたい。

　最後に，**誰が評価に参加するか**という論点に関わって注目すべきは，「評価参加者」（stakeholders；本来の意味は「利害関係者」）という概念である。これには，教師や学校管理者だけでなく，子どもたち，保護者たち，地域社会の住民や教育行政関係者，他の学校，大学や雇用者など，幅広い人々が考えられる。説明責任をめぐる議論は，子どもの教育を社会から預かっている学校が，これらの利害関係者に情報を提供し，評価に参加する機会を開く必要があることを明らかにしている。

　実際の参加は，どんな評価参加者がどれくらいの規模で参加するか，評価参加者の参加がどの程度フォーマルに制度化されているか，またどのような形態として制度化されているか，さらに個々の参加者がどの程度の参加を保障されているかといった点で，多様に展開する。たとえば保護者は，評価の直接的な主体となる場合もあれば，教師が行った評価の情報の受け手（audience）として登場してくる場合もあるだろう。

【2】学力評価の4つの立場——指導要録の変遷に注目して

　ブルーム（B. Bloom）が1968年に提唱した**マスタリー・ラーニング論**や，日本における到達度評価論以降，教育評価は，学力が保障されているかどうかを点検する学力評価を中核としつつ，主として教師が自分の教育実践の成否を判断する行為として，理論化されてきた。ここで，指導要録の変遷に注目し，日本においては何に準拠して学力評価が行われてきたかを整理しておこう[4]。

(1) 戦前の絶対評価（認定評価）

指導要録の前身にあたる「学籍簿」は，基本的には事務的な必要を満たす戸籍簿的性格をもったものとして，1900（明治33）年に導入された。1938（昭和13）年の改訂では，それが指導上必要な教育資料的性格をもった原簿へと変わった。さらに1941（昭和16）年の改訂学籍簿では，国民学校が大目的として掲げる「皇国民の基礎的錬成」がどれだけ達成されたかを点検するための資料として変革された[5]。

当時も，成績の評価が，教師が自らの授業法や教材などについて反省するための意味をもつことは指摘されていた。しかし，そこでの教育目標は「皇国民の基礎的錬成」につながる態度・実践などを強調する**方向目標**であった。方向目標とは，「態度を育てる」「考え方を指導する」「情操を豊かにする」「感動する能力を高める」といったように，目標を実態的にではなく方向を示す連続性において示すものである[6]。

教育目標において方向目標を採用したことによって，どの程度できれば「優」なのかといった基準があいまいになり，教師の勘や直感に基づく判断によって成績がつけられざるをえない状況がもたらされた。担任によって「優」「良上」「良下」「可」に割り当てられる子どもの人数が大きく変化するなど，いわば"教師の胸先三寸"で子どもの成績がつけられる恣意的な評価が横行していたのである。

このような評価のあり方は，教師という"絶対者"を基準とする評価である

> 【マスタリー・ラーニング（完全習得学習）】
> ブルームは，高度に発達した産業社会では，すべての子どもにたしかな学力を保障する必要があり，またそれが可能であると考えました。目標を明確化・系統化し，形成的評価を実施して学習と指導の向上に役立て，つまずきのある子どもに回復学習，習得できた子どもに発展学習を与えるという点が特徴です。
>
> 【方向目標】
> 方向目標とは，「自然を愛する心を養う」，「社会生活を合理的に営む態度を育てる」といったように，目指すべき方向性は明らかになっているものの，求められている到達点がはっきりしない目標です。認定評価（戦前の絶対評価）や相対評価において用いられてきました。

> **【指導要録】**
> 　戦前の学籍簿は戸籍簿的な性格が強かったのですが，指導要録は一人ひとりの子どもの発達を累積的に記録していくことを目指して1948年に導入されました。さらに1955年の文部省通知によって外部に対する証明機能も追加されたので，現在では指導機能と証明機能の2つがあるといわれています。内申書は，指導要録に基づいて記入されることが原則となっています。

ことから，"絶対評価"と呼ばれている。しかし，戦前（太平洋戦争前）の絶対評価は，子どもの「ネブミ」行為ではあっても，本質的には教育評価と呼ぶには遠い営みであったといえよう。

(2) 相対評価の登場

　絶対評価の主観性に対する批判から，戦後（太平洋戦争後）の指導要録において導入されたのが，相対評価である。相対評価とは，ある集団内での子どもたちの位置や序列を明らかにするものであり，**集団に準拠した評価**とも呼ばれる。一般的には，「正規分布曲線」に基づき5段階ないし10段階に子どもを配分する。戦後最初の**指導要録**（1948年版学籍簿が1950年に改名されたもの）は，各教科の観点別に相対評価に基づき評点がつけられる形態であったが，1955年版以降は一教科一評定の総合評定として相対評価欄（「評定」欄）が位置づけられるようになった。

　テストの点数のみに基づく相対的位置関係によって"客観的"に成績がつけられるようになったことは，ある種の解放感や公平感をもたらした。しかし相対評価は，必ずできない子がいることを前提とする点，排他的な競争を常態化する点，学力の実態ではなく集団（学級や学年）における子どもの相対的な位置を示すにすぎない点から，やはり教育評価と呼ぶには値しないものである。

　このような相対評価の問題点が指摘されるに伴って，1971年の指導要録改訂では，「あらかじめ各段階ごとに一定の比率を定めて，児童をそれに機械的に割り振ることのないように留意すること」とされた。さらに1991年の改訂では，小学校低学年で「評定」欄を廃止し，中・高学年では絶対評価を加味した相対評価に基づいて「評定」欄をつけるようになった。しかしこのような改訂では，教師の恣意的な評価に逆戻りしないかという疑問が起こる。

(3) 個人内評価の位置づけ

　戦後の指導要録には，相対評価とともに個人内評価の欄も見られる。個人内評価とは，**一人ひとりの子どもを基準にして，その子どもの発達を継続的・全体的に見ようとする**ものである。戦後最初の指導要録においては，「学習指導上とくに必要と思われる事項」欄および「全体についての指導の経過」欄に具体化されていた。相対評価が集団における子どもの相対的な位置を示すにすぎないものであるのに対し，あくまで一人ひとり個々の子どもの成長を見ようとする個人内評価が登場してきた意義は大きい。

　しかし，その後，相対評価が指導要録の中で最重要視され続ける中で，個人内評価はいわば相対評価の非教育性から子どもたちを"救済"するためのものとして位置づけられるようになる。すなわち，努力しても集団内での順位が上がらない子どもたちに対し，相対評価欄はそのままにしつつ，個人内評価欄でその努力を評価することによって，教師の"温情"を示すという形が生じたのである。だが，相対評価があくまで主流である中では，このような"温情"は，いわばごまかしにすぎない。

　なお，個人内評価については，子どもの自己評価と混同される場合が散見される。しかし，個人内評価が一人ひとりの子どものある時点での到達点や他領域での到達点と比較しての評価を指すのに対し，自己評価は評価主体が評価対象と同一であることを示す概念である。両者は明確に区別される必要がある。

(4) 到達度評価の登場

　1960年代末になると，「クラスの中であらかじめ5が何人，1が何人と決められているのは不合理である」という父親の投書がテレビのワイドショーで取り上げられたのをきっかけに，相対評価への批判が広く父母の間からも沸き起こった。そのような相対評価への批判を背景に1970年代半ばに登場したのが，到達度評価である。**到達度評価とは，到達目標を基準とし，それに到達しているかどうかで子どもたちを評価するものである**[7]。到達目標とは，「…がわかる」「…ができる」といったように，目標内容が到達点として示されるものである[8]。

【到達度評価と目標準拠評価】

到達度評価では，到達目標に到達しているかどうかで評価を行います。到達目標とは，「日本語のすべての発音ができる」「二位数のすべての加算ができる」「中国の封建社会の特徴がわかる」といったように，到達点がはっきりしている目標です。目標準拠評価は基本的には到達度評価と同じですが，思考力・判断力などの「高次の学力」や「関心・意欲・態度」といった情意面をも目標として位置づけることを目指しています。

また教育実践の効果を見るために，到達度評価論では実践の開始時に「診断的評価」，途中で「形成的評価」，終わりに「総括的評価」を行うことも主張されている。**「診断的評価」**とはある単元を始める前に，その単元に対する子どもたちの学習への準備状態（認知面と情意面の両方）を把握しておくことである。**「形成的評価」**とは，教育の過程において成否を確認するものである。この「形成的評価」の結果に基づいて，指導の改善が図られる。**「総括的評価」**とは，実践の終わりに評定をつけるものである。評価行為がこれら3つに分化したのは，到達度評価論が，教育評価の本質は教育実践の評価であるということを具体化するものだからであった。

到達度評価には，①子どもたち全員に保障されるべき教育内容を到達目標として明確化していくことを促す点，②そうして設定された到達目標に子どもたちが到達できたかどうかを教師たちに点検させる点，③さらに到達できていなければ教育実践の改善を迫る点で，大きな意義が認められる。

1980年版，1991年版，2001年版指導要録には「観点別学習状況」の欄があり，「関心・意欲・態度」「思考・判断」「技能・表現」「知識・理解」といった観点について各教科で評価するようになっている。これは，到達度評価の考え方から一定の影響を受けたものと考えることもできる。しかし，これらの観点は，依然漠然とした方向目標でしかなく，到達度評価の具体化というには不十分である。

【3】政策の転換──目標準拠評価と個人内評価の重視

2000年12月，教育課程審議会は『児童生徒の学習と教育課程の実施状況の

評価の在り方について（答申）』（以下，『答申』）を発表した。そこには，今回の指導要録改訂にあたっての基本方針が示されている（『答申』は，文部科学省のホームページ（http://www.mext.go.jp）の「審議会情報」からも読むことができる）。「これからの評価の基本的な考え方」としては，次の5点が挙げられている（ここでは主旨を要約した）[9]。

> ①学力については，基礎的・基本的な内容を確実に身につけることはもとより，自ら学び自ら考える力などの「生きる力」を育む。
> ②「目標に準拠した評価（いわゆる絶対評価）」を一層重視するとともに，個人的評価を工夫する。
> ③指導と評価の一体化を図る（つまり評価に基づいて指導を改善する）。
> ④評価の方法，場面，時期などを工夫し，総合的に評価する。
> ⑤評価活動を充実するために，各学校で教員間の共通理解を図る。

『答申』の中では，「学習指導要領に示す目標に照らしてその実現状況を見る評価（いわゆる絶対評価）を一層重視し，観点別学習状況の評価を基本として，児童生徒の学習の到達度を適切に評価していくことが重要となる」[10]と述べられている。ここでの**「絶対評価」**とは，戦前の絶対評価（認定評価）ではなく，到達度評価に最も近いものであることは明らかである。教育評価の主軸を「集団に準拠した評価」から**目標準拠評価**へ移すことを明確に打ち出した『答申』の意義は大きい。

また『答申』は，「児童生徒一人一人のよい点や可能性，進歩の状況などを積極的に評価する」[11]という個人内評価の重視をうたっている。子どもの発達は，カリキュラムの全体によって，また学校階梯の全体を見通して保障されなくてはならない。長期間継続して総合的に個々

【絶対評価】
「絶対評価」という語は，認定評価（戦前の絶対評価），個人内評価，到達度評価という3種類の意味で用いられる例が見られます。今回導入された目標準拠評価は，認定評価や個人内評価ではない点に注意してください。目標と照らし合わせて評価するという点では，到達度評価に最も近いと考えるべきものです。

の子どもを見ていく個人内評価の重視は，カリキュラムの中の様々な領域が全体としてどのように一人ひとりの子どもを育てているかを検討することを迫るとともに，学校階梯間の「つなぎ」の問題にも光を当てることになる。ただし，『答申』にうかがわれるように，個人内評価を，子どもの肯定的側面のみをとらえるものと位置づければ，再び"温情"を示す"救済"措置に矮小化することになるだろう。個人を基準とする**個人内評価についても客観的に共有されている目標と照らし合わせながらなされること**，すなわち個人内評価と到達度評価の「内在的な結合」[12] が求められている（第5章**Q7 & A7**を参照）。

　これらの政策転換は，2002年4月からの新指導要録に反映されている。しかしながら，これまでの教育実践・教育研究において確かな評価基準として用いられる目標の設定や，具体的な評価方法の解明が十分には行われてこなかったがために，学校現場では混乱も見られる。

　そこで次に，到達度評価論の成果と残された課題を確認し，教育評価論・学力評価論において現在焦点となっている論点を整理する。その上で，その解決に展望を与えるいくつかの理論的動向を見ることにしよう。

2．教育目標＝学力をめぐる論議

【1】学力概念設定の意義──学力を保障するために

　到達度評価論は，学習一般ではなく，教育目標に限定された学習を「学力」と定義した上で，学力評価を重視することを主張している。中内敏夫は，学力を「モノやモノゴトに処する能力のうち教育的行為によって分かち伝えられ得たる部分」[13] であると規定している。このように学力を限定的に捉える発想は，次のような考え方に基づいている。「子どもの学力が目標に到達しないことを，教材や指導過程のあやまりを正し，教室定員や教育費にみられる弱点を正していく方向に活用しはじめたとき，この評価は…能力主義克服と学校改造の武器になる。到達度評価論は，教育課程の目標内容群から方向目標に類するものをいったんのけてしまってあとにのこる到達目標群を足がかりにして…教

育過程改造のバロメーターとして作用させていこうとする」[14]。これは,到達度評価論が**学力保障**の原理を教育の全体に貫こうとしていることを端的に示している。この発想は,目標準拠評価にも引き継がれるべきものである。

しかし,学力をめぐっては,次に紹介するような様々な論争も見られる。

【2】課題
(1) 学力モデル――段階説と並行説

目標準拠評価においてまず問題となるのは,学力の範囲と構造がまだ完全には解明されていない点である。到達度評価論は,目標を到達目標として明確化しようとした。しかし,応用力や総合力といった,いわゆる「**高次の学力**」まで視野に入れた場合,学力が子どもの身についたかどうかははっきりと二区分できるものではない(つまり,成功の度合いには幅がある)。したがって,当時も**図1**のように,学力の基本性と発展性の関係を捉える議論は存在していた[15]。しかし,たとえばこの図において,どこまでできていれば到達とみなすかについての議論は不十分であった。

この点に関して,橋本重治はすでに「**規準**」と区別して「**到達基準(分割点)**」

図1 学力の基本性と発展性
(水川隆夫,1984)

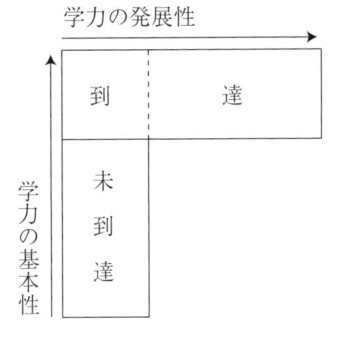

	学力の発展性 →	
学力の基本性	到	達
	未到達	

【規準と基準】

「規準は質的な評価の観点,基準はどの程度その観点を達成できているかを示す」,「規準は集団準拠,目標準拠などの準拠枠を指し,それぞれの準拠枠における到達の程度を指すのに基準を用いる」,「基準が一般的な評価基準を指し,観点と,観点ごとの到達の度合いを示す規準がある」といったように諸説が入り乱れています。それぞれの学校や教育委員会で定義し,共通理解しておくことが重要です。文部科学省では,どの子どもにも到達してほしい目標を「規準」を使って表しています。

図2　段階説の学力モデル
(中内敏夫,1976)

知　識 (認識精度)	概念・形象 方法・テーマなど
習	熟

を設定する必要性を主張していた。しかし橋本の提案は，当時のアメリカに見られた教育測定学の影響から，テスト制作の手続き論にとどまっている[16]。

学力の基本性と発展性の議論は，認知と情意の関係をどう捉えるかを考える学力モデル論にもつながるものである。学力モデルとは，「基本的には教育目標の構造と機能を対象として学力が主体において『定着』した様相をモデル化しようとするもの」である[17]。

到達度評価論においては，両者を段階的に捉える**段階（習熟）説**と，両者を並行するものとして捉える**並行説**が存在してきた。図2は，中内敏夫によって提唱された段階説の学力モデル[18]，図3は主に京都の研究者・実践家によって提唱された並行説の学力モデルである[19]。

中内の段階説における習熟とは，「思考が思想に『気化』する段階」である。これは，学力において，習得されるべき知識や方法などと，それらが「身につい」て，「その人そのものになった」段階に現れる情意とを一元的に捉えるものであった。中内の段階説は，子どもが**教育の結果身につける情意**と，学習の

図3 並行説の学力モデル（佐々木元禧, 1979）

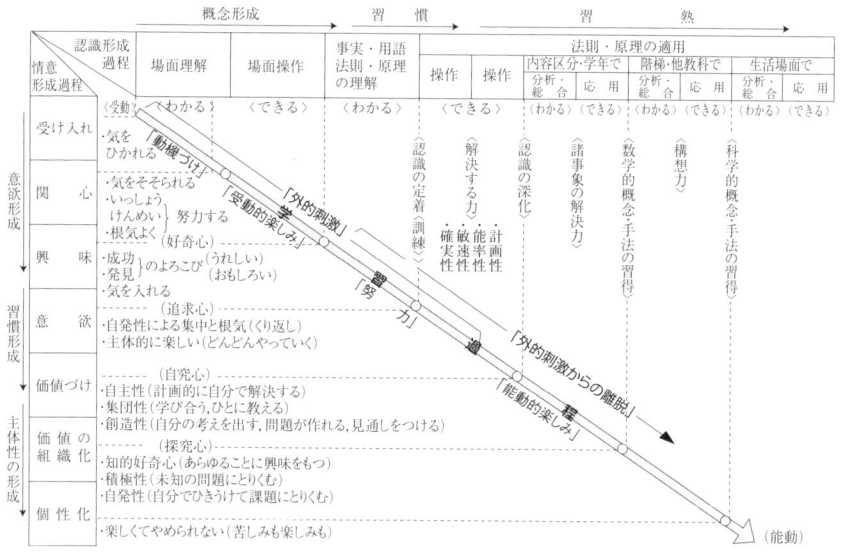

前提となる動機づけを明確に区別し，教育目標としては前者を視野に入れつつ，学習へと動機づけることについてはあくまで教師側の責任とする点で意義深いものである。しかし，この構想が実践においてどう具体化されるのかについては，十分には明らかにされていない。

一方，並行説は，学力の発達を認知的側面と情意的側面が統一されたものとして捉えようとする試みである。並行説に

図4 田中耕治の学力モデル
(田中耕治，1996)

	認知的要素	情意的要素
基本性	A	C
発展性	B	D

ついては，京都を中心とした実践家の協力も得て，たくさんの実践が報告されている。しかし改めて並行説のモデルを見直すと，「認識形成過程」が進むと「情意形成過程」も進むはずだという楽観論に基づいており，ひいては情意面を認知面に解消してしまう危険性もはらんでいることがわかる。

なお，中内の理論と京都の理論の両方から影響を受けた田中耕治は，**図4**のような学力モデルを試案的に提起している[20]。ここでは，中内の学力モデルの習得段階においても情意面が位置づけられている。Aには事実に関する知識，Cには共感的理解（たとえば歴史においてその時代の人の立場に立って考えること），BとDにはAやCを応用できる力が位置づく。田中のモデルは，段階説と並行説を統合しようとする一つの試みであるが，その実効性・実用性についての検討は今後の課題となっている。

(2) 指導過程論と評価方法

学力モデル論の未成熟さは，指導過程論の未熟さとも対応している。まず，ややもすれば，学力モデル論と指導過程論とは混同されてきた。段階説であろうと並行説であろうと，「高次の学力」は基礎・基本を習得した後でのみ学ばれるべきものとして位置づけられがちである。

また，到達度評価論において学力モデル論は，主に単元レベルで整理されてきた。これに対して年間あるいは学校教育全体を通してといった長期的な目標

については，単元の項目を列記し，それぞれについての到達の有無を記録する方法が提案されている。したがって，単元末に行われる筆記試験の結果が，そのまま総括的評価となる。

たしかに一般的な到達度評価の実践は，筆記テストに基づき目標の一覧表に○や×をつけるというものであった（ただし中には，筆記テストだけでなく，教師による観察や発問応答，作文や発表，相互評価など，様々な評価の方法が工夫されるべきだとの主張もあった[21]）。このような形態は，本来は目標への到達の有無を評価することを目指したものであったが，実際には測定できるものを目標とするという逆転現象や，目標の一覧と指導過程と同一視するという混乱をもたらしかねない。到達度評価論に基づく授業が「目標つぶしの授業」と批判された所以である。

このことは，「結果の評価」しかしていないという批判をも招いた。到達度評価論は，結果的に学力が保障されていないならば教育は失敗であるという自覚に基づく理論であった。それが「結果の評価」にとどまっているとする批判の背後には，普段は力を発揮している子どもがテストでは力を発揮できない場合があるという観察，テストで測ることができる学力は限られているという実感，「できない」子どもの伸びも評価したいという願いがあったのではないだろうか。そう捉えれば，より幅広い学力を評価できる評価法の開発，および形成的評価と総括的評価の関係と，個人内評価と到達度評価の「内在的な結合」の具体的なあり方の解明が求められていると考えられる。

(3)「総合的な学習の時間」の導入

もう一つ，到達度評価論にとって新しい課題は，「総合的な学習の時間」の導入である。到達度評価論は主として教科教育で理論化されてきた。また到達目標は，当時の隆盛であった「教育の現代化」の動向とあいまって，主として学問の系統性に即して整理されてきた。現在，「総合的な学習の時間」については論争が繰り広げられており，そのカリキュラム上の位置づけはまだ明らかになっていない。しかし，筆者は「総合的な学習の時間」を教科とは異なる領域（この場合を本書では「総合学習」と呼ぶ。詳しくは第3章101ページ参照）

として位置づける立場に立っている。したがって、総合学習独自の目標論・指導過程論・評価論の発展が求められる。

【3】展望
(1) 構成主義的学習観——学習過程に関する研究から

さて、教育目標をめぐるこうした論議を検討する上では、子どもの学習過程に関する最新の研究成果に注目することが重要であろう。ここでは特に、**構成主義（constructivism）に基づく学習論**[22]に着目したい。

イギリスのロック（J. Locke）が子どもの心を白紙（tabula rasa）として捉え、学習をあたかも白紙に記入していくものであるかのように捉えていたことはよく知られている。これに対し構成主義的学習観では、子どもは教師に教えられる以前から世界について何らかの知識をもち、自分なりの解釈や説明を行っていると捉える。あらたに接した事態がそのような解釈や説明とは矛盾した場合、往々にして子どもはその事実を無視してしまう。うまく子どもが自らの誤った解釈や説明を乗り越えるためには、自分なりの解釈の問題点を自覚した上で、意図的にそれを組み替えていくことが必要である。そうでなければ、たとえテスト勉強で「正しい答え」を覚えたとしても、テストが終われば学力は剥落してしまう。

このような構成主義的学習観に基づけば、教育目標を考える際に、「教える内容」として多くの場合強調されてきたいわゆる「知識」だけでなく、**「理解」（understanding）に着目する**ことが必要になる。ここでいう「理解」とは、端的には**「事象や概念などを知識を使って説明したり状況に対処する能力」**[23]である。この能力には、内容と内容の**関連性を捉える力**や、内容を学ぶ際に用いられ

【構成主義的学習観】
たとえば、小学校4年生ごろの子どもたちの大半は、「電池につながれた豆電球が光るのは両極から出た電流が豆電球のところでぶつかるからだ」と考えています。これは「物がぶつかると光る」という生活場面での知識の応用です。構成主義的学習観に基づけば、学習とはこのような素朴概念を組み替えたり既有知識を強化したりする活動だと捉えられます。

るスキルやストラテジーが含まれると考えられよう。たとえば理科であれば，実験の結果を教えるだけでなく，問題をどう発見するか，仮説をどう立てるか，実験をどう設計するかといった過程の指導が今まで以上に重視されることになる。

これに伴い，指導過程論も転換する。構成主義的学習観に基づけば，従来の「基礎から応用へ」と進む発想ではなく，**「応用をしながら基礎を織り込む」**授業を構想することもできるだろう。

さらに，指導前の知識が指導によりどう変化したかについて，**教師は子どもとともに評価する**ことが重要となる[24]。なぜなら，子どもの知識は子どもの表現によってしか捉えられない上に，子ども自身に自分がどう知識を再構成しているかをモニタリングする力を身につけさせることが，「理解」を深めさせる上で必要不可欠だからである。

(2)「真正の評価」

このような構成主義的学習観を基盤としながら，主としてアメリカにおいて近年主張されている評価の立場が「**真正の評価**」や「**パフォーマンスに基づく評価**」と呼ばれるものである[25]。

学習と評価の文脈において「真正性」（authenticity）の用語が正式な形ではじめて使われたのは，アーチボールド（D. Archbald）とニューマン（F. Newmann）による1988年の文献[26]の中であったといわれている[27]。彼らは，標準テストを批判し，「真正のアカデミックなアチーブメント」を評価する必要性を主張した。「真正のアカデミックなアチーブメント」の条件は，1992年の論文の中で次の3つに整理されている[28]。①他者の生み出し

【**真正の評価，パフォーマンスに基づく評価**】

　現実の状況やシミュレーションの状況において評価することを重視するものです。たとえばパイロットであれば，実際に空を飛ぶ試験や，シミュレーターの中で非常事態に対応できるかどうか試す試験が考えられます。学校の評価をすべて真正の評価にすることは考えられませんが，子どもたちに実際に生きて働く学力を身につけさせるためには，学校の評価もそうした評価に近づけるべきだという考えが，「パフォーマンスに基づく評価」やポートフォリオ評価法の背景にはあります。

た知識の単なる再生やそれに対する応答ではなく,知識そのものを生み出すものである。②学問的な探究（disciplined inquiry），すなわち先行する知識の基盤と深い理解に基づく，統合的な知識の生産である。③単に学習者の有能性を示すことのみを目的とするのではなく，「審美的な，実利的な，あるいは個人的な価値」をもつものである。なお，「真正性」の重要性は，1988年以前にも実際には主張されてきた。ウィギンズは，ブルームが「応用」（application）や「総合」（synthesis）と呼んでいたものがそれにあたると指摘している[29]。

こうした「真正のアカデミックなアチーブメント」を評価する「真正の評価」とは，その代表的な論者であるウィギンズによれば，「大人が仕事の場や市民生活の場，個人的な生活の場で『試されている』，その文脈を模写したり，シミュレーションしたり」[30]しつつ評価を行うことを主張するものである。具体的に「真正の評価」と呼ばれているものの中には，作品づくりや実技試験に代表されるようなパフォーマンス課題による評価から，生活の自然な流れの中でインフォーマルに評価を行うものまで様々ある。また「真正性」の定義自体も，確定しているとはいいがたい。

学校におけるすべての学習と評価を「真正」のものにするのは，学校という環境そのものが実世界とは一定切り離されたものであることや，教育の効率性からいっても不可能であろう。しかし，いわゆる学校知と生活知の乖離を克服するためには，「真正の評価」を可能な限り取り入れることを検討すべきだと思われる。

3．目標づくりをめぐる論議

【1】「目標分析」の問題点

学力の内実についての検討とともに問題となるのが，子どもたち全員に保障されるべき目標の公共性をいかに確保するかという論点である。到達度評価論における目標設定の手順は，主に「目標分析」の手法であった。これは①まず教育基本法の理念から各教科の目標を検討する。②その上で基本的指導事項と

学年目標を設定する。③さらに基本的指導事項ごとに具体的で明確な到達目標を設定する、という直線的なモデルである。このモデルは、**教材の系統性を重視するもの**で、結局のところ教師の専門性任せであり、具体的な目標設定への市民の参加の道が開かれていない。したがって、そのような参加の機会を保障し、子どもたち全員に保障するに値する到達目標の選定に関して公論を組織するシステムの構築が求められている。

　この問題は、三重の意味で子ども不在を表すものでもあった。第一に、1989年に採択された「子どもの権利条約」において子どもの意見表明権が認められているように、目標づくりに参加すべき「市民」には、子どもたちも含まれている。しかし目標分析の手法においては、実際に子どもが目標づくりに参加する手順は明らかでない。第二に、構成主義的学習観に基づけば、授業において実際に立てられるべき目標は、科学的な知識と子どもの既有知識とのズレから導き出される。しかし目標分析の手法では、目標が教材からのみ導き出されてしまう。第三に、指導過程においても、教師がよいと考える到達目標をひたすら「わからせる」授業、「つめこみ教育」になりがちである。だが実際には、子どもが教師の目標を違う形で受け取っている事態も起こりうる。

　では次に、これらの諸問題の解決への糸口をつかむために、近年の研究動向のいくつかに注目してみよう。ここでは、目標づくりにおける子どもの位置づけと、大人の世代の参加論に分けて議論する。

【2】子どもの位置づけ
(1) 子どもの自己評価──「楽しかった」「面白かった」の自己評価を越えて

　目標づくりにおける子どもの位置づけを考える際に注目すべき議論の一つは、**子どもの自己評価**をめぐるものである[31]。構成主義的学習観の項でふれたモニタリングを行うことが、子どもが自分の学習に対して行う自己評価である。自己評価は、次の4種に分けることができるように思われる。
①自分の頑張りや楽しさ、達成感についての自己評価
②学力（目標への到達度）についての自己評価

③学習の意義についての自己評価
④自己のアイデンティティ形成についての自己評価

現在，子どもの自己評価は，ややもすれば①の「頑張りましたか？」「楽しかったですか？」といった**主観的な感想を尋ねる問い**に対して5段階等で評価させる形で実践されがちである。こうした自己評価は，教師が自分の実践について反省する材料としてはある程度意義があ

【子どもの自己評価】
　「頑張ったか」「楽しかったか」についてよりも，自分の学習のどこが良くてどこが悪いかを具体的に理解する自己評価が求められています。こうした自己評価の積み重ねは，自己評価力を育てると考えられます。また子どもの自己評価に耳を傾けることで，当初教師が念頭においていた目標＝評価基準が問い直されることもあるでしょう。

る。しかし，頑張ったかどうかなどについての子どもの自己評価をもとに，「関心・意欲・態度」の評定をつけるようなことは避けなくてはならない。子どもの自己申告が正しい評価となっているとは限らないし，いくら頑張っていても学力が身についていないこともありうる。子どものやる気がおきないような授業をしている教師が，子どもが「頑張っている」と自己申告しなければ評価で"罰"を与えるといったことは，教育評価論では許されない。

　学力を保障する上でより着目すべきは，むしろ②の**学力（目標への到達度）についての自己評価**である。子どもには，教師が求めていることが何かがわからなかったり，ずれたポイントを重視してしまったりすることがある。指導過程においてこのズレを無視すれば，教師がよいと考える目標をひたすら「わからせる」授業，「つめこみ教育」になってしまう。このズレを顕在化させ，**自分の学習のどこが良くてどこが悪いのかを具体的に理解させる**のが，②のタイプの自己評価である。

　本来教育は，教師が一方的に目標を押し付けたのでは成り立たないものである。だが目標分析の手法では，目標が教材からのみ導き出されてしまっていた。これに対して，構成主義的学習観に基づけば，授業において実際に立てられるべき目標は，科学的な知識と子どもの既有知識とのズレから導き出される。その際，子どもたちの自己評価によって，まずは子どもたちの既有知識を引き出

さなくてはならない。

　教師が設定している目標を子どもにわかりやすく提示し，学習の実態をフィードバックすることによって子どもの自己評価を促すことは，子どもの自己調整を促進する上でも意義が大きい。ウィギンズは，フィードバックとは子どもが行ったことと行わなかったことについての情報を子ども自身に与えることだと述べている。教育評価においてはややもすればアセスメント（assessment：実態をつかむ行為）と，それに対するエヴァリュエーション（evaluation：実態に対し価値づける行為）が強調されがちである。だが，子ども自身が自己調整を行って学習を向上させるためには，アセスメントの結果を教師のエヴァリュエーション抜きにまずは**フィードバックすることが重要であろう**[32]。

　さらに，目標設定に関する公論への参加や，総合学習の導入まで視野に入れると，③の**学習意義についての自己評価**の重要性も考える必要がある。つまり，教師から提供された目標や自ら選んだ目標の意義そのものについて，子ども自身が自問することが重要である。総合学習は，子どもたちにとって切実な課題を探究させるものであるが，最初はなかなか切実な課題などもてない。そこで，**学習が進むにしたがって切実なもの，自分にとって意義が感じられるものになっているかどうかを自己評価させることが重要である**。

　④の自己評価は，生涯学習社会において自立した学習者となるために必要である。最初，子どもたちは何が必要かについての判断力に限界があるため，教育する大人の世代が教育目標を決めている。しかし，いずれは子どもたち自身が，「何をしたいか，そのために何を学習するか」を決める力をもった大人として自立する必要がある。そのために，子ども自身が目標の意義を考え，ひいては④の**自己のアイデンティティ形成についての自己評価をする**，という機会の保障を図るという筋道についても，明らかにされなくてはならない。**自己評価する機会については，発達段階に応じて与えていくことが重要である**。これには，「自分にはこんなところに欠点があるけど，でもこんないいところもあって，まあまあいい人間だよな」という自己肯定感や，「僕は，今，こんなことができるけど，もっとこんなこともできるといいな」という展望，「私はこ

ういうことにやりがいを感じるから、将来はあれになろう」といった進路選択のための意識が含まれるだろう。アイデンティティに関わる自己評価を適切にできる力を身につけることは、自立の大きな部分を占めている。つまり、そのような自己評価は教育の目的にも位置づける必要があるだろう。

なお、中内は、子どもが自分の学習を評価することは学習に不可欠であることを指摘しつつ、教師や国家という権威と権力をもつ存在が子どもの学習を評価することを戒めている。これは、権力をもった存在が子どもの自己評価を評価・評定することによって、子どもの学習の筋道が画一化されてしまう危険があるからである。したがって、中内は、教育計画や教育活動の点検のために、「子どもの教育目標にむけての学習活動」の評価を行う教育評価と「学習の評価」を明確に区別している（ここでいう「子どもの教育目標にむけての学習活動」の評価とは、学力評価だけでなく生活指導における評価も含めて語られているように読める）。さらに中内は、教師による「学習の評価」は子どもの自己評価活動を助ける助力的評価にとどめるべきだと主張している[33]。

このような中内の整理に基づいて今一度、自己評価をめぐる議論を見直すと、そこでは子どもによる「学習の評価」が論じられており、教育評価における子どもの自己評価の位置づけについては明瞭になっていないことに気づかされる。したがって、教育する大人による子どもの「学習の評価」は、どのようにして子ども自身による「学習の評価」活動を助力するものになりうるのか、その具体的な道筋の解明が求められる。

(2) 子どもの参加論——「参画のはしご」

さて、子どもの自己評価を「学習の評価」としてではなく教育評価の文脈に位置づけようと思うと、当面は教育評価へ子どもがいかに参加しているかに注目するとよいように思われる。特に「子どもの権利条約」（1989年）で子どもの意見表明権が認められて以降、子どもの参加論について活発に議論されるようになった。前述したように、目標づくりに参加すべき市民の中には、子どもたちも含まれている。しかし、実際に子どもが目標づくりに参加する手順はまだ明らかでない。

子どもの参加論に関しては、2つのアプローチに注目することができる。第一は、学校評議会や三者協議会などに代表されるような法制度が、子どもの参加をどう保障しうるかを検討するものである。たとえば藤田昌士は、諸外国における法制化の実情を参考にしながら、子どもの参加は「『その子どもに影響を与えるすべての事柄』…教科教育をはじめとする学校教育の全般」に及ぶべきだと主張している[34]。さらに、子どもの権利行使能力育成の課題を指摘し、子どもの参加という「権利行使の過程を同時に子どもの権利行使能力育成の過程にするということ」が重要だとも指摘している[35]。学校評議会などは一つの教育評価の場でもあり、そこでの発言が認められることは、子どもの教育評価への参加の一つの形態といえるだろう。しかしながら、日常的な指導場面について目を向けてみると、子どもの授業への参加はしばしば語られるものの、子どもの教育評価への参加の議論は皆無に近い。

　指導場面における子どもの参加の実態を把握するためには、法で認められた参加権の程度に着目する以上に、子どもの発言が事実上どれほどの影響力をもっているかを分析することが重要になる。この点では、第二のアプローチとして、ハート（R. Hart）が提案する「子どもたちの参画（participation）のはしご」[36]（次ページ図5。以下、「はしご」）に注目したい。

　この「はしご」では、上段にいくほど、子どもが主体的に関わる程度が大きい。「はしご」の最下段3段（「操り参画」「お飾り参画」「形だけの参画」）は、実質的に見て参加とはいえないとハートは警告している。「操り参画」とは「大人が意識的に自分の言いたいことを子どもの声で言わせるもの」、「お飾り参画」とは「子どもたちが何らかの主張を掲げ…ているが、その主張をほとんど理解して」いない場合である。また、「形だけの参画」とは、子どもたちは意見を言わせてもらえるものの、問題やコミュニケーションの方法を選べなかったり、意見を組み立てる時間がなかったりする場合である。

　「はしご」の4・5段目は「関与」[37]、6・8段目は「共同決定」の段階と読み取ることができる。本物の参加か否かが分かれる3段目と4段目の区別については、情報が与えられ、実質的な意見表明の機会が与えられているかどう

か,活動の意味を理解した上で参加しているかどうかによって判断されている。またハートは,子どもが全く自律的に活動する7段目よりも,子どもが主体的にやり始め,大人と一緒に決定する8段目を上段に位置づけている。これは,子どもが自分たちで始めたプロジェクトを自分たちだけで進めるのは許されるべきであるが,自分たちで始めたプロジェクトで大人と一緒に活動したいと申し出れば,「自分たちが他人と協同する必要があることを認められるほど,子どもたちにコミュニティのメンバーとしての役割を果たす力と自信があることの表現とみる」(38)ことができるからだと述べている。最後に,ハートは,いつでも子どもの力を出し切った状況で活動させるより,子どもが自分たちで選んだレベルで活動できる状況を作り出すほうがよいと勧めている。

「はしご」は,コミュニティづくりや環境に関わるプロジェクトに子どもを参加させる場面を想定して提案されたものであり,法制度上の分析にとどまらず,参加の実質についての検討を迫る点で興味深い。本書の終章では,ポートフォリオ評価法を通して子どもが教育評価にどのように参加

図5 「子どもたちの参画のはしご」(ハート,2000)

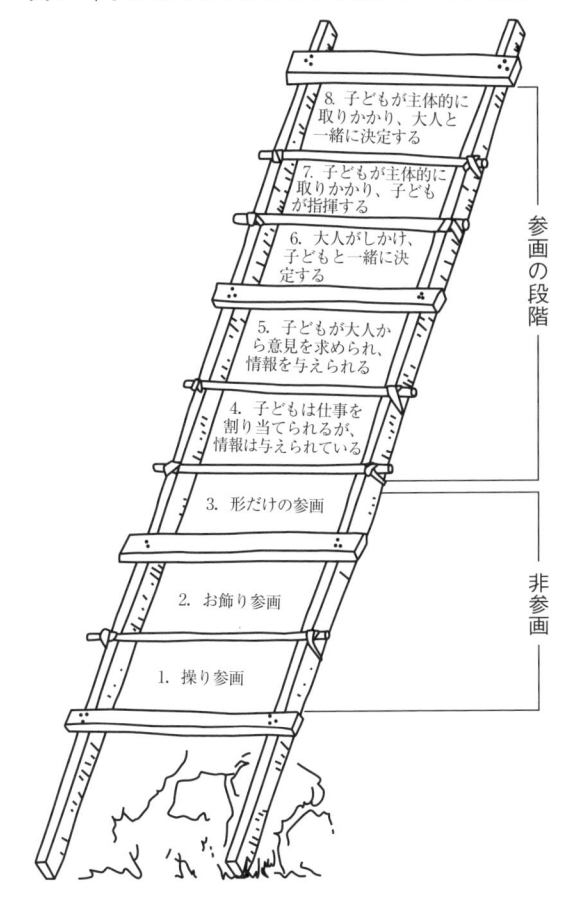

8. 子どもが主体的に取りかかり,大人と一緒に決定する
7. 子どもが主体的に取りかかり,子どもが指揮する
6. 大人がしかけ,子どもと一緒に決定する
5. 子どもが大人から意見を求められ,情報を与えられる
4. 子どもは仕事を割り当てられるが,情報は与えられている
3. 形だけの参画
2. お飾り参画
1. 操り参画

参画の段階

非参画

しているのかについて、「はしご」を当てはめて分析を試みている。

【3】大人の世代の参加論——学区制と選択制

目標づくりのシステムについては、目標づくりの権限を預かる大人の世代の参加という側面からも考えられるべき論である。相対評価から目標準拠評価への転換は、「競争の教育から共同の教育へ」[39]の転換を必要とするものであり、そのための制度論が求められている。

目標づくりには、教育目的を議論するレベルから日々の授業場面で細かな目標設定を行うレベルまで、様々なものがある。したがって、それぞれのレベルについて分けて考えることが必要である。ここでは特に学力評価計画の策定に着目したい。ここでいう学力評価計画とは、学校・学区・ネットワークなどの単位で共有化された目標＝評価基準の体系を示すものである。

新指導要録の基本方針を打ち出した『答申』では、「評価規準、評価方法等の研究開発」が、「各学校」「国立教育政策研究所の教育課程研究センター」「都道府県や市町村の教育センター・教育研究所等や、教員養成大学・学部等の教育研究機関」という3つのレベルで行われるべきだと提唱されている[40]。体系的な学力評価計画の開発は、各学校で取り組むには荷の重い作業であり、また学校を越えたスタンダード（standard：水準）（第4章144ページ参照）が確保できないという問題がある。かといって国家からのトップダウンで学力評価計画を策定すれば、硬直したものとなってしまう危険性がある。したがって、**両者の中間に位置する地方レベルや教育研究機関の役割が重要**となる。日本においては、そのような中間項を今後どう構想していくかが問われている[41]。

この点に関して、本書で扱うイギリスとアメリカでは、対照的なアプローチが採られている。一言で言えば、イギリスにおいては、複数の資格授与団体が、スタンダードを確保する国家の統制（control）を受けつつも多彩な学力評価計画を策定し、学校や生徒が選べるシステムになっている。一方、アメリカにおいては国家や州の統制が強化されつつあるものの、学区制に基づく自治を基盤に独自の学力評価計画を策定する動きが見られる。第5章【付論2】ではこ

れらについて紹介している。

【4】ポートフォリオ評価法への着目

　以上述べてきた研究動向を踏まえつつ，現代的な諸課題に応えるためには，具体的な評価法が必要になる。『答申』は，「教科や評価の観点などによって，ペーパーテスト，実技テストなどによる評価が重視されるもの，児童生徒のノート，レポートや作品などによる評価が重視されるもの，教員による観察，面接や児童生徒の自己評価，相互評価などが重視されるものなど，評価方法の重点の置き方に違いがある」[42]と指摘している。

　ここで取り上げられているような様々なアプローチを生かしつつ，評価を総合的に行うための道具として，近年ポートフォリオ評価法が注目を集めている。ポートフォリオとは，子どもの「作品」(work)や自己評価の記録，教師の指導と評価の記録などをファイルなどの容器に蓄積・整理するものである。ポートフォリオ評価法とは，ポートフォリオづくりを通して子どもの自己評価を促すとともに，教師も子どもの学習と自分の指導を評価するアプローチであり，「真正の評価」や「パフォーマンスに基づく評価」の典型的な方法ともいわれている。ポートフォリオ評価法は，主には学力評価の方法として発展してきたが，幅広く教育を評価するための方法として位置づけられる可能性もあると，筆者は考えている。

　ポートフォリオ評価法は実に多彩な展開が可能なアプローチである。次章ではまずそれらに共通して見られる特徴から，ポートフォリオ評価法の基本的な考え方と進め方を確認しよう。なお以下の【付論1】では，英米においてポートフォリオ評価法がどのように登場してきたか概観する[43]。

【付論1】英米におけるポートフォリオ評価法の登場
●イギリスにおける動向

　イギリス（ここでは主としてイングランドを指す）において，ポートフォリオの用語が広く用いられるようになったのは，1990年代後半以降のことである。しかし，実態としてはポートフォリオ評価法が長く実践されてきた。ここではまずイギリスの資

格制度の概略を確認した上で、ポートフォリオ評価法が登場してきた流れを紹介しよう[44]。

(1) イギリスの資格制度

イギリスではキー・ステージ4（14－16歳）と16歳後教育（post-16 education；主に16－18歳のシックス・フォーム）において、資格試験を受けるのが通常である。つまり、中等学校での成績は、全国的な資格試験に基づいてつけられる。日本でいえば、英検（実用英語技能検定）のような検定試験が各教科にあって、その結果で学校の成績がつくようなシステムをイメージすればよい。

資格の種類としては、大きく普通資格（general qualification）、職業資格（occupational qualification）、両者の中間的な位置づけである準職業資格（vocationally-related qualification）の3種類に分けられる。資格・教育課程局（Qualification and Curriculum Authority: QCA）は、それぞれの資格のレベルの対応関係を「全国資格枠組み」（National Qualifications Framework）[45]として示している（**表**）。なお、普通資格は、主に大学進学向けのアカデミックな資格を指すものであり、これにはGCE-Aレベル（General Certificate of Education, Advanced-Level：一般教育修了証書、Aレベル）とGCSE（General Certificate of Secondary Education：一般中等教育修了証書）が含まれる。さらに2002年9月より、主として14－16歳の生徒を対象としてきた「GNVQ第1部」（General National Vocational Qualification, Part One：全国職業一般資格、第一部）が「職業科目におけるGCSE」（GCSE in vocational subjects）として組み込まれ始めている。「系列外数学資格」とは、16歳以上の生徒たちを対象として、1998年8月から試行されているものである。キー・ステージ4の生徒たちは主にGCSEを目指して学習しており、成績によって付くグレード（grade:総合評定）が異なる。

(2) ポートフォリオ評価法活用の状況――14歳以降で制度化が進む

表 イギリスの「全国資格枠組み」（QCAのホームページ、2003）

資格のレベル	普　通　資　格		準職業資格	職業資格
5	上　級　資　格			レベル5 NVQ
4	BTEC上級国家資格			レベル4 NVQ
3 Aレベル	Aレベル	系列外数学 単元レベル3	職業Aレベル （上級GNVQ）	レベル3 NVQ
2 中級レベル	GCSE グレードA*-C	系列外数学 単元レベル2	中級GNVQ	レベル2 NVQ
1 基礎レベル	GCSE グレードD-G	系列外数学 単元レベル1	基礎GNVQ	レベル1 NVQ
入門レベル	（　教　育　的　）　達　成　の　証　明　書			

さて，14－19歳段階に注目した場合，ポートフォリオ評価法が普及してきた流れとしては次の4つに注目することができる。

第一は，準職業資格やPSE（Personal and Social Education：人格的・社会的教育）の流れである。準職業資格は，1983年からの技術・職業教育イニシアティブ（Technical and Vocational Education Initiative: TVEI）に始まり，1986年に設立されたGNVQ（General National Vocational Qualification：全国職業一般資格）につながっている。

PSEは本来，子どもたちのニーズに応じようとする学校が自主的に導入してきたものである。ナショナル・カリキュラムにおいても一貫してその重要性は認知されており，2000年夏に導入された新ナショナル・カリキュラムは，「人格・社会・健康教育」（personal, social and health education：PSHE）の枠組みをより明瞭に規定するものとなっている[46]。PSEについては，学校独自のシラバスが開発されている例も多く見受けられるし，それらの学校や研究者が協力し新しい資格制度を立ち上げたアズダン賞（ASDAN Awards）のような例もある[47]。

準職業資格やPSEについては現実の文脈における思考や技能の発揮に焦点を当てることから，伝統的な筆記テストでその学力を見ることが難しい。したがって，子どもたちは資格制度が求める学力を習得した証拠として作品を蓄積したポートフォリオを作り，それによって資格が認定されている。

これらの動向から派生したものとして第二に注目すべきは，「鍵スキル」（key skills）である。1988年版ナショナル・カリキュラムは，教科の集合体として設計されていた。しかし，1995年版以降のナショナル・カリキュラムでは，教育と仕事と人生において自分の学習とパフォーマンスを向上させるための**「鍵スキル」がカリキュラム横断的に保障されるべきだと規定されている**。1999年版ナショナル・カリキュラムで指定されている「鍵スキル」は，「コミュニケーション」「数の応用」「情報技術（IT）」「他者との協働」「自分の学習とパフォーマンスの向上」「問題解決」の6種類である[48]。16歳後教育においては，これらについて独立した「鍵スキル明細」（key skills specifications）をQCAが開発しており，証明書による認定が行われている[49]。

第三に，こうした幅広い学力に注目する動向は，アカデミックな資格制度にも影響を与えた。伝統的にCSE（Certificate of Secondary Education：中等教育修了証書）やGCE（General Certificate of Education：一般教育修了証書）といったイギリスの資格試験は，筆記試験が中心であった。しかし，1986年に導入され，1988年に最初の授与が行われたGCSEは，筆記試験だけでなく，学校の授業中に行われる課題学習（コースワーク：coursework，第5章194ページ参照）も重視している。そのシラバス（syllabus；現在では「科目明細」（specification）と呼ばれている）には，筆記試験とコースワーク

のそれぞれに対する配点が明示されている（第5章193～195ページ参照）。コースワークを行う上で生徒たちは，ポートフォリオに作品を蓄積し，最も高得点が取れる作品を選び出すこととなる[50]。

第四の流れは，NRA（National Record of Achievement：全国共通達成の記録）から**プログレス・ファイル**（Progress File）へ続くものである。「達成の記録」は，資格試験が一般的に狭い学力しか評価していないことへの不満から1970年代以降発達し，1993年からはNRAとして義務化された。ワインリストを思わせるような表紙のクリア・ファイルに，資格試験の結果のほか，学校内外における達成事項の記録や，自己評価や将来計画などを収め，生徒たちは大学入試や就職活動の面接に持参する。NRAについては，従来学校で評価されてこなかった子どもたちの活躍ぶりが評価できるというメリットが指摘された。しかし，指導と学習に十分に生かされなかったといわれている。これは，具体的な作品を収める余地があまりなく形式的なものとなったこと，教員の研修が十分に行われなかったこと，雇用者等からもあまり重視されないままに終わったことなどによるものであろう[51]。

これらの反省に基づき，現在NRAからプログレス・ファイルへの切り替えが行われている[52]。教育技能省の説明によれば，プログレス・ファイルとは「13歳から大人までの若者が達成事項を記録・再検討・提示し，目標を設定し，学習や仕事において進歩するのを助けるための手引きとワーキング資料の一組」である[53]。回章17/99によって，学校は，学校を出る生徒に試験の達成以外の達成を報告することが求められている。プログレス・ファイルは義務ではないものの，そのための一つの方法である。プログレス・ファイルは1997年から試行され，1999年9月～2002年7月の3年間実地普及プロジェクト（Demonstration Projects）がなされた後，本格実施が始まっている。プログレス・ファイルは，生徒自身が学習や進路設計に生かすことが強調されている点，厚いリング・ファイルが用いられ具体的な作品やディスクを入れるポケットがある点などでNRAと異なっている。

なお，イギリスの初等教育からキー・ステージ3（11－14歳）までは，ポートフォリオ評価法の実施は一般的ではない。これは，1988年に導入されたナショナル・カリキュラムに対応する評価が，SAT（Standard Assessment Task：標準評価課題）という筆記テストとして実施されたことの影響による[54]。イギリスでは現在，学校ごとのテストの結果を「パフォーマンス・テーブル」（通称「リーグ・テーブル」）として公表しており，その情報は親による学校選択の資料となっている。したがって，教師たちは試験勉強に力を入れざるをえない。学校によっては，独自のポートフォリオ評価法を実施している例も見られる[55]ものの，多くの学校は従来行ってきたプロジェクト学習

や「本づくり」よりも試験勉強を重視する方向に変わっている。

●アメリカにおける動向

　アメリカにおいては，1970年代以降に学力低下が指摘される中で，学力保障を行っていることについての説明責任を学校に対して求める論調が強まった。この論調は，連邦政府ならびに州政府の標準テストに基づく点検をもたらした。しかし，標準テストでは子どもの学力を総合的に捉えることができないとの批判が，教師たちの間から起こった[56]。このような批判を背景としながら，「真正の評価」の必要性・重要性が広く受け入れられるようになり，ひいてはポートフォリオ評価法が急速に普及したのである。

　アメリカにおける教育改革の動向は州ごとに異なっており，包括的な歴史研究は今後の課題である。その一部を紹介している小田勝己によれば，アメリカにおいて「学力」を問い直したグループには，大きく次の2つがある[57]。

　一つは，アーチボールドやニューマンの主張を引き継ぎ，「真正の評価」論を進化させたウィギンズを中心とした流れである。ウィギンズは，エッセンシャル・スクール連盟において，サイザー（T. Sizer）の理論を具体化する役割を担った経歴をもつ研究者である。ウィギンズのポートフォリオ評価法の構想は，アメリカではまだ十分に実施されているとはいえず，ウィギンズ自身もむしろイギリスの資格制度を評価している[58]。また，イギリスの資格制度を理解する上でもウィギンズの理論的整理は大変役立つものである。本書では，第4章・第5章でウィギンズの理論を詳しく扱いつつ，その具体像を探るためイギリスの資格制度について検討したい。

　もう一つは，ガードナー（H. Gardner）を中心としたグループである。多重知能（Multiple Intelligences: MI）理論を提唱したガードナーは，MIを応用した学習・評価の実践を探究した（第6章234ページ参照）。ガードナーが参加した「プロジェクト・ゼロ」や「プロジェクト・スペクトル」においては，ポートフォリオ評価法が実践に移されている[59]。なお，安藤輝次は，ガードナーがポートフォリオ評価法を着想するにあたって，イギリスの「達成の記録」がヒントとなったことにふれており，興味深い[60]。イギリスにおいて，近年ポートフォリオの用語が用いられるようになってきたのは，用語の逆輸入とでもいえる現象だろう。

　本書では，ガードナーの影響を強く受けたクロー・アイランド小学校（Crow Island School）について，第6章で詳しく扱う。同校の校長ヒバート（E. Hebert）の近著[61]の裏表紙では，ガードナーが「ついに，流行語の域を超えるポートフォリオの本が出た。15年間の『実地』の経験をもとに，ベス・ヒバートは，本物のポートフォリオ文化が教育的にみてどのような恩恵をもたらすかを伝えている」との賛辞を寄せている。

(1) 梶田叡一『教育評価』(第2版) 有斐閣, 1992年, p.1。
(2) この表の作成にあたっては, McTighe, J. & Ferrara, S., *Assessing Learning in the Classroom* (National Education Association (NEA), 1998, p.10) に掲載されている, 図1「授業での評価を計画する：鍵となる問い」を参考にしたが, 大幅に改変した。初出は, 拙稿「教育評価への子どもの参加―ポートフォリオ評価法―」日本教育方法学会『教育方法31』図書文化, 2002年, p.112。
(3) B・S・ブルーム他著（梶田叡一他訳）『教育評価法ハンドブック』(第一法規, 1973年), 大津悦夫他『わかる授業づくりと到達度評価』(地歴社, 1984年) など。
(4) 田中耕治「教育評価を考える」同他『総合学習とポートフォリオ評価法・入門編』日本標準, 1999年。同『指導要録の改訂と学力問題』三学出版, 2002年。
(5) 天野正輝『教育評価史研究―教育実践における評価論の系譜―』東信堂, 1993年, pp.230-240。
(6) 『中内敏夫著作集Ⅰ―「教室」をひらく―』藤原書店, 1998年, p.46。
(7) ただし, 特に社会科については,「**体験目標**」の重要性も主張されていた。これは,「工場見学」や「田植え体験」など, 体験することそのものを目標として位置づけるという提案である (鈴木敏昭『社会科到達度評価の理論と方法』(明治図書, 1981年) を参照のこと)。
(8) なお, 到達度評価論においては, 方向目標とともに, プログラム学習に通じるような「行動目標」も批判された。ここでいう**行動目標**とは, どのような条件下で観察可能な行動がどの程度見られれば達成できたとされるのかが明確になっているタイプの目標である (たとえば「二次方程式の根の公式が与えられた時に, 10題の問題を30分以内に解き, 8問まで正解できる」) (大津, 前掲書 (pp.12-15) を参照)。行動目標については,「カリキュラム適合性」(第5章の4.参照) の点で問題がある。
(9) 教育課程審議会『児童生徒の学習と教育課程の実施状況の評価のあり方について（答申）』, 2000年12月 (以下,『答申』), p.10。
(10) 『答申』, p.13。
(11) 同上。
(12) 田中耕治『学力評価論入門』京都・法政出版, 1996年, pp.76-79.
(13) 中内, 前掲書, p.104。
(14) 中内, 前掲書, pp.50-51。
(15) 水川隆夫「到達度評価の進め方」稲葉宏雄他編『基礎からの到達度評価』あゆみ出版, 1984年, p.74。

(16) 橋本重治『続・到達度評価の研究―到達基準の設定の方法―』図書文化，1983年。
(17) 田中，前掲書，p.99。
(18) 中内敏夫『増補　学力と評価の理論』国土社，1976年，p.74。
(19) 佐々木元禧『到達度評価』明治図書，1979年，p.36。
(20) 田中，前掲書，p.99。
(21) たとえば，鈴木敏昭・田中耕治編著『社会科のつまずきを生かした授業』日本標準，1989年。
(22) 詳しくは，堀哲夫「構成主義学習論」（日本理科教育学会編『理科教育学講座5　理科の学習論（下）』東洋館出版社，1992年）を参照のこと。
(23) 同上書，p.158。
(24) 堀哲夫『問題解決能力を育てる理科授業のストラテジー―素朴概念をふまえて―』（明治図書，1998年）を参照のこと。
(25) 厳密には，「真正の評価」と「パフォーマンスに基づく評価」を区別する論もある。ギップスは，「パフォーマンス評価」という語を「パフォーマンスに基づく評価」の意で用いつつ，「真正の評価とは，真正の文脈で実施されるパフォーマンス評価である」と述べている（C・ギップス（鈴木秀幸訳）『新しい評価を求めて―テスト教育の終焉―』論創社，2001年，p.135（Gipps, C., *Beyond Testing: Towards a Theory of Educational Assessment*, Falmer Press, 1994, p.98）。ただし，一部訳語を変えた）。
(26) Archbald, D. & Newmann, F., *Assessing Authentic Academic Achievement in the Secondary School*, National Association of Secondary School Principals, 1988.
(27) Cumming, J. & Maxwell, G., 'Contextualising Authentic Assessment' in *Assessment in Education*, Vol.6, No.2, 1999, pp.177-194.
(28) Newmann, F. & Archbald, D., 'The Nature of Authentic Academic Achievement' in Berlak, H. et al., *Toward a New Science of Educational Testing and Assessment*, State University of New York Press, 1992, pp.71-83.
(29) Wiggins, G., *Educative Assessment: Designing Assessment to Inform and Improve Student Performance*, Jossey-Bass Publishers, 1998, p.24.
(30) *Ibid.*
(31) 自己評価をめぐる議論については，安彦忠彦『自己評価』（図書文化，1987年）に詳しく扱われている。
(32) Wiggins, *op cit.*, chap.3.
(33) 中内敏夫「付論『学習の評価』考」『中内敏夫著作集Ⅰ』pp.168-170。
(34) 藤田昌士「生徒参加―その歴史・現状と課題―」全国民主主義教育研究会編『未来をひ

らく教育』第17号，1999年7月，pp.62-69，p.21。引用箇所はp.68。

(35) 藤田昌士「子どもの学校参加」全国生活指導研究協議会編『生活指導』No.480，1995年2月号，pp.8-15。引用箇所はp.11。

(36) R・ハート（木下勇他監修，IPA日本支部訳）『子どもの参画―コミュニティづくりと身近な環境ケアへの参画のための理論と実際―』萌文社，2000年，p.42。なお，「参画」の原語はparticipationであるが，訳者は，より積極的・主体的な参加を意味するために「参画」の訳語をあてている。

(37) 藤田昌士は，「参加」には，子どもや保護者が決定を教師とともにする「共同決定」と，子どもや保護者が決定は教師に委ねながら，聴聞される機会をもったり，審議・助言をしたり，提案・発議をしたりする「関与」という，二つの形態があるとしている（藤田，前掲論文，pp.8-15）。

(38) ハート，前掲書，p.46。

(39) 池谷寿夫他『競争の教育から共同の教育へ』青木書店，1988年。

(40) 教育課程審議会『児童生徒の学習と教育課程の実施状況の評価の在り方について（答申）』2000年12月（http://www.mext.go.jp/b_menu/shingi/index.htm）。

(41) この点に関して，教育行政学や教育制度論からは，「選択による参加」と「学区制にもとづく住民自治」がキーワードとして登場している。たとえば次の文献を参照のこと。黒崎勲『学校選択と学校参加―アメリカ教育改革の実験に学ぶ―』東京大学出版会，1994年。三上和夫『学区制度と学校選択』大月書店，2002年。

(42) 『答申』，p.16。

(43) 拙稿「ポートフォリオ先進国に学ぶ―アメリカ合衆国とイギリスの場合に焦点をあてて―」（村川雅弘編『「生きる力」を育むポートフォリオ評価』ぎょうせい，2001年，pp.73-91）も参照のこと。

(44) イギリスの教育制度の最近の改革動向については，次の文献が参考になる。Chitty, C., *The Education System Transformed*（2nd Ed.），Baseline Books, 1999.

(45) QCAのホームページ（http://www.qca.org.uk/nq/framework/?fp_clk；2003年1月16日）。

(46) 教育技能省（Department for Education and Skills；DfES）のホームページ（http://ww-w.nc.uk.net/；2003年1月23日）。

(47) ASDAN (Award Scheme Development and Accreditation Network) *The Award Scheme Guidelines*, 1997.

(48) Department for Education and Employment (DfEE), *The National Curriculum: Handbook for Secondary Teachers in England (Key Stages 3 and 4)*, 1999.

(49) QCAのホームページ（http://www.qca.org.uk/nq/ks/?fp_clk；2003年1月23日）。

(50) イギリスにおける資格試験の動向について詳しくは，M・F・D・ヤング（大田直子監訳）『過去のカリキュラム・未来のカリキュラム―学習の批判理論に向けて―』（東京都立大学出版会，2002年）を参照されたい。
(51) James, M., *Using Assessment for School Improvement*, Heinemann, 1998. Brooks, V., *Assessment in Secondary Schools: The New Teacher's Guide to Monitoring, Assessment, Recording, Reporting and Accountability*, Open University Press, 2002.
(52) 柳田雅明「イングランドにおけるプログレス・ファイルの現状とその課題」日本カリキュラム学会第13回大会自由研究発表（九州大学，2002年7月7日）。プログレス・ファイルについて詳しくは次のホームページを参照のこと。
http://www.dfes.gov.uk/progfile/product.shtml
(53) 教育技能省のホームページ（http://www.dfes.gov.uk/progfile/faq.cfm；2003年1月23日）。
(54) なお，SATはアメリカにおけるScholastic Aptitude Testと紛らわしいため，1990年以降はStandard TestsまたはStandard Tasks（STs）と呼ばれるようになり，現在ではキー・ステージ・テストという名称が一般的であるように思われる。
(55) 拙稿「イギリス教育事情―ロンドンの学校を訪ねて―」『ブレス』日本標準，2001年冬号，pp.36-39。
(56) Shaklee, B.D., et al., *Designing and Using Portfolios*, Allyn and Bacon, 1997（B・D・シャクリー他（田中耕治監訳）『ポートフォリオをデザインする―教育評価への新しい挑戦―』ミネルヴァ書房，2001年）．
(57) 小田勝己『総合的な学習に適したポートフォリオ学習と評価』学事出版，1999年。
(58) ウィギンズ氏へのインタビューによる（2002年11月18日・20日）。
(59) H・ガードナー『MI：個性を生かす多重知能の理論』（新曜社，2001年）を参照。
(60) 安藤輝次「ポートフォリオの基礎理論」加藤幸次・安藤輝次『総合学習のためのポートフォリオ評価』黎明書房，1999年，pp.40-41。
(61) Hebert, E., *The Power of Portfolio: What Children Can Teach Us About Learning and Assessment*, Jossey-Bass Publishers, 2001.

第1章　Q&A

Q1 絶対評価，目標準拠評価，到達度評価は，どこが違うのですか？

A1 学力評価については，何と照らし合わせて行うかという点から4つの立場に分類されてきました。①絶対的な権威をもった教師の主観で行う認定評価（戦前の絶対評価），②テストに基づく点数で集団における位置づけをする相対評価（集団準拠評価），③一人ひとりの子どもを基準にして伸びを見る個人内評価，④「～ができる」「～がわかる」といった到達目標を基準とする到達度評価です。

教育課程審議会答申（2000年12月）では，「目標に準拠した評価（いわゆる絶対評価）」と表記されており，過去「絶対評価」という言葉が認定評価や個人内評価として使われたことがあったので，目標準拠評価についても①の認定評価や③の個人内評価と混同される方を時々見かけますが，それは誤解です。目標準拠評価は，「この学年でここまではできるようにしたい」という目標と照らし合わせて行う評価ですから，考え方としては④の「到達度評価」が最も近いのです（第1章の1.参照）。

さて，従来の到達度評価に関しては，目標として捉えられる範囲が狭かったという反省があります。たとえば現実の文脈の中で応用する力（思考力・判断力などのいわゆる「高次の学力」）や，「関心・意欲・態度」といった情意面については十分に扱われてきませんでした。目標準拠評価においては，評価しにくいといわれるそういった幅広い学力についても目標として捉えようとしています。この際，**幅広い学力を扱いつつも目標をはっきりとした評価基準として使えるような明確なものにすること**，またそれらの幅広い目標を評価するために**多彩な評価方法を用いる**ことが求められています。本書で扱っているポートフォリオ評価法は，多様な評価方法を調和よく組み合わせて使う上で役立ち

ます（第2章65ページの表2参照）。

　目標準拠評価を実施する上でのもう一つの課題は，個人内評価と目標準拠評価を結合することです。つまり，客観的な評価基準は確保しながら，一人ひとりの伸びも評価できるようなシステムを作ることです。柔道や書道の級や段のようなシステムを想像すると，具体的にイメージしやすいでしょう。

Q2 学力を幅広く捉える発想はわかりますが，「思考・判断」などをどう指導したらよいのでしょうか？

　A2　「思考・判断」というのは，一言でいえば「知識・理解」を学習や生活の文脈において使いこなす力です。従来は，子どもの心を白紙のように捉え，それに書き込んでいくようなイメージで学習が捉えられていました。しかし最近では，子どもは教えられる以前から世界について何らかの知識をもち，自分なりに解釈したり説明したりしていると考える構成主義的学習観が登場しています。「何かを教えられる」ことは，子どもたちにとっては「新たな事態に遭遇する」という場面になるわけですが，この新しい事態が自分の解釈や説明と矛盾すると，往々にして無視してしまったり自己流解釈が起こってしまったりします。したがって，構成主義的学習観に基づくと，子ども自身が自分の解釈や説明を意図的に組み替えていくことを学べるような指導が必要だとわかるのです。

　「思考・判断」を指導する際には，答えを覚えさせるだけでなく，たとえば，**知識を組み替えるプロセスそのものを学ばせたり，自分の知識がどのように組み替わっていっているかについて子どもたちに自己評価させたり**，といった学習活動を仕組むことが重要となります。

Q3 評価基準となる目標は，どうやって作ればよいのでしょうか？

A3 従来の到達度評価論では，「教科の目標→学年目標→単元の目標→授業の目標→…」というふうに，徐々に目標を細分化していく方法が採られていました。これを「目標分析」といいます。「目標分析」には教科の内容を系統的に捉えていくという点では意義があり，現在も多くの学校でこの方法が使われているようです。しかしこの方法では，限りなく目標が細分化してしまい，授業が評価に追われてしまう恐れがあります。特に「思考・判断」や一部の「技能・表現」については目標を細分化するこの方法で本当に評価できるのかという疑問があります。

そこで，子どもの実態（パフォーマンス）から目標を捉え直す，いわばボトムアップの方法として，第4章3．の【3】で紹介するルーブリック作りが参考になると思います。また，子どもの自己評価に耳を傾けて目標を修正したり，保護者や地域の人々にも学校の評価基準を公表して意見を求めたりすることも重要です。

Q4 「規準」と「基準」の使い分け方を教えてください。

A4 「規準は質的な評価の観点を示し，基準はどの程度その観点を達成できているかを示す」といった使い分けの仕方が一般的なようですが，諸説入り乱れています。「規準」については，集団準拠，目標準拠などという際の準拠枠を指し，それぞれの準拠枠においての程度を指すのに「基準」を用いるという提案もあります。私自身は，「評価基準」を一般的な用語として用いて，その中に「観点」と，観点ごとに到達の程度を捉える「規準」があると定義してきました。実際の目標＝評価キジュンは，質的な要素と量的な要素が交差するところに設定されるわけで，両者の区別はなかなか難しいですね。

肝心なのは，それぞれの学校や教育委員会で，どの用語をどの意味で使うかを明確に共通理解して使うことでしょう。なお本書では，「基準」の語で統一しています。

Q5 子どもの自己評価や相互評価に基づいて，成績をつけてよいでしょうか？

A5 自己評価をさせることは大切ですが，それは**形成的に学習や指導に活かすべき**であり，成績づけのような総括的評価に使うべきではありません。それでは自己評価そのものが正しく行われない恐れが生じるからです。また，自己評価については，甘すぎたり辛すぎたりする子どもが大半です。むしろ的確に自己評価する力を育てることを教育目標として捉えることが求められています。もちろん，自己評価力を育むためには，自己評価する機会を与えることが重要です。したがって，たとえば通知表に自己評価欄を設けるといったことも考えられます。しかし，その場合も，**教師による評価欄と子どもの自己評価欄ははっきり区別できる書式にしておく必要があります。**

第2章
ポートフォリオ評価法の考え方と進め方

> ポートフォリオとファイルの大きな違いは、次の3点である。①学習の過程や成果を示す多様な子どもの「作品」、自己評価、教師の指導と評価の記録を蓄積する。②蓄積した作品を並び替えたり取捨選択して、系統的に整理する。③学習の始まり・途中・終わりの各段階で、ポートフォリオを用いて教師と子どもが話し合う（検討会）。ポートフォリオ評価法では、リアルな場面で働く学力の長期的な発達を捉えることができる。
>
> 「検討会」の仕方には、①評価基準を大人があらかじめ用意して評価する、②子どもと教師が相互作用しながら評価基準を創り出す、③評価基準づくりをも子どもが主導する、の3タイプがある。教科学習では①が、総合学習では主に②が参考になる。

1. ポートフォリオ評価法とは

【1】ポートフォリオ評価法の定義

ポートフォリオ評価法の定義をもう一度確認しておこう。

> ポートフォリオとは、子どもの作品、自己評価の記録、教師の指導と評価の記録などを、系統的に蓄積していくものである。
>
> ポートフォリオ評価法とは、ポートフォリオづくりを通して、子どもの学習に対する自己評価を促すとともに、教師も子どもの学習活動と自らの教育活動を評価するアプローチである。

ポートフォリオに収録する資料の幅によって，ポートフォリオ評価法を用いて評価する対象は，多様に設定することができる。また，評価の目的や主体についても柔軟に構想されうる。

テストが，特殊な場面を作り，日常と切り離された課題を与えて子どもの力を見ようとするのに対し，ポートフォリオ評価法は**学習の自然な流れの中で**評価対象となる力がついているかどうかを見ようとする。このことから，ポートフォリオ評価法は，「真正の評価」や「パフォーマンスに基づく評価」の代表的なアプローチだといわれている。

ちなみに教師という職業も，ポートフォリオづくりを通して自分の力量を示す職業の一種である[1]。英米では，教員養成や採用，昇進の際にポートフォリオを活用する例も多く見られる。しかし，ここでは「子どものポートフォリオ」に限定して話を進めたい。

さて，子どもの作品など集めながらポートフォリオづくりを進める作業がポートフォリオ評価法となるためには，次の6つの原則を守る必要がある（これら6原則については，【5】で詳述する）。

> ❶ポートフォリオづくりは，子どもと教師の共同作業である。
> ❷子どもと教師が具体的な作品を蓄積する。
> ❸蓄積した作品を一定の系統性に従い，並び替えたり取捨選択したりして整理する。
> ❹ポートフォリオづくりの過程では，ポートフォリオを用いて話し合う場（ポートフォリオ検討会）を設定する。
> ❺ポートフォリオ検討会は，学習の始まり，途中，締めくくりの各段階において行う。
> ❻ポートフォリオ評価法は長期的で継続性がある。

【2】ポートフォリオ評価法の意義と課題
（1）意義——**学習の実態に基づく目標準拠評価，個に応じた指導，自己評価力**

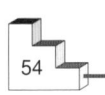

の育成，説明責任

　ポートフォリオ評価法は6原則の範囲内で多様に展開するものであり，目的に応じてその意義も変わる。筆者自身は，ポートフォリオ評価法は**総合学習における指導を充実させるのにも役立つ一方，教科教育で目標準拠評価を適切に行っていく上でも有効**だと考えている（それぞれの意義については，第3章と第4，5章で具体的に明らかにしたい）。ここではポートフォリオ評価法の一般的な意義として，次の4点を指摘しておこう。

①教師が子どもの学習の実態を，具体的・継続的に把握できる。もちろん現在でも，教師は折にふれ，子どもの学習を継続的に評価している。しかし，ポートフォリオ評価法を実践したある教師からは，「以前も，その時々に的確なアドバイスをしているつもりだったが，それでも場当たり的であった。ポートフォリオ評価法を取り入れることで，その**子どもの学習の流れをより的確につかむことができるようになった**」という感想を聞いた（この教師の感想は，授業を観察していた筆者の実感でもあった）。

　また，ポートフォリオを作らせることを意識することによって，「**どのような学習をもたらしたいか**」という点から**授業を構想できるようになる**。以前は授業研究会を教師の指導言に注目する形で行っていたが，子どもたちの学習の実態により着目して行うようになった学校の事例も見受けられる。ポートフォリオ評価法は指導の質を向上し，子どもにもたらす効果の観点からカリキュラム開発を進める上でも役立つ。

②ポートフォリオ評価法を取り入れれば，**子ども自身にとっても学習の実態を自覚する機会**となる。たとえば，定期テストについては，ややもすれば点数や順位だけが意識されがちである。しかし，定期テストを長期的にファイリングし，教師の指導のもとで振り返らせる活動を行うだけでも，ポートフォリオ評価法となる。そのような活動を行えば，子どもは自分にとって何が課題として残されているか，的確に把握することができるようになるだろう。これは，**自律的に学習を進める力**を子どもに身につけさせる第一歩である。

③ポートフォリオ評価法においては検討会が不可欠なものとして位置づけられ

ている。これは，**教師と子どもの評価のつき合わせを行う機会**となる。第1章で指摘したとおり，教師がもつ評価基準と子どもがもつ評価基準は，ややもすればずれている。**子どもが適切な評価基準に基づいて自己評価を行うことができるように指導すること**が，子どもに学力を身につけさせる上では不可欠である。ポートフォリオ評価法の6原則に即して指導を組み立てれば，そのような指導を行う機会が自動的に計画できるようになる。

④ポートフォリオは，学校や教師が説明責任を果たす上でも役立つ。「総合的な学習の時間」について反対していた保護者も，発表会などで実際に子どもたちが力を発揮している様子を見ると賛成してくれることが多い。このように，**学習の具体的な姿を見せることは，説明責任を果たす最良の方法**である。目標準拠評価が導入される中で，教師の評価活動のあり方を保護者が評価する時代となった。教師がポートフォリオに蓄積した作品と照らし合わせて自分の評価を説明すれば，保護者にとってもわかりやすい説明となる。また，その場で保護者からの意見を求めれば，教育目標についての相互理解も深まるだろう。

(2) 課題と克服のための方向性――どうすればうまく活用できるのか

しかし，今のところ，「ただ作品を集めればいいのだろう」といった誤解や，「集めた作品をどう評価したらいいかわからない」，「具体的にどう指導に活かせばいいかわからない」といった悩みも耳にする。ポートフォリオが単なるファイルにとどまらず，**評価法として活用されるためには，蓄積した作品を活かした指導を行う必要がある**。つまり，次の3点が重要である。

①まず教師が作品を評価する中で，子どもの学習実態を具体的に把握すること。
②作品を整理する活動などを通して，子どもにも自分の学習の実態について考えさせること。
③作品について話し合い（検討会）をすることで，子どもの自己評価力を育成すること。

「集めた作品をどう評価したらいいかわからない」という悩みは，そもそもの指導の目標が十分自覚されていないことに由来している。「この授業で，こんな学習の実態をもたらしたい」と目標を明確に考えていれば，予想された実態がもたらされたかどうかで作品評価を行うことができる。ただし，子どもの学習の実態から，新たな目標が見つかることも多いことも付言しておきたい。

なお，**作品の評価については一人で悩まず**，**同僚と話し合ってみる**ことを是非勧めたい。ポートフォリオに作品を蓄積しておくことは，そのような話し合いをも容易にする。筆者自身，教師との共同研究の中で，一人の子どもをめぐる評価がしばしば異なるという経験をしている。「この子どもに見られるこのような実態は，どう評価できるのだろうか」，「このような子どもの実態に対して，どう指導していけばいいのだろうか」といった話し合いの機会を，「お茶飲み話」であれ正式な研修会の場であれもつことの意義は大きい。話し合いの一つの進め方として，第4章の3.で紹介するルーブリック作りも役立つので，研修の参考にしてほしい。

最後に，ポートフォリオの指導への活かし方であるが，一言で言えば，**子どもが作品を批評する機会を授業で設ける**ことである。批評の機会の仕組み方としては，作品に自己評価のコメントをつけさせたり，作品を特定の観点から分類させたり，教師と子どもが一対一で話し合ったり，一斉指導でお互いの作品を比べさせたり，といったことが考えられる。批評の機会における指導のポイントは，検討会での対話の進め方に見ることができる。本章の3.では，検討会での対話を詳しく紹介する。また，第3章以下で日本における実践の具体例も示してみたい。

なお，**表1**[(2)] は「ポートフォリオづくりに関する発達の特徴」を鳴門教育大学学校教育学部附属小学校（以下，鳴教大附小）が整理したものである。それぞれの学年の子どもたちにとってどの程度ポートフォリオづくりをすることが可能か，それに応じて指導者にはどのような指導が求められているのかを示した目安として，参考になるだろう。

表1　ポートフォリオづくりに関する発達の特徴　　　　　　　　　(鳴教大附小, 2001)

	1年	2・3年	4・5年	6年
発達の特徴	○活動したことを中心に自分の学習を振り返り感想をもったり、次にしたいことを考えたりする。 ○「学習の記録」や製作物などを順序よく残していく。 【「学習の記録」の萌芽期】	○活動したことを中心に自分の学習を振り返りよかった点や改善すべき点を見出す。 ○自分の思いや考えを記録に綴る。 ○単元ごとの「学習の記録」を作成する。 【「学習の記録」の成立期】	○自分の学習を振り返り自分の成長や変容をとらえる。 ○メタ認知の力が育ち、自己をとらえることができはじめる。同時に、学習の過程や、継続して評価することにも関心が向く。 【「学習の記録」の充実期】	○ポートフォリオが自分の学びを進める上で欠かせないものであるという自覚をもちはじめる。 ○互いに評価を練り合う中で、自己評価力を高める。 ○自己の学びを振り返り自分なりの評価基準を創出する。 【「学習の記録」の自覚期】
指導者のかかわり	○評価を促すための様々な言葉をかける。 ○その子が書きたい言葉を聞き取り、書いて渡したり、カードを選ばせたりする。	○様々な「学習の記録」の用紙を作成する。 ○資料の収集の仕方や記録を残すための手引きを工夫する。	○自らの学びを振り返るための手引きを工夫する。 ○自らの学びを一覧表にまとめさせたり、学びの一覧表を活用したりする場を設定する。	○次の課題を考えるための手引きを工夫する。 ○自己の学びを意味づけたり、関連づけたりしながらポートフォリオを再構築する場を設定する。
ポートフォリオの特徴	○カードを集めることへの関心が高く、断片的に記録したものが多い。	○その単元で学んだ資料や「学習の記録」、作品などを1つにまとめることができる。継続性が見られるようになる。 ○資料や記録を意図をもって集める。	○後書き、目次などが整えられるとともに、順序などの工夫が見られるようになる。 ○必要に応じてポートフォリオやその中に収められた資料を活用する。	○自分なりの意図をもって再編成したポートフォリオが見られるようになる。 ○6年間にわたるポートフォリオをまとめる。

【3】ポートフォリオの容器——目的や中身，整理能力に応じて選ぶ

　ポートフォリオの容器は，ポートフォリオの目的や中身，子どもの整理能力などに応じて，使いやすく適切な容器を選ぶことが肝心である。紙の資料やワークシートを綴じるだけならファイルでよい。子どもが集めてくる資料や作り出す作品に立体的な物もあるようなら箱や棚のほうがよい。小学校低学年では，ファイルで綴じて整理するのはなかなか難しいので（**表1参照**），封筒にカードを蓄積するタイプや，紙を貼り付けていって冊子にまとめる形（**資料1**[(3)]）などが有効だろう。ノートは，記録がなくなりにくい反面，並び替えたり選び出したりはしにくい。一人ひとりの子どもが発見してきたことをクラスで共有

資料1　低学年のポートフォリオの例
（宮本浩子教諭の提供）

させたければ，壁の掲示物としてポートフォリオを作ることもできる。

【4】ポートフォリオの中身——作品，自己評価の記録，指導と評価の記録

　ポートフォリオの中身としては，①**子どもの作品**，②**子どもの自己評価の記録**，③**教師の指導と評価の記録**，の3つが入っている必要がある。

(1) 子どもの作品

　ここでいう「作品」の原語であるworkは，完成した芸術作品から，課題学習などで行われる作業や活動そのものまで，実に幅広い意味を含む言葉である。ポートフォリオに収める「作品」は，**ワークシート，レポート，絵や資料**など様々なものとなる。**ビデオやテープ**を用いて，子どもの活動そのものの記録を残す工夫も考えられる。また完成品だけでなく，完成品を生み出す過程を示す**メモや下書き**なども収めることによって，子どもの学習の過程での試行錯誤を追うこともできる。つまり「作品」とは，子どものパフォーマンスを具体的に示す軌跡のすべてを指すといえる。

【子どもの作品】
ここでは，子どもが学習の過程で生み出すものすべてを指します。したがって，完成した作品だけでなく，下書きやメモ，集めた資料，また実際に技能を発揮している様子（演技，口頭発表など）をも含んでいます。本書で言う「パフォーマンス事例」は，「作品例」と同じ意味です。

(2) 子どもの自己評価の記録

　次に，子どもの自己評価の記録を入れる必要がある。自己評価というと，「頑張ったか」「楽しかったか」を尋ね，子どもに自己採点させる実践をよく見受けるが，もっと重要なのは，**学習の中身や過程に即して到達点と課題を見抜く力**である。

　たとえば，子どもたちに調べ学習に取り組ませていたある教師は，課題と照

らし合わせて資料が役立つかどうかを考える力が子どもたちに身についていないと感じた。そこで、ワークシートの一画に、ABCDEの5段階で評価できる欄を設け、「役立つ資料を集めることができたか」という観点で自己評価するよう指導した。しばらくたつと、今度は、集めてきた資料をただ写しているだけという問題に直面した。そこでこの教師は、同じワークシートを用いて「自分なりにまとめることができたか」という観点で自己評価させることにより、子どもたちに力をつけたのである[4]。このように**自己評価力を身につけさせるためには、明瞭で的を絞った評価基準を、最初は教師から提示することが重要**であるように思われる。

(3) 教師の指導と評価の記録など

ポートフォリオは、子どもたちが勝手に書いたノートや、ただ資料を綴じただけのファイルとは異なる。したがって、そこには教師の指導と評価の記録も残されていく。ワークシートを用意するのも教師の指導の軌跡を示すことになるし、赤ペンでコメントを書き加える場面もあるだろう。付箋でコメントを貼り付ける場合もあるだろう。子どもの学習の過程で教師がどのように手を加えたか、その足跡も残しておく。

このほか、総合学習であれば特に、子ども同士が評価しあったり（相互評価）、保護者や地域の人からコメントをもらったりする場面もあるだろう。そのような様々な人からの評価も、ポートフォリオには記録していくことができる。

【5】ポートフォリオ評価法の6原則

さて、上記のようなものを集めながらポートフォリオづくりを進めるわけであるが、その際に留意すべきポイントをまとめたのが「ポートフォリオ評価法の6原則」である。以下で各原則について詳しく見ておきたい。

(1) ポートフォリオづくりは、子どもと教師の共同作業である

学習の主体はあくまで子どもであるから、ポートフォリオを使い始める際には**最初に、ポートフォリオの目的・意義・残すべき資料や置き場所等について、子どもに説明する必要がある**。さらに、指導の中でポートフォリオを活用する

ことによって，子ども自身が目的と意義について納得し，より主体的にポートフォリオづくりに取り組んでいけるようにする必要がある。

(2) 子どもと教師が具体的な作品を蓄積する

ポートフォリオには完成した作品だけでなく，完成品を作る過程で生み出される様々な資料も入れる。何かの作品を作り上げる過程で子どもたちは，思いつきを走り書きしたり，設計図を書いたり，保護者に相談して意見をもらったり，関連する資料を集めたりしている。子どもの学習の過程を追うためには，今までは見すごされていたような走り書き程度の下書きやメモ，資料などの価値をも考慮する必要がある。

(3) 蓄積した作品を一定の系統性に従い，並び替えたり取捨選択したりして整理する

ポートフォリオづくりにおいて作品を整理する典型的な場面は，**ワーキング・ポートフォリオからパーマネント・ポートフォリオを作る場面**である。ワーキング・ポートフォリオとは，日常的に資料をためておくポートフォリオであり，パーマネント・ポートフォリオとは，そこから資料を取捨選択したり並べ替えたりして作る永久保存版のポートフォリオである（図1）。

【ワーキング・ポートフォリオとパーマネント・ポートフォリオ】

　日常的に二穴ファイルや紙ばさみに資料をためておく状態をワーキング・ポートフォリオといいます。ワーキング・ポートフォリオだからといって何でもためていくのではなく，育てたい目標に応じて残すべき作品を考えながらためていくほうがよいでしょう。それを編集し直して冊子にしたり，そこから長期的に保存する作品を選び取って別のファイルなどに入れたりした状態を，パーマネント・ポートフォリオといいます。

(4) ポートフォリオづくりの過程では，ポートフォリオを用いて話し合う場（ポートフォリオ検討会）を設定する

ポートフォリオ検討会においては，教師の判断をすぐに伝えるよりもむしろ，**まずは子ども自身がどう考えているかを語らせることが大切である**。対話の中でお互いの評価をつき合わせ，そこから**両者が納得できる次の課題を設定する**。つまりポートフォリオ検討会は，教師が子どもの学習の進み具合を評価する場であ

第2章　ポートフォリオ評価法の考え方と進め方

図1　ワーキング・ポートフォリオとパーマネント・ポートフォリオの関係図

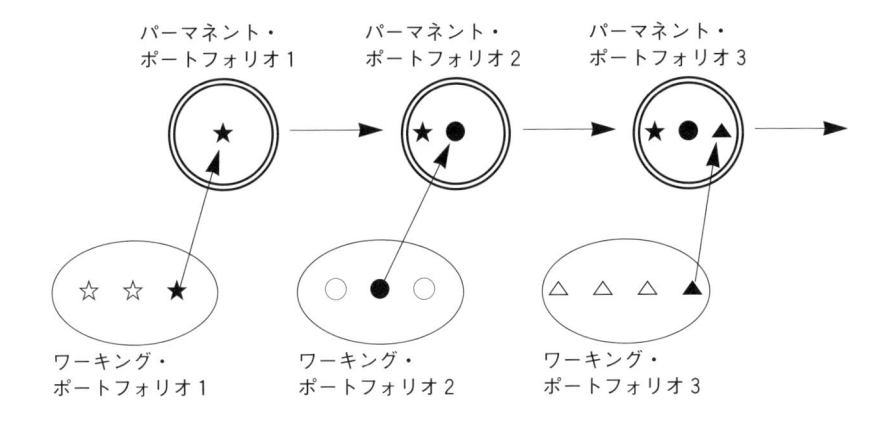

るだけでなく，その後の学習を方向づけ，子どもの自己評価力をも鍛える指導の場でもある。

(5) ポートフォリオ検討会は，学習の始まり，途中，締めくくりの各段階において行う

　ポートフォリオは，行き当たりばったりに作るものではない。作品や評価の記録を集めるにあたっては，ポートフォリオを作る上での目的や目標に照らし合わせて，意図的・系統的に行うことが必要である。本来，教育評価は，教育（すなわち子どもの学習活動に対して教師が意図的に働きかける行為）の成否を評価するものである。子どもの変化を把握するためには，学習の始まりにおいて子どもの実態を把握し，途中で学習がうまくいっていないことがわかれば，指導計画を修正する必要がある。したがって，ポートフォリオを用いる場合も，学習の「はじめ・なか・おわり」において，そ

【ポートフォリオ検討会】
　子どもが自分の作ったポートフォリオについて誰かと対話する場面のこと。子ども同士で話し合う場合や，保護者や地域の人と話し合う場合もありますが，ここでは，子どもの学習をより充実させるために，教師がどのように検討会で指導すべきかを中心に扱っています。必ずしもきちんとした「会」でなくてもよく，紙面上での対話や机間指導での対話，一斉指導も検討会となりえます。

れまでの学習を振り返るとともに，それに基づいてその後の見通しをたてることになる。

(6) ポートフォリオ評価法は，長期的で継続性がある

　たとえば総合学習で育まれる「問題に気づく力」といった力は，一朝一夕に身につくものではない。ポートフォリオで１学期，１年，数年以上といった長期間にわたって子どもの成長を追うことによって，ゆっくりとした発達も捉えることができる。これにより，長期的な見通しをもったカリキュラム設計も可能となるだろう。

【6】ファイルとどう違うのか

　以上の６原則をすべて満たしているようなファイルづくりを行っているのであれば，すでにそれはポートフォリオ評価法となっているといえよう。しかし現実には，ポートフォリオと呼ばれていても，ファイルづくりと変わらない実践も多い。ここで，６原則と照らし合わせつつ，通常のファイルとポートフォリオとの違いを確認しておこう。

①通常のファイルは，子どもが勝手に用いているにすぎないものが多い。しかしポートフォリオづくりでは，**どんな目的で作るのか，何を入れるのか，どのように役立つのかについて教師が説明し**，子どもが主体的にポートフォリオづくりに取り組めるように指導することが必要である。

②通常のファイルは，子どもが入れたいものを入れている状態である。しかし，ポートフォリオには目的に応じて資料を系統的にためていく。たとえば子どもの表現力を見たいのであれば具体的な表現物を，試行錯誤の軌跡を見たいのであれば下書きのメモなどを，自己評価力を見たいのであれば自己評価の記述を入れさせる必要がある。

③通常のファイルでは，蓄積した資料を見直し活用する機会があまりない。せいぜい時系列に並べておいて，試験勉強のために見直す程度であろう。一方ポートフォリオ評価法では，**蓄積した資料を並べ替えたり取捨選択したりして整理する機会を重視する**。具体的な資料を選ぶ作業を通して，**子どもたち**

に自分の学習を見る目が養われる。

④通常のファイルでは，そのファイルについて**教師と子どもが話し合う**ことはほとんどない。しかし，ポートフォリオづくりの過程では，検討会を行うことが不可欠である。検討会では，「どのような作品が良いものなのか」，「どのような学習が求められているのか」，「どのように自己評価すべきなのか」といった点について，教師と子どもの意見が交わされる。

⑤さらにポートフォリオ評価法の場合，検討会は**学習の途中でも**定期的に行われる。

⑥通常のファイルづくりは，何となく始まって何となく終わることが多い。ポートフォリオは，1学期，1年，数年以上といった長い期間で意図的に作られる。そのことによって，その期間での子どもたちの成長を，**特定の視点**から捉えることができる。

2．ポートフォリオの種類

【1】評価対象となる学習の範囲——ポートフォリオは学習の多様な範囲に対応できる柔軟な枠組み

前述の❻の原則に示されているとおり，ポートフォリオ評価法は長期にわたるものである。したがって，ポートフォリオ評価法を始めるにあたっては，とりあえずどの期間でポートフォリオを作るかを考えておく必要がある。

学校のカリキュラムは，次ページの**図2**に示すような構造でできている。どの期間で一つのポートフォリオを作るかを考えることは，図2のどの部分を評価対象とするポートフォリオを作るかを考えることでもある。つまり，ポートフォリオは，学校カリキュラム全体（例：中学校で3年間かけて学んだこと）に対応して作ることもできるし，特定の領域（教科，総合学習，特別活動）ごとに作ることもできる。また一つの領域の中で単元ごと（例：社会科の「奈良時代」の単元，総合学習の「川」の単元）に作ることも，一つの課題（例：理科における「木の観察記録」，社会科における「時代評価」の課題）に対応し

図2　カリキュラムの構造図

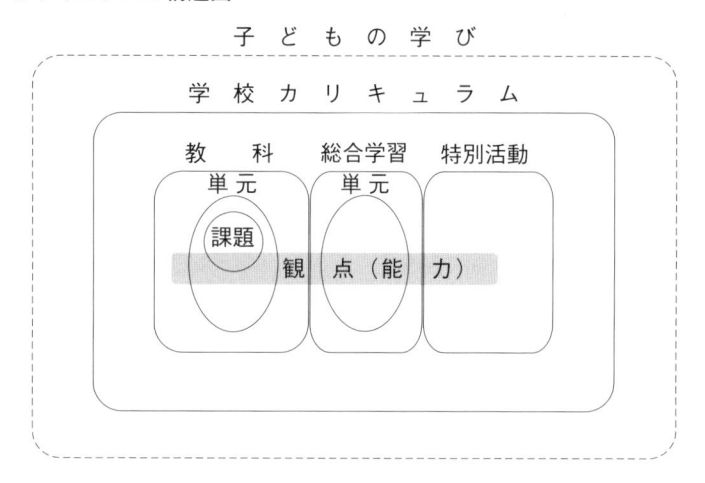

```
　　　　　　　子　ど　も　の　学　び
　　┌─────────────────────────────┐
　　│　　　　学　校　カ　リ　キ　ュ　ラ　ム　　　│
　　│　┌─────────────────────────┐ │
　　│　│　教　科　　総合学習　　特別活動　│ │
　　│　│ ╭───╮　╭───╮　╭───╮ │ │
　　│　│ │単元│　│単元│　│　　│ │ │
　　│　│ │╭─╮│　│　　│　│　　│ │ │
　　│　│ ││課題││　│　　│　│　　│ │ │
　　│　│ │╰─╯│━━━━━━━━━━━━ │ │ │
　　│　│ │　観　│　点　│（能）│　力　│ │ │
　　│　│ ╰───╯　╰───╯　╰───╯ │ │
　　│　└─────────────────────────┘ │
　　└─────────────────────────────┘
```

て作ることもできる。あるいはカリキュラム横断的に，一つの観点（能力）（例：思考力・判断力，話し合う力）に焦点を当てたポートフォリオを作ることもできる。さらにはまた，学校カリキュラムの枠を越えて，学校外での学びをも取り入れるようなポートフォリオを作っている事例もある（例：この3年間，学校や学校外で学んだこと）。このようにポートフォリオは非常に柔軟性に富んだ枠組みなのである。

　そもそも学力評価には，様々な方法が用いられる（**表2**[5]）。大きくは，「**筆記による評価**」，「**パフォーマンス課題による評価**」，「**観察や対話による評価**」に分けられよう。

　学力評価の方法といって多くの人が思い浮かべるのは，筆記試験やワークシートといった，紙に筆記するという形で子どもに表現させるタイプの評価方法であろう。「**筆記による評価**」には，誰が採点しても同じ結果が出せるいわゆる「選択回答式」（selected-response）と，子どもが自由に答えを考えて記述する「自由記述式」がある。（なお，「選択回答式」とは「客観テスト」式のことであるが，「客観テスト」が保証する客観性は採点の部分のみであるため，最近英米ではこの用語を避け，「選択回答式」「選択回答評価」などの用語を

第2章 ポートフォリオ評価法の考え方と進め方

表2 学力評価の様々な方法 (McTighe & Ferrara (1998) を下敷きにしつつ筆者が作成した)

筆記による評価 (筆記試験、ワークシートなど)		パフォーマンスに基づく評価		
		パフォーマンス課題による評価		観察や対話による評価
選択回答式 (「客観テスト」)	自由記述式	完成作品の評価	実演の評価 (実技試験)	プロセスに焦点を当てる評価
□多肢選択問題 □正誤問題 □順序問題 □組み合わせ問題 □穴埋め問題 ・単語 ・句	□短答問題 ・文章 ・段落 ・図表 など <u>作問の工夫</u> □知識を与えて推論させる方法 □作問法 □認知的葛藤法 □予測－観察－説明 (POE) 法 □概念マップ法 □ベン図法 □KJ法 □運勢ライン法 □描画法	□エッセイ, 小論文 □研究レポート, 研究論文 □物語, 脚本, 詩 □絵, 図表 □芸術作品 □実験レポート □数学原理のモデル □ソフトウェアのデザイン □ビデオ, 録音テープ (■ポートフォリオ)	□朗読 □口頭発表 □ディベート □演技 □ダンス, 動作 □素材の使い方 □音楽演奏 □実験器具の操作 □運動スキルの実演 □コンピュータの操作 □実習授業 □チームワーク	□活動の観察 □発問 □討論 □検討会 □面接 □口頭試問 □ノート・日誌・日記 Cf.カルテ, 座席表
		□プロジェクト (■ポートフォリオ)		
		■ポートフォリオ評価法		

注)「筆記による評価」において、様々な新しい問題が開発されている現在では、「筆記による評価」と「パフォーマンスに基づく評価」の境界線は、あまり明確とはいえない。そもそも筆記による記述も、一種のパフォーマンスである。表2の分類は、あくまで説明を容易にするための便宜的なものである。

用いることが多い。)

　一方、「パフォーマンスに基づく評価」には、完成作品を評価するもの、実技試験など特定の実演の評価を行うもの、よりインフォーマルな観察や対話によって評価するものなどがある。プロジェクトについては、この3つのすべてを総合的に扱う課題であると考えられるため、3つを含むものとして表に位置づけた。「パフォーマンスに基づく評価」のうち定型化されたものを「パフォーマンス課題」という。

　アメリカでの例としては、①「教室の壁のペンキを塗り直すとすれば、いく

【パフォーマンスに基づく評価】

　筆記試験と異なり、子どもが思考や技能を実際の場面で発揮する部分を捉えて評価しようとするものです。いわゆる技能系の教科だけでなく、あらゆる教科で用いることができます。①小論文やレポート、絵や図表、モデルやデザインなどの完成作品によって評価するもの、②口頭発表や演技、器具の操作などの実技の実演を評価するもの（以上が、「パフォーマンス課題による評価」）、③さらに日々の活動や発言の観察によって行うインフォーマルな評価などが含まれます。【パフォーマンス評価】は、「パフォーマンスに基づく評価」を幅広く指す場合（広義）と、「パフォーマンス課題による評価」を指す場合（狭義）があります。なお、英語のperformanceは、目的に沿って何かを成し遂げること一般やそこでの表現などを意味しています。

らかかるかを調べなさい」（数学、第4学年）、②「アメリカ史に関して自分で選んだ問いについて、8時間かけて図書室の資料などを用いてレポートを書くとともに、下級生向けに3～5分の口頭発表を用意しなさい」（研究、第6学年）、③「ノン・フィクションのエッセイや新聞記事など様々な資料をもとに、タイタニックの犠牲者の一人として文章を書きなさい」（英語（国語にあたる））、④「ガラス瓶の中に入った『固液混合物』が何かを確かめる実験を設計し実施して、結果を口頭発表しなさい」（理科、第8学年）、⑤「フランス全土に散らばっている家族がパリに集まるパーティを、ホテルへの電話予約やお土産の紹介なども含めシミュレーションしなさい」（外国語）といった課題が見られる[6]。

　ポートフォリオで評価する学習の範囲によって、**表2**のどこにポートフォリオを位置づけるかも変わってくる。たとえば特定のテーマに関する研究といった課題に対応させてポートフォリオを作らせる場合、ポートフォリオは一つの完成作品として評価されるだろう。テーマに関する研究のプロセス自体も評価されるとすれば、ポートフォリオはプロジェクトと同じ位置を占めることとなる。

　筆者自身は、特にカリキュラム全体を評価するポートフォリオに注目している。この場合は筆記試験の結果もポートフォリオに入れられる（表中の最下段）。第1章の【付論1】でふれたイギリスのプログレス・ファイルは、そのようなポートフォリオの典型例である。また安藤輝次は、アメリカのセントラ

ル・パーク・イースト中等学校で、卒業要件としてのポートフォリオがどのように作成され、審査されるのかを紹介している。そこでは、卒業後の計画、自伝、学校および地域の奉仕と実地研修、倫理と社会的問題、美術と美学、マスメディア、実践的技能、地理、英語以外の言語／二言語習得、理科と科学技術、数学、文学、歴史、体育という14の領域でポートフォリオを作り、そのうち7領域に関しては口頭試問も課されている[7]。これも、学校カリキュラム全体をポートフォリオでコーディネートした一例といえるだろう。

【2】ポートフォリオの所有権——評価基準の設定権と作品の決定権

　ポートフォリオ評価法を始めるにあたってもう一つ考えておくべきことが、ポートフォリオの所有権である。ポートフォリオの所有権とは、ポートフォリオに収める**作品の決定権**であり、**作品を評価する基準の設定権**でもある。所有権から見ると、ポートフォリオは、大きく次の3つのタイプに分類できる[8]。

（1）基準準拠型ポートフォリオ	あらかじめ決められた評価基準を教師が提示する。
（2）基準創出型ポートフォリオ	教師と子どもが共同で、交渉しあいながら評価基準を考えつつ作っていく。
（3）最良作品集ポートフォリオ	子ども自身が自分なりの評価基準を設定し、自己アピールするために作る。

　基準準拠型ポートフォリオでは、教師が入れる作品と評価基準を指定する。基準創出型ポートフォリオでは、入れる作品と評価基準を教師と子どもが交渉しあいながら決める。最良作品集ポートフォリオの場合は、子どもが自分なりの基準で作品を選んで入れることになる。ポートフォリオづくりを進めていると、場合によっては、教師が入れさせたい作品と子どもが入れたい作品とが異なることがあるが、最良作品集ポートフォリオの場合は、子どもの意見が尊重される。

　基準準拠型ポートフォリオは、学問中心主義の論者たちが支持している。学

問中心のカリキュラムの場合，カリキュラムを教科の集合体として設計する。学問中心主義に立つ場合，教育目標は学問の系統性に即して整理されるので，あらかじめポートフォリオに入れるべき作品を指定することができるし，するべきだと考えられるわけである。

それに対し，子ども中心のカリキュラムは，子どもの生活を単位として構成される。そこで子ども中心主義の立場に立つ論者たちは，ポートフォリオを子どもが自分の生活を自分で捉え直すための道具として評価しており，最良作品集ポートフォリオを支持している。

カリキュラムの領域と対応させて捉えれば，(1)の基準準拠型ポートフォリオは教科教育において（第4・5章で詳述），(2)の基準創出型ポートフォリオは総合学習で用いられると考えられる（第3章で詳述）。(3)最良作品集ポートフォリオは子ども中心主義のカリキュラムに対応している（第6章で詳述）。

3．ポートフォリオ検討会の進め方

【1】ポートフォリオ検討会の種類──対話の進め方で3つに分けられる

ポートフォリオ評価法において中核を占めるのが，原則の❹❺に述べたポートフォリオ検討会（以下，検討会）である。検討会は，子どもが教師とともにそれまでの**学習を振り返って到達点を確認するとともに，その後の目標設定**をする場である。そこでは，教師の評価基準と子どもの評価基準のすり合わせが行われる。その際，これまで教科の授業において「発問」が研究対象として検討されてきたのと同様に，ポートフォリオ評価法については検討会における教師と子どもの「対話」を研究する必要がある。

検討会は，評価の対象となる作品の範囲，行われる時期や目的，参加者や規模，教師と子どもの対話の進め方などにより様々に分類できる。検討会での教師の指導のあり方を検討するためには，教師と子どもが参加する**検討会における対話の進め方（教師と子どものどちらが主導権をとるか）**に焦点を当てることが最適であろう。そうすると，検討会は大きく次の3つのタイプ

に分けることができる[9]。
①**教師によって主導されるもの。**
②**教師と子どもが対話する中で，その後の展開を柔軟に考えていくもの**（最も一般的である）。
③**子どもによって主導されるもの。**

　それぞれ，基準準拠型ポートフォリオ，基準創出型ポートフォリオ，最良作品集ポートフォリオで用いられることが多い。

　このほか，評価の対象を見ると，ポートフォリオ全体について話し合われる場合もあれば，ポートフォリオに収められている一部の作品を取り上げて話し合われる場合もある。

　何人の子どもを対象とするかという規模の観点からは，教師と子どもが一対一で行うもの，ポスターセッションなど子ども数人で行うもの，クラス単位で行うもの，発表会など学年や学校といったより大きな単位で行うもの，の大きく4種に分けることができる。また，教師が加わるかどうか，学校外の関係者（保護者や地域の人）に参加を促すかどうかによっても，それぞれ分類することができる。さらに，教師と子どもの保護者が，二者面談の形で検討会をする例も見受けられる。

　行われる時期・目的に焦点を当てると，ポートフォリオ評価法の原則❺でも述べたとおり，検討会は学習の初め，途中，締めくくりの場面で行われる。たとえばある単元に対応して作られるポートフォリオであれば，単元の初めに行われる検討会は，子どもにポートフォリオの趣旨を説明したり，子どもの学習状況をつかみ学習課題を把握したりするために行われる。単元の途中では学習の進展状況を見て，その後の展開を必要に応じて修正するために行われる。単元の最後には，学習の成果と残された課題を確認するために行われる。まさに，教育評価に診断的評価・形成的評価・総括的評価があるのに対応しているといえる。

　しかしながら，先述したように，ポートフォリオ評価法は1つの単元をこえて，1年さらには数年といった長期にわたって行われることもある。したがっ

て，単元の締めくくりのポートフォリオ検討会は，次の単元の診断的評価としても位置づけることができる。さらに，複数の単元や学年，さらには学校生活全体を振り返る検討会も行われうる。

【2】検討会での指導のポイント

　教師が主導するか，子どもが主導するか，相互交渉型にするかによっても異なるが，検討会を進める上では次のチェックリストが参考になるだろう。

---

①ポートフォリオ検討会は，なるべく子どもたちが主導する形で進める。まず，子どもが言いたいことに耳を傾ける姿勢が大切である。

②そこで子どもたちに対して，「この作品のどんなところがよくできたと思う？」，「この作品のどこがもっと良くすべきところ？」といったオープン・クエスチョンを投げかける。

③最初子どもは，なかなか自分から語り始めないかもしれないが，しばらくは辛抱強く待つ。また子どもが話し始めたら，途中でさえぎったり，すぐ良し悪しを決めつけたりしないようにする。

④子どもが指摘したポイントを，板書やメモ用紙などに整理していく。

⑤子どもが自慢した点については，しっかりとほめる。また，子どもが問題を感じているところについては，解決に向けた具体的な手だてを一緒に考える。

⑥子どもが気づいていない問題点については，教師のほうから「この点についてはどう思う？」といった形で問いかけ，気づかせるという指導も考えられる。教師の目標を示すときには，具体的なパフォーマンスとしてはどのようなものになるのか，例とともに説明することが重要である。

⑦次の学習に向けて設定する目標は，一度に欲張りすぎないようにする。たくさんの課題が見つかれば，いくつかは後にとっておくという約束にして，短期的な目標は1つか2つに絞ることが大切だろう。子どものポートフォリオを見て，次はどの課題に取り組ませるか，あらかじめ考え

ておくのも役立つ。

⑧次の学習に向けた目標が明らかになったら，教師も子どもも，それを書きとめておく。そのメモは，学習の過程でときおり見直し，課題を思い出すことができるように，子どものポートフォリオに必ず保管させる。つまり，このメモは，次回のポートフォリオ検討会までの「約束事」の記録となる。

【3】進め方の3タイプ

次に，対話の進め方で分類した3つのタイプについて，アメリカの事例を紹介しつつ，検討会に見られる指導の特徴を考えてみよう。

(1) あらかじめ決められた評価基準で教師が主導する第一のタイプ

教師が主導する第一のタイプでは，教師が課題を与え，子どものパフォーマンスを見ながら**あらかじめ用意された評価基準と照らし合わせて子どもの到達点を評価する**。次に，**子どもの自己評価を聞き出しつつ，教師の評価を子どもに伝え，お互いに次の目標を明瞭にするために対話する**。

■事例1　次ページの**資料2**[10]は，シッパー（B. Schipper）とロッシ（J. Rossi）が「読むことと聞くことに関して基礎的データ（baseline data）を収集する検討会」として紹介しているものである。ここでは，教師と子どもが学年の始めにテープに録音した物語の朗読について話し合っている。文中にある「書式」（form）は，**資料3**[11]（74ページ）と同種である。

チェックリストがあらかじめ用意されていることからもわかるように，ここでの主な評価基準は，教師によってあらかじめ決められている。（教師があらかじめ設定した評価基準を示す方法としては，チェックリストのほか，第4章で紹介する**ルーブリック**や**概念マップ**など，様々がありうる。）

とはいっても，話し合いにあたって教師は，まず子どもの意見をオープン・クエスチョン（例：「自分で聞いてみて，あなたの朗読についてどんなことがわかる？」）で問いかけることによって，子どもの側からも評価基準を引き出す努力をしている。また教師は，対話の中でチェックリストを子どもに見せ，

資料2　検討会の事例1　(Schipper & Rossi, 1997. ただし下線は引用者による)

教師：ビリー，学年の初めにあなたがどんなふうに読んでいるかを記録しておけるように，テープに録音しながら物語を読んでもらい，またその物語を思い出しながら話して（retell）もらいましたね。私はまだあなたのことをよく知らないから，あなたがもう得意なところと，読むことがもっと上手になるためにはどんなストラテジーがまだ必要かを見つけ出さないといけないの。また1月と6月にはテープに吹き込んでもらって，学年初めからどれぐらい上達したかを比べてみることができるわ。今年どれだけ上達したかを聞くことができるんだから，とてもわくわくするわよ。ご両親もテープを聞いて，あなたがどれだけ上達したかわかるの。気がきいているでしょう？

ビリー：うん。

（ビリーがテープに吹き込んだパフォーマンスに議論は移る。）

教師：自分で聞いてみて，あなたの朗読についてどんなことがわかる？

ビリー：たくさん単語を間違えているから，もっと上手に読まなくちゃ。

教師：たしかにいくつかの単語が難しいようね。でも，私には上手な読み手がするようなことを，あなたがし始めていることに気づいたわ。意味のわからない単語を読むとき，あなたは止まったことに気づいた？

ビリー：うん。

教師：その単語について考えるために止まったとき，あなたの脳が物語を聞いていることを示しているの。そして，意味をなさない単語を読むと，あなたはそれを直すために止まったのよ。読むのが上手な人も，そういうストラテジーを使うんだって，知ってた？　読むのが下手な人なら，ただ読みつづけて，意味をなそうがなすまいが注意を払わないの。ですから，この書式のそのストラテジーのところに，マークをつけておきましょうね。どう思う，ビリー？　あなたはつまずいたとき，いつも自分で直せたかしら？

ビリー：いつもじゃないよ。だって，時にはその単語が何なのかわからなかったから。

教師：そこでその単語を理解するために，あなたは何をしていたかしら？　テープの自分の声が聞こえた？　あなたは小声で言っていたのだけど。

ビリー：ああ！　僕は発音しようとしていたんだ。

教師：そうなのよ！　読むのが上手な人は，このストラテジーも使うの。実際，あなたはすばらしかったわ。あなたは，文の中で意味が通じる単語に気づくまで発音しつづけ，音を混ぜ合わせつづけていたんだもの。あなたがそうしていたとき，私は心の中で「やったね，ビリー！　音と文脈のヒントを同時に使っているわ！」と思っていたのよ。あなたが使ったストラテジーとして，書式に書き込んでおきましょうね。あなたが自分の言葉で物語を語り直したとき，自分ではどう思った？

ビリー：よかったよ。僕は，わからなくて，バトンのところだけ抜かしちゃっただけだから。

教師：私もそう思うわ。あなたは物語を語り直して，つながりの中の主なポイントを全部カバーしたものね。バトンの部分は難しかったわね。もし活字になったのを見たことがなければ，物語のその部分を何と言ったらいいか，わからないものね。もうバトンが何かわかった？

ビリー：うん，レースのときに選手がお互いに渡しあう棒のことだね。

> 教師：どうしてわかったの？
> ビリー：えっと，彼女はバトンを落とした後でさえ，レースに勝ちましたって書いてあるから。だから，僕は，棒にちがいないとわかったんだ。前にテレビでリレーを見たことがあるんだ。
> 教師：とっても感心したわ，ビリー。<u>たった今あなたは，私に上手な読み手が使うもう一つのストラテジーを説明してくれたのよ。あなたは，背景知識，つまりあなたがすでに知っていることを，物語に意味を与えるために使ったの。</u>そのことも書式に書き込んでおきましょう。上手な読み手が使うストラテジーを使っていたんだって，知ってた？
> ビリー：いいえ，多分，ただやっていたんだと思うよ。
> 教師：そうね。問いについては，どうしたかしら？
> （他の問いについての話し合いに移る）
> 教師：読むことについて目標にしたいことはある？　書式のここに書いておきましょう。
> ビリー：（考えて，やっと答える）もっと大きな単語や，章のある本を読みたいな。それから，えっと，読んだ後でもっと物語について覚えておきたい。
> 教師：すばらしい目標ね。私もあなたのためにいくつか目標があるの。ここに書いたわ。1番，意味づくりのモニタリングを，もっと常にできるようになる。2番，語彙を増やす。3番，1月までに，もっと楽しんで読むようになる。何かほかに付け加えたいことはある？
> ビリー：いいえ，よさそうに見えるよ。
> 教師：あなたとあなたの読む能力について知ることを助けてくれてありがとう。あなたは，いいスタートを切ったと思うわよ。
> （ビリーは得意そうに微笑み，席に戻る）

　重要な評価基準について子どもにもわかるように説明することによって，子どもが自己評価に際しどのような基準を用いればよいかわかるように促している。これはまさに第1章でふれたフィードバックである（34ページ）。

　興味深いのは，ビリーが自分の読みについて当初否定的な評価を行ったのに対し，教師はむしろビリーがすでに発揮しているストラテジーをほめることによってそれを強化するとともに，ビリーに自信をもたらしている点である（**資料2の下線部に注目されたい**）。<u>基準をはっきりさせたからといって，必ずしも欠点を強調するものとはならないこと</u>を，この事例は示している。

　このように評価基準を明示して行う検討会は，①評価基準を教師にも子どもにも明らかにする，②評価にかかる時間を短縮できる，という点でメリットがある。ただし，このように評価基準をあらかじめ設定することは，<u>基礎的な技能の診断においては可能であるが，より複雑な課題については困難が伴うこと</u>

資料3　事例1において用いられた書式（ただし，子ども名は異なっている）（Schipper & Rossi, 1997）

```
■読むことと聞くことに関する基礎的な情報
名前　　　トーマソ　　　　　　　日付　　　1995年9月28日
学年　　　3年生　　　　　　　　教師　　　ブラウン先生
■読むことの区分レベル（Section Level）___2.5___　一人で読むとき
                                      ___3.0___　指導がつくとき
■聞くことのレベル　___4.0___
■口頭で読むことについての観察（聞く部分については省略）
    ___✓−___　流暢
    ___+___　基準となる単語（sight words）のいくつかを知っている
    ___✓−___　綴りと発音の関係（phonics）を用いる
    ___no___　綴りと発音の関係だけを用いる
    ___✓−___　文脈のヒントを使う
    ___✓___　繰り返しを使う
■物語を自分の言葉で語る（Retelling）
    ___+___　主なポイント
    ___−___　詳細
    _____　順番に
■理解
    ___+___　主なアイディア
    ___−___　詳細
    ___ESL___　語彙
    ___✓−___　影響
    ___+___　批判的な思考
■観察されたストラテジー
    ___+___　背景知識を使う
    ___✓−___　自分でモニタリングし，修正する
    ___+___　情報を総合する
    ___✓−___　意味のある置き換えをする
■長所：
    −読むことが大好き！
    −主な出来事を理解しているようだ
■頑張らなくてはならない分野：
    −文脈を自己モニタリングと修正に使う
    −語彙，英語の語彙発達の課題を続ける
■子ども（student）の目標：
    −「英語の単語をもっと理解する。章のある本を読む」
■教師の目標：
    −理解のモニタリングと自己修正のストラテジーを発達させる
    −語彙と文のつながりを強化する
    ・ESL―英語を第二言語とする
    ・英語以外の実力
    ・限定された英語の実力
```

略語一覧：　＋＝すばらしい
　　　　　　✓＋＝とても良い
　　　　　　✓　＝良い
　　　　　　✓−＝普通
　　　　　　−　＝不十分

も予想される。それゆえ，たとえば**資料3**に示した書式は**自由記述欄をも含む**ことにより，一律の基準以外のことも目標に設定できる柔軟性をもっている。

ポートフォリオに収められた複数の作品を同時に見比べながら行う検討会においても，教師が主導する可能性もある。特に**基準準拠型ポートフォリオを用いる場合には**，あらかじめ収めるべき作品の種類と数，それに対する**評価基準が決まっている**からである。したがって，教師はそれらの条件を見つつ子どもとともにポートフォリオを見直し，**どこまで達成していて，次の課題は何か**をともに確認することとなるだろう。

(2) 子どもと教師の相互作用により，評価基準を創り出す第二のタイプ

第二のタイプは，子どもの作品について教師と子どもが話し合うことによって，子どもの学習の進展状況をつかみ，その後の展開を考えるものである。このタイプが最も一般的な検討会の進め方である。

第二のタイプの検討会においても，**教師はあらかじめ一定の評価基準をもっている。しかし，たくさんある評価基準のどれを適用するかについては，その時点での子どものニーズや希望と相互に照らし合わせつつ決定される**。場合によっては，教師が予定していなかった評価基準を子どもが提示することもある。このように，教師と子どもが共同で評価基準を設定していく。このタイプで使われる記録用紙は，検討会を通して明らかになったことを，教師と子どもがそれぞれの立場から自由記述できるものが望ましい。

まず，単一の作品を取り扱った検討会として，**事例2**を見てみよう。

■**事例2** 以下に示す**資料5**は，**資料4**に挙げた作文について，教師と子どもが話し合った対話である[12]。ここでの評価基準は（事例1とは異なり）厳密な形であらかじめ用意されているわけではない。教師は，まず作文に対する子どもの意見を聞き，子どもが最も不満に感じている点について，どう向上したらよいかを話し合っている。教師は，作文を評価する際，スペリング，アイデアの利用，構成，自分の言葉で書くことなど，様々な観点が用いられることを知っているのだが，**想定される観点のうち，この場面で子どもの実態に即して最も適切だと思われるもの（アイデア，構成，自分の言葉で書くこと）にのみ絞**

って用い，スペリングや文法については後回しにするという判断をしている。

資料4　ジルが書いた作文（Stiggins, 1997）

私の犬

　誰でも人生において何か大切なものを持っています。私にとって一番大事なものは，今までは，私の犬でした。彼の名前はラフでした。おじいちゃんの家の近くの野原でキャンプをしていたとき，古い納屋の中にいるのを，お兄ちゃんが見つけました。誰かがそこにラフを置き去りにして，ラフはとても弱っていて，死にそうでした。でも，私たちは，看病してラフを元気にし，ママは，少なくともしばらくの間，ラフを飼っていていいと言ってくれました。結局それが10年になりました。

　ラフは黒と茶色で，長いしっぽとだらりと下がった耳と，短くて太った顔をしていました。特別な種類の犬ではありませんでした。多くの人は，ラフのことをかっこいい犬とは思わなかったでしょうけど，私たちにとってラフは特別でした。

　ラフは，しょっちゅうこっけいないたずらをしては，私たちを楽しませました。影に隠れてにわとりを驚かそうとしたけどにわとりにはただのはったりだとわかったのであきらめなくてはなりませんでした。ラフがトラックにはねられたとき，私はもう泣き止むことはないと思いました。お兄ちゃんもラフがいなくなってさみしがっているし，ママだってそうですが，私以上にさみしがることなんて誰にもできません。

資料5　検討会の事例2（Stiggins, 1997. 下線部は引用者による）

「ひどいもんでしょ？」とジルは先生に尋ねる。

「君はどう思うんだい？」と，彼は同じ質問を彼女に投げ返す。彼女はすぐには答えないが，エド［先生］は沈黙を破らない。数秒たつ。エドは待つ。

「終わりが気に入らないわ」と，ついにジルは自分から言う。

「どうしてだか言ってごらん」。

「だって，ただ終わってしまうんだもの。全体的に言って，私が本当に感じたようには書かれていないわ」。

「どういうふうに君は感じているんだい？」

　彼女は一分ほど考える。「そうね，私はいつでもラフのことを思い出して寂しがっているわけではないわ。全然思い出さない日だってある。だけど——ひょっとした拍子に，ドアのところにラフがいるような気がしたり，納屋の横に影が走るのを見たりするの。時々，外で料理をするときなんか，ラフのことを考える。だって，ラフったら，グリルからホットドッグを取って，一度なんかパパに怒鳴られて，滑って足をひどく火傷したの」。

　「<u>ほら，ジルとラフの本当の話が出てきはじめているよ！　君は僕にラフのことを本当の自分の言葉で話してくれているし，僕は君の感じていることを察することができる。ラフのことを書いたとき，そういうふうに話していたかい？　君の書いたものを，もう一度読んでみよう</u>」。

　そうしたあと，ジルはこういった。「かなりつまんないわね，あんまり私らしくない！」

第2章　ポートフォリオ評価法の考え方と進め方

「もし君が話していたように書いたとしたら，どういうふうになると思うかい？」
「物語のようになるでしょうね，多分」。
「やってごらん，そしてどうなるか見てみよう。ラフについて自分の言葉で僕に語ってごらん。それに，グリルからホットドッグを取った話は，面白い絵になるね？　そういった心の中の絵について話すと，とってもよくなるよ。君が言っていることを僕が絵のように心に描くとき，それをアイディアというんだ。君は物語にイメージと焦点を与えている，そこが僕の気に入っているところなんだ。この作文にはそういうイメージがあるかな？」
　2人は作文をもう一度ざっと読む。ジルは低い声でこう言う。「ここにはイメージは全然ないわね——事実ばっかり」。
「じっくり考えてみて，君がラフについて思い出せる個人的なことのいくつかを書いてみてはどうだい？」
「そうすべきだと思う？」
「そうだね，君が話してくれていたとき，ずっと君らしさを感じたよ——どれだけ君が犬をなくして寂しいか，彼のことをどれだけ考えているかといったことをね」。
「そういったことは，何とか書けそうだわ」。
「ちょっとやってみてごらん。そして来週また話し合おう」。
「スペリングや時制や，文章はどう？　大丈夫かしら？」とジルが尋ねる。
「それについては，後回しにしよう。まずはアイディアと，構成と，自分の言葉で書くことを考えてごらん。他のことはあとで考えればいいから」。
「でも，間違うのは嫌だわ」と彼女は打ち明ける。
「でも，今そんなことを心配するのはいいと思うかい？」
「わかんない。ただ，悪い点はとりたくないの」。
「よし」エドはうなずく。「今のところは，さっき言った三つ，アイディアと，構成と，自分の言葉で書くことだけについて，評価することを約束しよう」。
「それだけ？」
　エドはもう一度うなずく。「それで，君がもし学校の雑誌にこの作文を発表したくなったら…」
「他の部分に手直しできるってことね？」
「そう，手直しする時間をあげるよ」。

　複数の作品を収めたポートフォリオ全体について考える検討会も，様々に紹介されている。
■事例3　ファー（R. Farr）とトーン（B. Tone）は，学校を訪問した際に自身が子どもたちと「読み書き」（Reading and Writing）について行った対話例を示している。スラム街（inner city）の学校で，第4学年の男子，アンディを相手に話し合った場面を紹介しよう[13]。最初アンディのフォルダーからは「紙がはみ出して」おり，アンディが「どしんと椅子に座った」といった描写

から，決して優等生ではない少年像がうかがわれる。ファーとトーンはまず，アンディの好きな本を尋ね，アンディの心をほぐすとともに，アンディの興味の幅を探っている。次に，フォルダーの中にあったアンディの絵に気づくと，それらの絵が何であるかを尋ね，アンディが今書こうとしている不良仲間（gang）の物語のための絵であることを聞き出す。アンディは，その物語を，自分が不良仲間の一員であることの是非を考えるために書こうとしていたのだが，文章で書きたくても言葉をあまり知らないためになかなか書けないというもどかしさを表明する。そして，話をしている中で，もっと言葉を知るためにはもっと読むことが必要だということに自ら気づく。この事例は，リテラシーを扱う場面でありながら絵も作品として用いられている点，また学校文化においては通常否定されがちな存在である不良仲間をも学習の文脈として扱っている点で，興味深い。

　ファーとトーンは，このような対話の描写の後，ポートフォリオ検討会の記録を残すとすれば，アンディが「ポートフォリオの所有意識をもっていたこと」，「考えを練るためにリテラシー（絵，物語，作文）を用いるなど読み書きに関して成熟した見方をもっていたこと」，「アンディの自己評価力が非常に高いこと」，「対話の焦点が書き方よりは考えの交流であったこと」に着目すると述べている。また，指導の方針としては，アンディに適した本を見つけるのを手伝うなどの援助をしつつ，アンディの自己洞察力を磨くことだと述べている。**資料6**[14]は彼らが提示している記録用紙の例であり，一つの検討会を通して気づいたことを，教師と子どもの立場からそれぞれに記すことができる。

■**事例4**　シッパーとロッシの著書の中でも，ポートフォリオに蓄積された複数の作文について，スコットという少年に振り返らせている検討会が紹介されている[15]。学年当初，スコットは書くことを恐れ，書くことが大嫌いであった。蓄積された作品を振り返る中で教師は，「初めのころの作品とこの作文を比べて，何に気づくだろうか？」，「知っているトピックについて書くと，何が起こっただろうか？」，「文法面について点検してみてはどうだろう。何か違いに気づくかな？」といった問いかけをする。これによりスコットは，「書くこ

資料6 記録用紙例 (Farr & Tone, 1994)

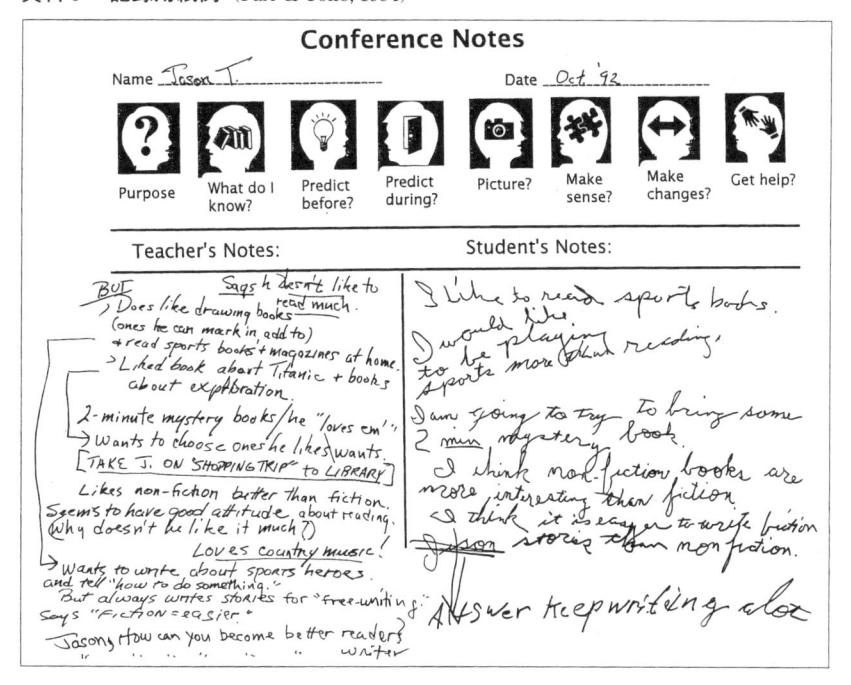

```
Conference Notes
Name  Jason T.              Date  Oct. '92

[?]        [head]      [lightbulb]  [door]       [camera]   [puzzle]     [arrows]     [hand]
Purpose   What do I   Predict      Predict      Picture?   Make         Make         Get help?
          know?       before?      during?                  sense?       changes?

Teacher's Notes:                        Student's Notes:
       Says he doesn't like to           I like to read sports books.
BUT→   read much.                        I would like
  Does like drawing books                to be playing
  (ones he can mark in, add to)          sports more than reading.
  & read sports books + magazines at home.
→ Liked book about Titanic + books       I am going to try to bring some
  about exploration                      2 min mystery book.

  2-minute mystery books/he "loves em"!   I think non-fiction books are
→ Wants to choose ones he likes/wants.   more interesting than fiction.
  [TAKE J. ON "SHOPPING TRIP" to LIBRARY] → I think it is easier to write fiction
                                           Jason stories than non fiction.
  Likes non-fiction better than fiction.
  Seems to have good attitude about reading.
  Why doesn't he like it much?)
              LOVES country music!
→ Wants to write about sports heroes     Answer: Keep writing a lot
  and tell "how to do something".
  But always writes stories for "free-writing"
  Says "FICTION = easier"
  Jason: How can you become better reader/
                                    writer
```

とに対する抵抗感が減ったこと」,「書くことには考えを明瞭にする効果があることに気づいたこと」,「句読点を使うようになったこと」などの自分の成長に気づく。最後に両者は,編集と校正の技術を磨くこと,書くことに対する自信を高めることが,今後の課題だということを確認する。

シッパーとロッシは,**課題を与えてもあまり提出しない子どもでさえ,長期にわたって作品を集めていけば何らかの成長を見ることができ,これが子どもにとって大変大きな動機づけとなる**ことを主張している。このとき,他の子どもと比べて評価するのではなく,あくまでその子どもの成長に焦点を当てることが重要だとも指摘している。

(3) 子どもが基準設定を主導する第三のタイプ

第三のタイプは,子どもが基準を主導する検討会である。**資料7**[16],**資料8**[17]に,バークらが紹介している事例を2つ挙げた。バーク(K. Burke)らは,こ

れら「2つの見本となる対話をモデルとして用い，子どもたちは検討会のリハーサルをする」と述べている。

■**事例5** 資料7は，「自ら満足していることについて扱う検討会」であり，ワーキング・ポートフォリオの中から特に気に入っている作品を取り出して作ったパーマネント・ポートフォリオについて話し合われている。対話の主導権はむしろ教師が握っている。しかし，その作品選択においては，「自ら満足していること」という子どもの主観的な評価基準が用いられており，教師の側か

資料7　検討会の事例5（Burke, Fogarty & Belgrad, 1994. 下線は引用者による）

教師と子どものポートフォリオ検討会
自ら満足していること

教師：ポートフォリオ検討会を始める用意ができたようですね。私はもう感心しています。<u>君の表紙はすばらしいですね！</u>

子ども：ありがとう！　ちょっと夢中になったんです——でも，見え方が気に入っています。本当に突飛でしょう。

教師：それについて話してください。それから中にあるものについて話し合いましょう。

子ども：えっと，これは，自ら満足しているポートフォリオの検討だから，と私は考え始めました。私の気に入ったものの一つである，最も良い作品のそれぞれについて，賞を与えるとすれば，何賞だろうか？

教師：ふ〜む。その考えが気に入りました！

子ども：そこで，お父さんが連れて行ってくれたバスケットボールの試合のチケットの半券を貼り付けました——それから，お気に入りの選手のカード。ここに，大好きなデザートの写真があります——そう，チョコレートです！　ここに私の気に入った休暇での写真があります——その他なんでも。

教師：これは見ていて楽しいですね。何を中に入れたか見てみましょう。

子ども：（いささか申し訳なさそうに）そのぅ，ワーキング・ポートフォリオから一番良い作品を選ぶのは難しかったのです。自分の意見が変わるものですから。

教師：そのことに気づいてくれて嬉しいですよ。この9月の作文の課題を入れてくれて，よかったですね。本当にいいものです。

子ども：ありがとう，私も，これが一番いいと知っています。今これを見ると，いい気分です。だって，コンピュータを使って一生懸命やったことを思い出しますから。手で書くよりもタイプするほうが私にとっては簡単です。出来上がりもきれいですね。

教師：手書きも諦めないでください。常に良くなっていくものですからね。<u>アイディアや，重要な問題や出来事について学んだことを示していると思う作品で，満足しているものも見せてくれますか？</u>

子ども：（しばらく考える）ううむ。あ，そうだ。グループでやった科学の発表を見せましょう。覚えていますか…。

ら評価基準を提案することはほとんど予定されていない。したがって，第一・第二のタイプとは異なるタイプの検討会として位置づけることができるだろう。この事例の場合は，途中子どもが「いささか申し訳なさそうに」すること

資料8　検討会の事例6　(Burke, Fogarty & Belgrad, 1994)

子どもが主導する，親と教師との検討会
意義深い達成（achievement）

子ども：これから，ポートフォリオ検討会を始めます。まず，私たちのポートフォリオについて少しお話しして，それを使い始めて以来の目的は何だったかを説明させてください。それから，ポートフォリオの一部を見てもらって，何でも好きなことを尋ねてもらいたいと思います。

親：いいですよ。すばらしいですね。

子ども：私たちはこの学校で，学習に関わって興味をもっていても，テストでは全然見ることができない部分があまりにもたくさんあるので，ポートフォリオを使っています。

親：すみません，つまり，もう成績をつけるためにテストは使わないということですか。

子ども：（笑う）違います，だといいんだけど！　ポートフォリオにはテストも入っています――後で見せますが，まずは目的に戻って――ポートフォリオは，理科，数学，社会やその他で重要なことを学びつつあるのだということを，私たちに，そしてあなたに見せるものだと，私たちは合意しました。しかしまた，問題解決を学んでいること，私たちにとって重要なことについての書き方を学んでいること，どうすればより上手に大きなプロジェクトやアイディアに取り組めるようになるかを学んでいることも，見せてくれます。だから，私たちのポートフォリオは，すべての教科での達成についてのものです――私たちがどんな人間かについても示します。この検討会では，ポートフォリオ全体の中から，「意義深い達成」を示す作品を選ぶことに，私たちはみんなで決めました。

親：それは，あなたが良い成績をとった作品ということですか？

子ども：いつもそうとはかぎりませんが，だいたいそうです。この数学のレポートを見てください（フォルダーから紙を取り出す）。私はこれを選んで，理由をここに書きました。読みたいですか？

親：はい。（読む。それから添付された数学の用紙を見る。）なるほど，小テストではたくさん間違えたけれど，あなたはこの種の問題をどうすればいいか本当に理解したわけですね。

子ども：そう。友達との学習グループで間違いをやり直していたとき，理解したのです！　すばらしい感覚でした！

親：うらやましい。代数で同じことが私に起こればよかったのに。

子ども：私が言えることは――必要なものを私がもっているということです――はっはっはっ！　とにかく，ポートフォリオの中にあるその他のものはみんな，こんな感じです。それらは，私が何を学んだかを示しますが，どのように学んだか，時にはなぜかも示します。他の作品もいくつか見てみましょう。そして，何でも知りたいことを訊いてくれていいですよ。

　教師は観察者として参加していた。彼は，立ち寄って，検討会への参加者に挨拶した。しばらく聞いていたが，質問がないかぎり続けるよう強く促した。

からもうかがえるように，子ども自身が自信をもって自分の評価基準を主張するところまではいっていない。そのため，教師の側から子どもが明らかに力を入れている表紙に話題を向けたり，「アイディアや，重要な問題や出来事について学んだことを示していると思う作品」を見せてほしいと要求したりすることを通して，子どもを支援しているのである。

■**事例6**　資料8は，「意義深い達成について報告する検討会」である。この場合はすっかり子どもが主導権を握っており，教師は口を出していない。つまり，ここでの詳細な評価基準は子どもの裁量にほぼ任されている。ただし，子どもがポートフォリオの目的を理解し，「意義深い達成」として，単なる成績の良さだけでなく，「最初は間違えていたのにやり直すことで理解できるようになった」という自分の変化をも重視するといった自己評価が行えるようになっているのは，第一・第二のタイプの検討会に見られたような教師の指導を積み重ねることによってもたらされた成果であろう。**学習の長期的な変化を振り返り総括する場面で第三のタイプの検討会を行うことは，子どもの自己評価力の発達ぶりを見る上で，また子どもに達成感を与える上で大きな意義がある**と考えられる。

【4】ポートフォリオの「所有権」との対応関係

　前述したとおり，ポートフォリオはその「所有権」によって，基準準拠型，基準創出型，最良作品集の3種に分類でき，検討会の3つのタイプは，これらにほぼ対応している。つまり，基準準拠型ポートフォリオであれば検討会において教師が主導する場合が多いであろうし，基準創出型ポートフォリオであれば検討会は教師と子どもの相互作用によって進むこととなる。最良作品集ポートフォリオであれば，検討会においては子どもが主導することが予想される。

　しかしポートフォリオの所有権は，評価基準についての最終的な決定権に関わる論点であるのに対し，検討会の分類は，指導過程の組み方に関する論点である。したがって実際には，カリキュラムのどの領域であろうと指導場面に応じて多様な形態の対話が行われうる。

たとえば総合学習においては、子どもの主体性を引き出し、主導権をとらせつつ指導することが重要である。したがって、教師と子どもが共同で評価基準を創出する第二のタイプが中心となるだろう。しかし、基礎的なスキル面の指導と評価の際には第一のタイプの検討会が行われる場面がありうるだろうし、特に締めくくりの場面では、子どもが主導する第三のタイプの検討会が参考になるように思われる。

検討会を行う際には、教師は自分なりの評価基準を念頭におきつつも、それを子どもの実態や、学習の展開のどの時点で行う検討会かによって柔軟に、またタイミングを見計らって適用することが重要だろう。

【5】検討会における指導のポイント

最後に、3つのタイプの検討会に見られる共通点を整理することによって、検討会における指導のポイントを確認しておこう。

第一に、検討会においては、子どもの生み出した**作品**（録音テープ、犬についての作文など）**の文脈**に即して**評価**が行われる。これにより、教師にとっても子どもにとっても、学習の状態を具体的に評価することが可能となる。具体的な作品を操作（選択・並べ替え）して整理したり、それを目の前において話し合ったりするので、**幼い子どもにとっても評価に参加しやすい**場が作られている。

第二に、子どもの作品の文脈に即することは、教師が設定した枠内とはいえ、**子どもの文化が最大限受容されることへとつながっている**（ただし、検討会のタイプにより、子どもがどの程度自由に作品を生み出せるかには違いがある）。たとえば不良仲間についての自作の物語を通してリテラシーについて考えるという、アンディの事例3に見られたように、リテラシーの指導と評価を行うといった教師の目標は維持されながら、学習の文脈の幅は大きく広がっている。また、スコットの事例4が示すように、学習における進歩が見えにくい子どもの場合も、長期的な変化を追うポートフォリオであれば、成長を確認することができる。

第三に，どのタイプの検討会においても，教師が想定した評価基準が子どもとの対話に影響を及ぼしていることも忘れられてはならない。子どもの学習状況を把握するためには，**教師は何らかの評価基準を念頭においていなくてはならないことを**，今回扱った事例すべてが表している。

　しかしながら第四に，教育する側が設定した**評価基準**は無条件に適用されるものではなく，子どもとの**対話を通し必要に応じて修正される**ものである。対話を進めるにあたって，教師たちはまず子どもの自己評価を問いによって引き出し，それに積極的に耳を傾けている。子どもも教師も，現在までの達成点と問題点を確認したら，共同で次の目標設定を行う。

　最後に，検討会で確認したことを，教師と子どもがそれぞれに書きとめる。このような記録は，検討会で設定された目標を子どもが振り返りつつ自律的に学習を進めるため，また次の検討会における評価基準を明確にするために役立つだろう。

　検討会での対話からは，教師が子どもの学習に対し批判的な視点を維持しつつも，あくまで子どもを尊重する態度で子どもに接していることがわかる。教師は子どもの学習の成功している点をしっかりと確認しており，子どもの学習の問題点についてはできるかぎり子ども自身が発見するように導き，教師の側から指摘する場合にも子どもが納得のいくような説明を加えている。第三のタイプの検討会にいたっては，子どもの主観的な考えが最大限表現されている。

　このような検討会での指導全体を通して，子どもの学習に対する主体性が強化され，自己評価が促されている。つまりポートフォリオ評価法は，これまでややもすれば教師に独占されてきた教育評価の営みに子どもが参加する可能性を拓くものであるといえよう。

　なお，日本において，このような検討会を行う上で一番問題となるのは時間の確保であろう。アメリカに比べ学級サイズが大きいので，今回紹介した事例のように一対一で教師と子どもが対話する時間を確保するのは困難であろう。充実した検討会を行うことができる条件整備が課題となる。

　ただし今回扱った対話の事例において見られたような評価のつき合わせは，

一人の教師がクラスやグループといった子ども集団を指導する場面でも不可能ではない。つまり，一斉指導やグループ討論での指導も検討会となりうるのである。以下の章では，そのような事例も紹介していきたい。

---

(1) 杉本均『ティーチング・ポートフォリオと大学授業改善の研究―高等教育における教授理念と授業改善に対する教育支援の国際比較研究―』（科学研究費補助金研究成果報告書，1998年）参照。
(2) 鳴門教育大学学校教育学部附属小学校『総合的な学習と教科学習の未来を拓く』明治図書，2001年，p.125。
(3) 鳴門教育大学学校教育学部附属小学校，宮本浩子教諭（2003年3月31日現在，徳島市福島小学校勤務）の提供。
(4) 浦安市立美浜北小学校，江黒友美教諭（2003年3月31日現在，浦安市教育研究センター指導主事）の実践。
(5) この表の作成にあたっては，McTighe, J. & Ferrara, S., *Aseessing Learning in the Classroom*（National Education Association (NEA), 1998, p.12）に掲載されている，図2「評価のアプローチや方法の枠組み」を下敷きにしつつ，次の文献で紹介されている手法を織り込んだ。R・ホワイトとR・ガンストン（中山迅・稲垣成哲監訳）『子どもの学びを探る―知の多様な表現を基底にした教室をめざして―』東洋館出版社，1995年。Guskey, T., *Implementing Mastery Learning* (2nd Ed), Wadsworth Publishing, 1997. Stiggins, R. J., *Student-Involved Classroom Assessment*（3rd Ed), Merrill Prentice Hall, 2001. その際，日本の文脈で理解されやすいよう用語の選定に留意し，取捨選択を行った。分類については，論者により独自の分類を行っているため，筆者の考えで整理した。なお，それぞれの評価法について詳しくは，拙稿「教育評価の方法」（田中耕治編著『新しい教育評価の理論と方法』（第1巻　理論編）日本標準，2002年）を参照されたい。
(6) ①・②はCLASS（Center on Learning, Assessment and School Structure）, *Performance Assessment in Action : The Best Elementary Case Studies from "Standard, Not Standardization"*(1988) で紹介されている例を，③・④・⑤はRe : Learning by Design, *Performance Assessment in Action : The Best Secondary Case Studies from "Standard, Not Standardization"*(2000) で紹介されている例を簡略化して示したものである（CLASSは改称してRe : Learning by Designとなった）。
(7) 安藤輝次「ポートフォリオ評価法によるカリキュラム改革と教師の力量形成（I）―エッセンシャル・スクール連盟の試み―」『福井大学教育実践研究』第22号，1997年，pp.1-19。

（8）拙稿「ポートフォリオ評価法とは何か」田中耕治・西岡加名恵『総合学習とポートフォリオ評価法・入門編』日本標準，1999年，pp.58-62。
（9）拙稿「ポートフォリオを用いた指導と評価―ポートフォリオ検討会に焦点をあてて―」日本教育大学協会『教科教育学研究』第19集，2001年，pp.213-232。
（10）Schipper, B. & Rossi, J., *Portfolios in the Classroom,* Stenhouse, 1997, pp.29-30. ただし，この事例は，「実際にはこのように行われるであろう」と例示されているものであり，実際の検討会における対話を記録したものであるかは明らかではない。
（11）*Ibid,* p.28.
（12）Stiggins, R.J., *Student-Centered Classroom Assessment* （2nd Ed），Merrill, 1997, pp.493-496.
（13）Farr, R. & Tone, B., *Portfolio and Performance Assessment,* Harcourt Brace College Publishers, 1994, pp.153-156.
（14）Farr & Tone, *op cit.*, p.152.
（15）Schipper & Rossi, *op cit.*, pp.67-70.
（16）Burke, K., Fogarty, R. & Belgrad, S., *The Mindful School: The Portfolio Connection,* Skylight, 1994, p. 111.
（17）*Ibid,* p.110.

第2章　Q&A

Q1 ポートフォリオは，ファイルやノートとどう違うのですか？

A1 どんな容器を使うにせよ，「ポートフォリオの6原則」（59～62ページ）を満たしていれば，ポートフォリオといえます。しかし，黒板を写しただけのノートや，何でもためてためっぱなしのファイルでは，ポートフォリオとは呼べません。ノートやファイルをポートフォリオとして活用するためには，特に次の3点に注意が必要です。

①作り方を教師が指導する

　どのような作品を残し，どのように自己評価をするかについて，子どもにしっかりと説明しながら作らせることが重要です。子ども自身が作品を決定する権利をもつ場合もありますが，その場合でも教師は最終的な決定権が子どもにあることを伝える必要があります。

②蓄積した作品などを，一定の系統性で並び替えたり取捨選択したりして整理する

　「教師が求めている評価基準を最も満たしているのはどの作品か」，「自分にとって最も意義深い作品はどれか」といった観点から，作品を選び出し編集する作業をします。ノートの場合並び替えは難しいですが，目次を作ったり見出しを付けたりすることはできるでしょう。

③ポートフォリオについて話し合う場（検討会）をもつ

　ポートフォリオの作り方を指導したり，ポートフォリオを活かして学習を進めたり，ポートフォリオづくりの意義を実感させたりする上で，ポートフォリオについて話し合う検討会を行うことが非常に重要です。学習の締めくくりだけでなく，最初や途中でも計画的に時間を確保するようにしましょう。

Q2 ポートフォリオには何を入れればよいのですか？

A2 最低，次の3種類を入れる必要があります。①子どもの作品。「作品」の原語であるworkとは，子どもが学習の過程で生み出すものすべてです（それらを，本書では「作品」と呼んでいます）。つまり，レポート，ワークシート，絵，ペーパーテスト，下書きやメモ，集めた資料，実技の記録など幅広く含みます。②子どもの自己評価の記録。③教師による指導と評価の記録。このほか，子どもたちの相互評価の記録や，保護者や地域の人などからもらったコメントなども入れることができます。

もう少し細かくいうと，教科に適した基準準拠型ポートフォリオでは入れる作品があらかじめ予定されています。最良作品集ポートフォリオでは子どもが主体となって何を入れるか決めていきます。両者の中間の（総合学習に適した）基準創出型ポートフォリオでは，教師と子どもが話し合いながら決めます。

Q3 子どもの「作品」なら何でも入れるのですか？

A3 ワーキング・ポートフォリオには，**とりあえず何でもためておいて**かまいません。しかし，ワーキング・ポートフォリオについては**定期的に振り返り，**そこから残す作品を選び取ってパーマネント・ポートフォリオを作る作業をすることが大切です。作品を並び替えたり取捨選択したりして整理する場面が，まさに子どもの自己評価力を育てる場となります。

現実には教師が見ることのできる作品の範囲も限られていますから，教師に是非とも見せたい内容を子どもに選ばせたり，教師のほうで評価基準を説明して，それを最も満たす作品を選ばせたりすることが求められています。

第2章 ポートフォリオ評価法の考え方と進め方

Q4 なぜ今さらポートフォリオなのですか？

A4 これは，ポートフォリオ評価法の意義を問う質問だと思います。ポートフォリオ評価法には，一般的に次のような意義があります。

①総合学習であれ教科教育であれ，子どもの**学習の実態を教師が具体的に把握**できます。このことは指導の向上に役立ちます。

②**子ども自身も自分の学習の実態を具体的に振り返り**，達成感を味わうとともに，反省をその後の学習に活かすことができます。これは子どもの**自己評価力を育む**点でとても重要です。

③教師と子どもが学習の実態について**話し合うことができます**。ポートフォリオ評価法においては，こうした検討会が不可欠です。

④**保護者に対する説明責任**を果たす上でも役立ちます。ポートフォリオを用いて学習の実態を具体的に示せば，教師の評価を理解してもらう助けとなることでしょう。

Q5 ポートフォリオづくりに取り組んでいますが，単なるファイルづくりと変わりません。

A5 どんな「作品」を蓄積するべきか，もう一度考えてみてください。ポートフォリオは，行き当たりばったりに何でもすべて「作品」をためるものではありません。**授業でどのような力を子どもに身につけさせたいのか，そのような力が身についているかどうかはどのような作品を見ればいいかについて考えた**上で，ポートフォリオづくりを行ってください。

もう一つは，ポートフォリオを指導に活かすことです。教師も子どももポートフォリオを通して**学習の実態を振り返ること**，ポートフォリオについて**話し合う検討会**を行うことが重要です。

Q6 集めた「作品」をどう評価すればよいのかわかりません。

A6 これもQ5と同様ですね。教科であれ総合学習であれ、教育評価は目標と照らし合わせて行います。作品（群）を見て、身につけさせたかった力が身についているかどうかを検討してください。同僚と話し合ってみるのもよいでしょう。総合学習の場合は、子どもがどんな疑問をもったり課題を見つけたりしているかにまず着目するといいでしょう。質の高い疑問や課題は、論理的に考え抜かれており、机上の空論ではなくて実体験に根ざしたもの、また友だちの意見なども活かしたものとなっています。教科の場合は、どの内容領域について、「知識・理解」「思考・判断」「技能・表現」の力が発揮されているかに注目することが求められています。また、総合学習であれ教科であれ、子ども自身が自分の到達点と課題を的確に自己評価できているかにも注意して指導することが重要です（詳しくは第3・4章を参照してください）。

Q7 ポートフォリオを具体的にどう指導に活かせばよいのでしょうか？

A7 一斉指導や個別指導・グループ別指導の中で、子どもたちが**作品（群）について話し合う**（作品〈群〉を批評する）機会を設けてみてください。そのような話し合いが、「検討会」です。

個別指導の場面であれば、身につけさせたい力がその子どもに身についているかを**見てとりつつ、子どもの自己評価**に耳を傾けます。教師の評価と子どもの自己評価にズレがあるようであれば、その子どもの学習に見られる成果と課題を教師がどう捉えているかを子どもに伝えます。その際、①短所を指摘するだけでなく必ず長所も強調すること、②長期的な学習の流れを捉えつつ短期目標を絞り込むこと、③話し合いのポイントをメモしておくことが大切です。

グループ別指導や一斉指導の場面であれば，あらかじめ子どものポートフォリオに収められた**作品の中から重要なものを選び出し，それらを比較させる授業を仕組む**ことが重要です（詳しくは，第3・4章を参照してください）。

Q8 どうもポートフォリオに「作品」が残らないのですが…？

A8 そのような子どもの実態が見えてきたこと自体が進歩です！ その実態から必要な指導を考えることができます。

たとえば子どもに書く力が欠けているなら，国語の授業や日常的な指導を通して少しずつ書く力が身についていくような手だてを考えましょう。簡単なメモをとる力から徐々に指導していきましょう。また，書きたいようなことを書く機会を与えることも重要です。たとえば総合学習においても，調べ活動に出かける際には，メモをとりやすいように用意をさせていくといった指導が必要です。学習のまとめの場面でも，ただ「学習したことをまとめなさい」と言ったのでは，子どもたちにとって必然性が見えにくいでしょう。そこで，「今度来ていただくお客さまに私たちが調べたことを伝えるために，内容をまとめましょう」といった文脈作り（活動に必然性をもたせること）が有効です。さらに，何を書いたらいいのかわからない子どもたちには，どんなことが書けるかの例を教師がたくさん示したり，子ども同士で話し合わせて書けそうなことのイメージをふくらませたりしてから書く時間を取るとよいでしょう。

Q9 ポートフォリオ評価法を始める前に，考えておくべきことは何ですか？

A9 次のようなことを考えておきましょう。
①どんな目的でポートフォリオを作るか。教育目標と照らし合わせて学力評価を行うためなのか，形成的評価と指導に活かすためなのか，子ど

もに自由に自己評価させるためなのか。

②どの範囲の学習を対象とするか。課題，単元，観点，領域，学校カリキュラム全体（例：中学校で３年間かけて学んだこと），子どもの学び全体（例：この３年間学校や学校外で学んだこと）。

③ポートフォリオにどの作品を入れるかを誰が決定するのか。つまり，ポートフォリオの所有権」をもつのは誰か。

④目的にそった評価の観点を立てる。これに準拠したり参考にしたりしながら作品の選択が行われる。

⑤収集する作品を予想し，それに応じた容器を用意する。

⑥子どもたちや保護者にどのようにポートフォリオ評価法を説明するか。

Q10 忙しくて，検討会を行う時間などないのですが？

A10　「ポートフォリオ検討会」とは，ポートフォリオ全体や収められた作品（群）について**話し合う機会**をすべて指します。教師と子どもが一対一でポートフォリオについて話し合う機会だけでなく，一斉指導も検討会になりえますし，紙面上で行うこともできます。子ども同士で話し合わせることもできますし，保護者や地域の人々に参加してもらう発表会なども検討会の一種です。

　第２章で，教師と子どもが一対一で話し合う事例を多く扱ったのは，現在「子ども同士で話し合わせておけばよい」といった誤解が見受けられるため，検討会での指導の特徴を把握していただきたかったからです。特別な指導ではなく，今までも行ってきた指導の中でポートフォリオを意識するところから始めてみてください。たとえば，机間指導を行う際にも，意識すれば少しずつ検討会（対話）を行うことができます。子どもたちが自律的に学習する時間などにローテーションを組むことも可能です。一対一の指導については，１学期に１回でも大きな意義があります。子どもの自己評価力を伸ばさなければ学力が

伸びないことを考えれば，検討会を行う時間を優先して時間配分を行うことが必要であることがわかっていただけるでしょう。

Q11 子どもの学びの振り返りの内容が深まっていかないのですが？

A11 まず，「振り返りの内容が深まる」とはどういう状態なのか，教師が具体的に把握することが大切です。振り返りの内容が「深い」場合と「浅い」場合を比較してみて，どういう特徴が見られたら「深い」といえるのかを考えます。たとえば，「単発的な思いつきではなく，**以前考えていたこととつなぎ合わせている**」，「友だちが見つけてきたことと**関連づけている**」，「自分の力を過大評価も過小評価もせず，**的確につかんでいる**」といった特徴が見つけ出されるのではないかと思います。

次に，子どもたちにも，教師は「振り返りの内容を深めることを求めているのだ」と伝えてください。そして振り返りの内容が「深い」というのはどういう特徴を指しているのか，具体例とともに示しましょう。最初，子どもたちはそのような例をまねるところから始めるかもしれませんが，繰り返していけば徐々に振り返る力が身についていきます。

第3章
総合学習と基準創出型ポートフォリオ

> 　総合学習は子どもの興味・関心に基づく探究を主軸に展開する。その単元の特徴は共通テーマ，直接的な体験の重視，「問題解決のサイクル」の繰り返しである。「価値ある問題に気づくこと」が中心的な評価の観点であり，それを支えるものとして論理的思考力・実践する力・協働する力・自己評価力に注目する。
>
> 　ポートフォリオは，次の重点目標，次の課題の決定，自己評価力の育成に役立つ。検討会の前には，子どものポートフォリオに目を通し指導計画を立てておきたい。学習中は机間指導や一斉指導の中で，また1学期1回でもいいからグループごとや個人ごとにポートフォリオ検討会をもちたい。

1．カリキュラムにおける総合学習の位置づけ

　2002年4月から新しい**学習指導要領**が導入され，「総合的な学習の時間」の本格実施が始まった。しかし学習指導要領は，各学校が「創意工夫を生かした教育活動を行うもの」とし，そのカリキュラム上の位置づけについては細部にわたってあまり明確に規定していない。このことにより，「総合的な学習の時間」の導入は，日本において**学校に基礎をおくカリキュラム開発**（school-based curriculum development）の可能性を拓く点で画期的なものになろうとしている。

　しかしこのことは，「総合的な学習の時間」の評価を語る上で，独特の問題を生じさせる。「総合的な学習の時間」についてはすでに様々な実践が展開されてはいるものの，それらはカリキュラム編成上必ずしも同一の原理に立って

いるとはいえない。教育評価は，教育目的や教育目標と照らし合わせて行われる。したがって「総合的な学習の時間」の評価を考える上でも，その目的と目標が明らかにされなくてはならない。「総合的な学習の時間」においてポートフォリオ評価法を用いる場合も同様である。そこでこの章では，「総合的な学習の時間」や総合学習とは何かを考えるところから始めたい。

【学習指導要領】
　学校教育法施行規則に基づき，文部（科学）大臣が示す教育課程の基準。教育課程編成についての一般的な方針（総則）のほか，各教科・道徳・特別活動の目標や内容などを規定しています。現行では学年配当で目標が示されていますが，今後は特に思考力・判断力，表現力などについての発達を，学年を越えて捉えられるような目標の記述が求められています。

【1】カリキュラム編成の2つの原理──子ども中心主義と学問中心主義

　歴史的に見ると，カリキュラム編成の原理としては，「子ども中心主義」と「学問中心主義」の大きく2つが存在してきた。

(1) 子ども中心のカリキュラム

　子ども中心のカリキュラムにおいては，知識や活動を子どもの興味に基づいた生活経験として組織する方針が採られる。その根底にあるのは，カリキュラムを子どもの学習から一元的に捉えようとする発想である。そこでは，子どもが**自らの経験を通して認識を再構成していく**のが学習であり，教育はこの学習に即して行われるべきだと考えられている。したがって教育は，主に環境を整えることによって，子どもにとって意味のある経験を組織していく営みとして定義される。学校においては，子どもの日常生活（家庭生活）からの連続性をもった生活

【学校に基礎をおくカリキュラム開発】
　各学校がその条件や実態に応じてカリキュラム開発を行うこと。日本において学校のカリキュラムは文部（科学）省が定めた学習指導要領に強く規定されてきました。しかし，1998年7月の教育課程審議会答申『幼稚園，小学校，中学校，高等学校，盲学校，聾学校及び養護学校の教育課程の基準の改善について』では，「各学校が創意工夫を生かし特色ある教育，特色ある学校づくりを進めること」を勧めています。

【履修主義と修得主義】

　進級や卒業などの判定に際して、就学の日数・年数によって判断する考え方を履修（年数）主義といい、当該学年や段階で修得すべき目標を修得できているかどうかで決定する考え方を修得（課程）主義といいます。日本の義務教育段階においては履修主義が採られていますが、目標準拠評価と整合性が高いのは修得主義だとされています。ただし、修得主義を徹底して習熟度別編制を行うと、多様な子ども同士の学び合いが減り、かえって学力格差が広がる危険性もあるように思われます。

の提供が目指される。

　カリキュラムの領域は、教師が扱いたい内容の種類ではなく、子どもの活動の種類に基づいて設定される。シーケンス（子どもの発達段階や学習活動の順次性に即した内容の配列）は、**身近な経験からより広い地域の経験へ**と発展し、また総合的・全体的な経験から各学問分野に対応した分節的な分野に分化していくものとして構想される。また単元は、「主題・経験・表現」を単位として構成される[1]。また、同年齢の子どもたちが同じ教室で経験を共にすることを重視することから、「**履修（年数）主義**」が支持されることが多い。

　子ども中心のカリキュラムにおいては、知識は経験のたえまない改造過程において必要とされる範囲で習得されるものであり、教師が子どもの経験に先立って観念を押しつけるべきではないと考えられている。それゆえ、学校で保障される学習の核としては、子どもの経験や態度が位置づけられることになる。また、スコープ（領域）は子どもに与えられるべき生活経験の種類に基づいて設定されることとなった。

　子ども中心主義の代表的論者としては、世界的な新教育運動を受けて20世紀初頭のアメリカに成立した進歩主義教育（progressive education）の担い手、デューイ（J.Dewey）を挙げることができるだろう。その発想は、1947年版および1951年版の『学習指導要領・一般編（試案）』に強く影響を与えた。また戦後の日本においては、梅根悟、重松鷹泰、馬場四郎らを代表的論者とするコア・カリキュラム連盟（1948年～;1953年に日本生活教育連盟へと改称）などを基盤として、「教育と生活の結合」を目指す独自のカリキュラム開発が進め

られた。最近の代表的な論者としては、高浦勝義[2]、加藤幸次[3]、堀真一郎[4]などを挙げることができる。たとえば高浦は、「子どもが…問題解決学習を通して絶えず問題解決する力（関心・意欲・態度、思考・判断、知識・理解・技能の統合的発達）を深め、豊かにしていく」ことにより、「より一層の個性化」を図ることを主張している[5]。

(2) 学問中心のカリキュラム

一方、学問中心のカリキュラムでは、学問のもつ**系統性**に依拠しながらカリキュラムを編成することが目指される。その源流はアメリカにおいては、本質主義（essentialism）であり、とりわけ1950年代から60年代に展開された「学問中心カリキュラム」（discipline-centered curriculum）である。その理論的基盤を提供したブルーナー（J.S. Bruner）は、子どもの日常生活からの連続性を強調するデューイを批判し、「新たな経験の世界へと飛躍」させるための卓越性をもたらすものとして、学問の系統性に即した教育を主張した[6]。ブルーナーは、それぞれの学問における**知識群は、基本的概念を中心として互いに関連づけ、構造化することができる**と考えた。また、そのような学問の「構造」は、子どもの発達段階に応じて翻案されうると考えた。かくしてブルーナーは、「どの教科でもその基礎を、なんらかの形で、どの年齢の、だれにでも教えることができるであろう」[7]（ブルーナー仮説）と主張する。ブルーナーの捉える「構造」は、知識だけでなく、それを探究し発見する「学び方」をも含み、発見に伴う喜びや興奮が学習の内発的動機づけにつながると考えた。

学問中心のカリキュラムにおいて、シーケンスは学問の系統性に即して設定される。また単元は「目標・教授・評価」を単位とする。この際の目標は、「モノやモノゴトに処する能力のうち教育的行為によって分かち伝えられ得る部分」[8]である学力として設定される。科学的概念と生活的概念（素朴概念）の間にはたしかに矛盾が存在するが、普遍的な知は本来、生活場面においても正しいものである。したがって両者の矛盾は、このような普遍的な知のもつ真実性を基盤に乗り越えることができると考えられている。

評価の目的は、**目標を達成できたかどうかを点検する**ものである。達成でき

ていれば深化学習を行わせるか次の目標に進ませ，達成できていなければ同じ目標にむけて補充学習を行わせる。これは，**「修得（課程）主義」**を支持する発想といえよう。

　学問中心のカリキュラムは，（純粋な形であれば）学問を翻案したものとしての教科の集合体として設計される。しかしながら，学問を系統的に教授するという教科の独自性を明らかにすることは，学校教育の中に，異なる質の指導があることへの着目を生み出すことになった。このことは，「知識や技能を教えることと行動を指導することのちがいを直接の根拠」[9] として，教科と教科外活動という二領域を設定するという城丸章夫の主張に，端的に表れている。いずれにせよ，学問中心のカリキュラムにおいてスコープは，教師が伝えたいと考える文化的価値の種類の次元として設定される。

　学問中心のカリキュラムは，1958年版，1968年版『学習指導要領』に強く影響を与えた。また，「教育と科学（学問）の結合」をスローガンとしてかかげる論者たち（高橋磧一，遠山啓，真船和夫など）を中心として，1950年代には歴史教育者協議会（1949年〜），数学教育協議会（1951年〜），科学教育研究協議会（1954年〜）などの団体があいついで結成された。その中から，「水道方式」や「仮説実験授業」などの優れた成果も登場している。

【2】カリキュラムの3類型

　この2つの編成原理を基にすると，カリキュラムには次の3つの類型が考えられる。

A．学校カリキュラムを，子どもの生活を単位として構成するもの（子ども中心のカリキュラム）

B．学校カリキュラムを，客観的に存在する教科内容で構成するもの（学問中心のカリキュラム）

C．両者の折衷，つまり教科教育に関しては学問中心主義に則って設計し，総合学習については子ども中心主義に立って行うもの（三領域説のカリキュラム。これはカリキュラムを，教科・総合学習・特別活動の三領域で構成され

ると捉える立場である）

　田中耕治も「総合学習の位置づけ」として次のように論じている。

　「総合学習を教育課程において『領域』とみなすかどうかについては，とりわけ教科学習との関係から，現在3つのタイプを析出することができます。…
①総合学習を教育課程上の『領域』とは位置づけないで，むしろ『総合学習』（の視点や方法）を全教育課程に浸透させようとするタイプ。
②総合学習を教育課程上の『領域』と認めず，教科学習の一種または発展とみなすタイプ。
③総合学習を教育課程上の『領域』とみなして，教科学習との『相互環流』を構想しようとするタイプ」[10]。

　これらのどの考え方によるかによって，実践の質はかなり異なる。Aの子ども中心のカリキュラムを実践している学校としては，堀真一郎が校長を務めるきのくに子どもの村学園[11]，木下竹次の「合科学習」の流れを汲む奈良女子大学文学部附属小学校[12]，東京学芸大学教育学部附属竹早小学校，神戸大学発達科学部附属明石小学校，伊那市立伊那小学校，東浦町立緒川小学校などを挙げることができる。これらの学校は，既存の教科の枠組みを問い直し，新しいスコープの立て方を主張している点で共通している。（ただし，公立学校か，国立学校や私立学校であるかによって，革新的なカリキュラムの実施の程度には違いが見られる。）

　Bの学問中心のカリキュラムを支持する論者からも，実際にはこれまでの教科を改革するためのものとして「総合的な学習の時間」を位置づける主張が見られる。たとえば，「学際的領域も一定のまとまりのもとに必要であれば教科とすることが本筋」であると考える子安潤は，当面は現行の教科で十分に扱いきれていない現代的課題を「総合的な学習の時間」で取り上げ，教科や教科外活動の内容や学習のあり方を問い返していくことができると論じている[13]。これは，新しい教科をつくる前段階として「総合的な学習の時間」を位置づけるものといえよう[14]。また，教師が各教科の基礎的知識を教授した後，子どもたちが与えられたトピックについてのプロジェクト学習を行う実践も考えられる[15]。

> 【クロス・カリキュラム】
> 　複数の教科を横断して，一つのスキルやテーマを学ばせようとする発想です。たとえば，複数の教科においてコンピュータを利用する機会を与えて，どの程度コンピュータ・スキルが身についているかについては教科を越えて評価する例，環境という一つのテーマに理科・社会科・美術といった複数の教科で同時に取り組む例などが考えられます。

これは，複数教科の統合として「総合的な学習の時間」を構想するタイプといえる。さらに，カリキュラム横断的に学力を保障しようとする**クロス・カリキュラム**の構想も考えられる。この場合は独自の時間枠が「総合的な学習」にあてられることはないが，既存の教科の枠を越える試みの一種であることは間違いない。

Cの三領域説の立場は，総合学習を教科とは異なる領域として位置づけ，両者を並立させた上で，相互環流を図ろうとするものである。ここでいう領域とは，次のように定義できる。「(1) 他領域に解消されることのない，その領域に特徴的な指導と学習の質を抽出することができること，(2) その領域に固有な指導計画…を立てることができること，(3) 学校の全体的な教育計画において，一連のまとまった学習時間数を要求することができること」[16]。

つまり，三領域説では，総合学習を教科とは異なる目標と指導形態をもった領域として位置づける。三領域説に立ったカリキュラムの典型例は，和光（鶴川）小学校[17]や，東京学芸大学教育学部附属大泉小学校，秋田大学文学部附属小学校[18]，三木市立口吉川小学校などである。これらの学校では共通して，子どもたち自身が探究課題を設定することが重視されている。

以上の3類型を踏まえると，社会を成立させる上で必要となる最低限の共通教養が保障される枠内では，それぞれの子どもが自分に最適なカリキュラムを選べるシステムづくりが求められているように思われる。ただし，現行の学習指導要領の枠内では，次の理由から三領域説のカリキュラムが最も妥当だと考えている。

まず，子ども中心のカリキュラムでは，子どもの経験の必然性・必要性に即して学習が行われるため，どうしても学問的な系統性は損なわれてしまう。ま

た，その中で必要な指導事項を押さえようとすれば，結局子どもにとっての学習の必然性が二次的な位置に置かれる危険性を伴う。

　一方，学問中心のカリキュラムは，学問を系統的に教えることによって，効率的・効果的な学習を可能にする。学問の研究が進み，教科の再編成といった検討が進めば，現在「総合的な学習の時間」に寄せられている期待の大部分は，教科の中で達成されていくかもしれない。

　しかし，それでもなお教科の中で保障できないのが，子ども自身が主導して「問い」を設定することである。教科は，教師が学問の系統性に即して問いを整理するものである。もちろん教科の中でも，教師が設定した枠内ではあるが，子どもが「問い」を選択することはあるだろう。しかし，そこで許される子どもの自由は，やはり総合学習に比べると限定されてしまう。

　このように考えて，総合学習は，**子どもの興味・関心に基づく探究を主軸に**展開する，カリキュラム上の領域だと考える。ここでは，様々に展開している総合学習と区別するため，このような立場に立つ「総合的な学習の時間」の実践に限定して，**総合学習**と呼びたい。

　三領域説の立場に立てば，「教科＝知識理解，総合学習＝問題解決学習」としてしまうのではなく，**教科にも問題解決学習的要素があり，総合学習でも認識の深まりがある点**を押さえつつ，それぞれの特質を明確にしていく必要がある。その際，教科と総合学習の機械的分担に陥らないよう注意が必要である。教科で習得した学力を総合学習で活用させる，また総合学習で再発見された基礎・基本を教科教育で育てる，といった相互環流が図られなくてはならない。

　次に，三領域説に立った場合の総合学習の特徴を，単元の構造と目標に焦点を当てて考えてみよう。

2．総合学習の特徴

【1】単元の構造──共通の大テーマ，直接的な体験重視，「問題解決のサイクル」の繰り返し

総合学習では、教科とは異なる質の指導が求められる。総合学習の実践を見ると、その多くに共通した特徴が浮かび上がってくる。

第一に、総合学習の実践においては、学年またはクラスで**共通の大テーマ**が設定される。大テーマとは、たとえば、「○○を作ろう」「○○を飼おう」「○○について調べよう」といったものである。大テーマは、その中で焦点化されたテーマを一人ひとりの子どもが設定できる幅をもっている。総合学習では、子どもが個人またはグループで探究することが強調されがちであるが、個人またはグループでの探究を深めるためにも、クラスといったより大きな集団で互いの発見や思考を比較し、練り合うことが重要となる。大テーマを設定することには、そのような**練り合いのための共通の土俵**を生み出すという意義もある。

大テーマを誰が設定するかは、子どもたちの発達段階や総合学習の経験、教師の願いなどに応じて変わってくる。小学校においてはほとんどの場合、大テーマは教師が与えることになるだろう。だが、小学校で総合学習の経験を積んだ子どもたちが中学校にあがれば、子どもたち自身が持ち寄った関心を総合して大テーマを設定していくこともできるだろう。

第二に、総合学習においては、子どもが何らかの形で**直接的な体験**をすること、つまり、**ものづくり**に取り組む、インタビューなどによって**一次資料**を集めるといった活動が重視される。大テーマの設定にあたって、地域や学校の特色に応じた課題が選ばれることが多いのも、子どもたちが、自分の身近なところから問題を発見できる力をつけるためであるとともに、子どもたちの力で一次資料を集めることが容易なテーマとなる可能性が高いからであろう。

第三に、総合学習においては、子どもたちが「問題を発見し、活動計画を作り、

【ものづくりや一次資料集め】
ものづくりとしては「そば作り」「豆腐作り」「米作り」など様々ありますが、中途半端なまねごとではなく「一流」「本物」を目指して取り組むことが大切です。一次資料とは、本やインターネットのホームページのように誰かが加工した資料（二次資料）ではなく、直接現場に行って集めた資料のことです。総合学習では、子どもが一次資料をどの程度集めているかにも着目する必要があります。

第3章　総合学習と基準創出型ポートフォリオ

調べるといった活動をし，成果や問題点を表現し共有化することによって活動を振り返る，そのことによって新たな問題を発見する」というサイクルが繰り返される。教科においても，このような「問題解決のサイクル」は見られるが，「問題」は教師によって体系的に整理されている。**総合学習の場合は，子どもたち自身が問題を設定する**ことが求められる。総合学習では，活動と発表が重視される場合が多いが，当初は，活動に力を入れ，発表会の期日が迫ってあわてて発表の用意をし，発表をして終わり，という実践も多かった。最近では，質の高い総合学習の実践は，**「問題解決のサイクル」を一つの単元で少なくとも3回は繰り返す**ものだという意識が共有されているように思われる。何度も課題設定を繰り返すことで，子どもたちが身近なところに発見した小さな気づきや疑問は，環境や福祉といった現代的な課題にもつながるものに発展していく。

以上を図示すれば，図1のようになる(19)。総合学習においては，まず，大テーマとの出会いが仕組まれる。これにはまず体験が与えられることが多い。テ

図1　総合学習の単元の構造（西岡，2002）

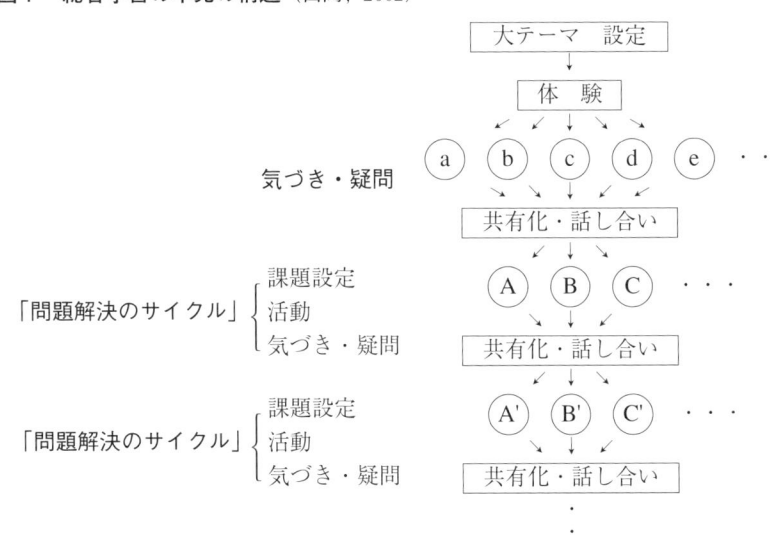

ーマが「川」であれば，まず川に行って好きなことをしてみる，「カイコ」であればカイコの卵をいきなり育て始めさせる，といった具合である。その体験の中から，子どもたちは様々な気づきをもつ。それらの気づきや疑問を話し合わせる中で，教師は，気づきの類似点・相違点に着目させ，場合によっては似た疑問を探究する者同士でグループに分ける。それぞれのグループは，当初の気づきや疑問よりも少し練り上げられた課題をもって，再び活動する。その活動を通して，また新たな発見をしたり疑問をもったりする。このように，「活動→気づきや疑問の発見→課題設定→活動→新たな気づき・疑問の発見…」という「問題解決のサイクル」を繰り返す[20]中で，子どもの課題が深まっていく。

したがって，総合学習の単元を計画する際には，活動の時間を設定するとともに，**成果や問題点の共有化・話し合いをどの時点でどのように行うかの計画を立てておく必要がある**。ポートフォリオ評価法を総合学習で行う場合，この**共有化・話し合いの場面が，まさに検討会の場となる**（なお検討会は，子どもたちが個別・グループ別に活動している際にもローテーションを組んで行うことができる）。

【2】評価の観点──中心は価値ある「問題」に気づくこと

総合学習を行う中で教師は，子どもの学習の実態を観察や対話などを通して評価し，それに基づいて指導しなくてはならない。その際，**的確な評価の観点を意識しておくことが重要である**。

現在，総合学習の実践校において設定されている目標を見ると，多くの場合，総合学習で培う力が学習の場面に対応させて捉えられている。課題設定場面，課題追究場面，発表場面があり，その都度，課題設定力，課題追究力，発表力を見るといった具合である。これも一つの方法であろう。しかし，**実際の総合学習は，課題設定場面でも課題追究場面でも発表場面でも，その都度，「問題解決のサイクル」が繰り返されている**（図1参照）。ここでいう問題は，高浦が整理しているように，「主体が環境との間で不均衡関係に陥った」[21]状態を指す。たとえば，課題追究場面で当初設定していた課題ではうまくいかないこ

とがわかる，発表場面でどうすれば伝えたいことをうまく伝えられるだろうかと考える——こういった思考も，「問題解決のサイクル」における課題（再）設定場面なのである。このサイクルを繰り返す中で課題設定力がいかに身についているかを何度も見ていくことが求められているのである。

したがって，総合学習における評価の観点の中心に位置づくのは，子ども自身の**問題への気づき**である。教師はまず何よりも，**子どもが探究活動を行うにあたってどのような問いを立てて課題を設定しているか**に注目する必要がある。子どもが気づく問題としては，発達段階に応じて様々なタイプがある。長年にわたって総合学習を実践してきた学校では，総合学習について，発達段階に応じた目標が提案され始めている[22]。多くの場合，次のようである。

①小学校低学年では，その時々に**具体的な体験の中で，目の前のものを見る目，気づく力を養う**ことが重視されている。

②中学年もひきつづき体験は重視されるが，**自分なりのこだわりについて好奇心をもって探究する**ことが重視され始める。つまり，関係づける力を身につけさせたり，現代的な課題との関連に気づかせたりするための指導もゆるやかに始まる。

③高学年になると，子どもたち自身が，自分の生き方に引きつけてテーマを考えるようになり始める。この段階では特に，子ども自身の**価値観がどれぐらい揺さぶられているか**に着目するのが重要である。

通常，総合学習の特にテーマ設定においては，教師のねがいが反映される。しかし，そもそも総合学習において扱われる現代的な課題は，大人にとっても答えが出ていない問題である。したがって実践を進める上では，**教師の価値観を答えとして与えるのではなく**，むしろ子ども自身が**自分の思い込みをいかに問い直し，どれぐらい深く考えるようになっているか**に焦点を当てたほうがよい。また，**教師の価値観自体も，子どもの探究活動の中で問い直されていく**。

総合学習は子どもの興味・関心に基づく探究を主軸に展開する領域であると定義することと，この「問題への気づき」という観点を総合学習を評価する観点の中核に位置づけることとは表裏一体の関係にある。総合学習の目的は，小

学校6年間を通して**価値のある問題を発見できる力を養うこと**だといっても過言ではない。さらに中学生になれば，どのような課題設定がよいか，見通しを立てながら探究するようになる。

●価値ある問題であるための条件

では，「問題への気づき」にあたって，子どもがどのような力を発揮していれば，価値ある問題として評価できるのであろうか。それを検討するための評価の観点として，筆者は論理的思考力，実践する力，協働する力，自己評価力の4つに着目している（図2[23] 参照）。

図2　総合学習における評価の観点（西岡，2002）

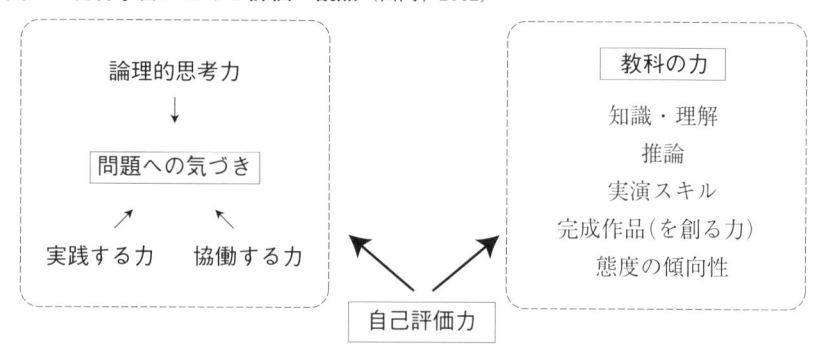

①**論理的思考力**

　価値ある問題の条件の一つは，それが論理的思考に基づいて設定されていることである。具体的には，**（a）探究の道筋をテーマと整合的に設定できるか，（b）ものごとを関係的に捉えているか，（c）事実と意見を区別できるか，（d）複数の意見の間にある共通点や相違点・矛盾点に気づくことができるか，（e）多くの情報を総合することができるか**，といった点に着目することになるだろう。そのような論理的思考力を発揮することによって，子どもたちは探究課題を発見し，その課題を探究するのに適した方法を選ぶことができるようになる。

②**実践する力**

　この観点も，総合学習においては特に重視すべきだろう。実践とは，「人間が行動を通じて環境を意識的に変化させること」[24]であり，これには物質的生

産活動や社会的実践活動が含まれる。たとえば米作りの大変さを字面で学ぶのと実際に体験してみるのとでは，全然違う。リアルな探究活動となっているかどうかを見るためには，子ども自身が，(a) **具体物に触れたり，具体物を生み出したりしているか**，(b) **直接的に人と出会っているか**，(c) **具体的な行動を起こしているか**といった点を検討する。(d) **技の巧みさや体の柔軟さ**といった身体的要素も，この観点に関連する評価基準であろう。低学年の実践においては直接体験が重視されている例が多いが，学年があがっても何らかの形で直接的な体験をしていないと，上すべりの探究になってしまう危険性があるだろう。ただし，ここで主張しているのは，環境問題を扱うなら川掃除をさせて終わりといったような，安易な短絡化ではない。

③ **協働する力**

総合学習は，個々人の自由研究ではない。個別・グループ別の活動をしつつも，それを他者と共有し，つき合わせる中で，改めて個別・グループ別の活動の違いに気づき，それぞれの意味がわかる。低学年は，特別活動に近い実践も多いので，(a) **グループ活動を進めることを通して共同で活動する上での基本的なやり方やルールを学ばせる段階**だと考えられる。学年があがれば，(b) **仲間と意見を戦わせたり，それぞれの意見を活かしあったりしているか**，(c) **グループで質の高い協力が行われているか**といった点を見る必要があるだろう[25]。

④ **自己評価力**

さらに，こういった評価の観点を使いながら，自分の学習の状況について子どもたち自身がどれだけ認識（メタ認知）できているかについても教師は注目しておく必要がある。つまり，子どもたちが自分の実態を把握する力（自己評価力）をどの程度身につけているかという観点から，実践を評価することが必要になる。低学年では，(a) **計画に基づいて行動できるかどうか**といった点が重視されるだろう。学年があがれば，(b) **より長期的な見通しをもって学習計画を立てる力**が自己評価力の重要な側面となる。また，「図や表を使っていてわかりやすい」といった表面的な方法の見栄えのよさに着目する状態から，「この内容だからこそ，棒グラフではなく折れ線グラフが適している」といっ

たように，(c) 内容に応じた方法の取捨選択ができるような論理的思考力の充実へと自己評価の観点を変えるといった，自己評価の基準そのものの成長についても注目する必要がある。

　さらに，(d) 自分自身の生き方に関わって重要なテーマを選ぶことができているか，(e) 自分自身の力を過大評価や過小評価せずに，自己肯定感を育んでいるかといった点も，自己評価力に関わる評価の観点となるだろう。教師は，子どもが立てた問いや課題がどれだけ子どもにとって夢中になれるもの，切実なもの，身に迫るもの，大切なものとなっているかに注意を払っておかなくてはならない。なかには，教師がやってほしい課題を選ぼうとする子どももいる。そのような子どもに対しては，「総合学習は，**自分にとって大切な課題をするための時間なのだ**」と伝えることが必要であろう。

　それでは，総合学習でよく重視されるスキル，つまりインタビューする力，図書室を使う力，インターネットを使う力についてはどう考えたらよいだろうか。総合学習を指導していると，探究にはこのほかにも記録する力，観察する力，話し合う力といった，様々な力が必要であることが見えてくる。総合学習においても，必要に応じてこれらの力は育成されるべきである。しかし，これらは，探究するための基礎・基本として，**全員に保障されるべき力**ではないだろうか。また，これらの力を系統的に育成することが総合学習での主要な目標とされれば，子どもの自律的な探究活動の流れを阻害する懸念もある。したがって，筆者はこれらの力については，第一義的には**教科の中で保障しつつ，総合学習では必要な場面で織り込まれるべき**だと考えている。ただし，このような教科と総合学習の役割分担を行うためには，総合学習で見られる子どもたちの実態を鑑みながら，教科の基礎・基本を今一度問い直すことが必要な場合も出てくるだろう。

　自己評価力は，教科で学んだことを必要に応じて活用できるようにする上でも必要となる力である。教科での既習事項については，総合学習でも活用されるよう指導する必要がある。たとえば，筆者は小学校6年生の学年末の発表会で，ある子どもが「今と昔」の比較を行っている場面を見たことがあるが，そ

の子どもの発表では「昔」がいつの時代を指すのかが明らかになっていなかった。小学校6年生であれば社会科で歴史を学んでいるはずであるから、教師は、「今と昔の比較をしたい」と言った子どもに対し、「昔は昔でも、どの時代に興味があるのかな」と問いかけるべきだっただろう。つまり教師には、このような問いかけによって、教科で学んだことを必要に応じて活用できるような自己評価力を子どもたちに育成していくことが求められている。「今と昔」の比較がその子どもにとって切実であればあるほど、教科での学習の意義が子どもにも実感されることとなるだろう。子どもの自己評価力が育まれるにつれて、**教科での学習が総合学習に活かされ、総合学習の成果が教科にも活かされるという相互環流も活発になると考えられる。**

　もちろん、ここで挙げた観点は、現在のところあくまで仮説にすぎない。それぞれの観点についての成長をどう捉えることができるかの研究を深めるとともに、観点そのものが適切かどうかの検討も必要であろう。

【3】目標をパフォーマンスの具体像として捉え直す

　総合学習を指導するにあたっては、子どもの実態や学習の流れに即して、評価の観点をさらに具体的な目標として捉え直すことが求められる。特に総合学習では、**細かな目標＝評価基準は、探究を進める中で繰り返し設定し直される。**その際には、子どもと教師との間で次の目標をめぐっての相互交渉が行われる（この相互交渉が、総合学習で基準創出型ポートフォリオを用いる根拠でもある）。その際に教師は、先に述べた評価の観点を子どもたちのパフォーマンスの具体的なイメージとして把握することが重要である。つまり、ポートフォリオに収められた作品や観察を通して子どもの実態をつかみ、身につけさせたい力を観察可能な形となった目標＝評価基準として捉え直す発想をもたなくてはならない。

　たとえば、「役立つ資料を見分けることができる」（論理的思考力）、「グループで協力できる」（協働する力）といった目標は、まだ漠然としている。指導にあたっては、具体的に子どものどのような姿が見られたらその目標が達成

【細かな目標＝評価基準】

「問題への気づき」「論理的思考力」「実践する力」「協働する力」「自己評価力」などは、総合学習に取り組むすべての子どもの評価において用いられるべき評価の観点です。しかし実際の指導にあたっては、学習場面や一人ひとりのニーズに応じて、「インタビューに出かける勇気をもつ」（実践する力）とか、「綿密に記録をとる必要性を認識する」（自己評価力）といった、より焦点化された目標設定が必要となります。

できたのかを考える必要がある。「役立つ資料を見分ける」力であれば、役立つ資料の見分け方について書かせるよりも、たとえばポートフォリオにビニール袋を2つ用意し、**役立つ資料と役立たない資料が分類できているかどうかを見る**といった方法[26]のほうが妥当である。「グループで協力する」という目標であれば、一人だけが意見を言うような話し合いになっていないか、グループの計画を立てる際にすべてのメンバーの意見が活かされているか、活動はうまく手分けされているかといった、より具体化した様子で捉えることになるだろう。

このように目標を精緻に捉えるためには、子どもたちのパフォーマンスを分析することが重要になる。この時、複数の教師が子どものパフォーマンスを持ち寄り、互いの実践知をつき合わせることも有意義である[27]。

3．総合学習の単元を始めるにあたって

ここで、総合学習においてポートフォリオを活用する際のポイントを整理しておこう。まず単元を始めるにあたっては、次の諸点に留意してほしい。

①過去のポートフォリオをもとに、大テーマと重点目標を設定する。
②単元計画を立てる段階で、検討会のための時間を確保する。
③中身に応じて適切な容器を選定する。
④ポートフォリオに残す資料を具体的にイメージしておく。
⑤子どもや保護者に、ポートフォリオ評価法の目的や進め方を説明する。

また、単元の途中では、次のような教師の指導が必要となる。

> ⑥子どもにポートフォリオを整理し直させる。
> ⑦ポートフォリオの中身について，集団で話し合う機会を組織する。
> ⑧一人ひとりの子どもやグループを相手にする検討会を行う。
> ⑨環境を整える。

　これらの指導を通して，教師が念頭においている評価基準を子どもたちに伝えることが求められている。3.では上記①～⑤のポイントについて，4.では⑥～⑨のポイントについて説明する。

【1】大テーマと重点目標の設定

　ポートフォリオは，総合学習において，まず，大テーマと重点目標を設定するために役立つ。前年度までのポートフォリオが残っていれば，そこから子どもたちがすでにどのような関心をもっているか，どれぐらいの問題意識が育っているかを読み取ることができる。たとえば，ポートフォリオに書き込まれた子どもの一つのつぶやきが，テーマ設定の大きなヒントとなることも多い。総合学習を長い間経験してきた子どもであれば，子どもたちがやりたいことに寄り添う形でテーマを設定することも可能であろう。

　一方，子どもたち自身も，これまでの学習を振り返りながら，新年度の課題を考えることができる。**学校生活を通してポートフォリオが引き継がれていくシステム**ができれば，子どもたちが，学年から学年へ，テーマや課題を引き継いでいくこともできるだろう。

　大テーマを設定する際には，**ポートフォリオからうかがわれる子どもたちの力から，次の単元の重点目標を考える**ことも重要である。なぜなら，大テーマによって，探究の過程で子どもたちが発揮する力が左右されるのも事実だからである。たとえば，インターネットでたくさんの情報を集めさせたいと考えれば，インターネットにも情報が多く載っているようなテーマを選ぶ必要があるし，自分で実験したり観察したりする力を身につけることが課題だと捉えれば，子どもたちが頻繁に訪れることができる場所（小川や里山，学区内の暮らし

などをテーマにしたほうがよい。しかし，ここで考えるべきは，あくまでクラスに共通したテーマの設定に関わる重点目標のみである。探究の場面や一人ひとりの子どもに応じた細かい目標設定については，学習が進むにつれてその都度設定していくほうがよい。

【2】 単元計画の作成──検討会のための時間をとる

　テーマを考えたら，次に単元計画を立てる。総合学習においては，校外活動の時間やゲスト・ティーチャーを招く機会，発表会などの時間を単元のどこに設定するかが，まず考えられることが多い。これらと同じくらい重要なのが，**検討会のための時間を設定しておくこと**である。先述したように，総合学習では，「問題解決のサイクル」が繰り返される。**発見や疑問を共有し話し合う場面**や**中間発表会**，**個別・グループ別で活動している折に教師と子どもが話し合う場面**は，まさに検討会である。検討会は，子どもの「内的活動」[28]を活性化する点で，活動（「外的活動」）と同等かそれ以上に意義が大きい。

　検討会は，アメリカにおいては個別の子どもに対して行われることが多いが，**ポスターセッション**や，**グループ別の話し合い**に**教師が加わる**といった形で行うことも可能である。クラス討論の場であっても，討論をうまく組織すれば，一人ひとりの子どもにとって有意義な検討会となる。さらに，**ポートフォリオに教師がコメントを書き込む**，**ワークシートを活用する**など，紙面上で対話をする方法もある。

　総合学習を始めるにあたっては，これらの様々なやり方をどの時点でどのように用いるか，計画する必要がある。**クラス討論の時間**を設定しておくほか，クラスの一部が図書室等で調べ学習をしている時間などを用いて**個別**に，または**グループごとにローテーションを組んで**，教師と対話する時間をもつ（本章の４．【3】参照）といった様々な工夫が考えられる。

　ポートフォリオを整理するための時間も予定しておくことが重要である。これは，子どもの自己評価を促す点でも大きな意義があるし，またポートフォリオ自体が整理されていれば，教師にとっても，子どもの学習の進み具合を見る

のが容易になるからである。

【3】ポートフォリオの容器の選定

次に，予想される中身に対応して適したポートフォリオの容器を選ぶ必要がある。二穴ファイル，クリア・ファイル，箱などいろいろ考えられる（第2章57～58ページ参照）。なお，プリントのサイズがまちまちだと乱雑に見えてしまうことがあるので，できれば最初に教師は，**ワークシートなどのサイズを統一**することを決めておいたほうがよい。

資料1[29]は，クリア・ファイルをワーキング・ポートフォリオとして用い，そこから資料を切り貼りして整理し，最終的には冊子として製本してパーマネント・ポートフォリオを作ろうとしている例である。この実践の指導者であ

資料1　総合学習におけるポートフォリオの例
（稲井悦子，2002）

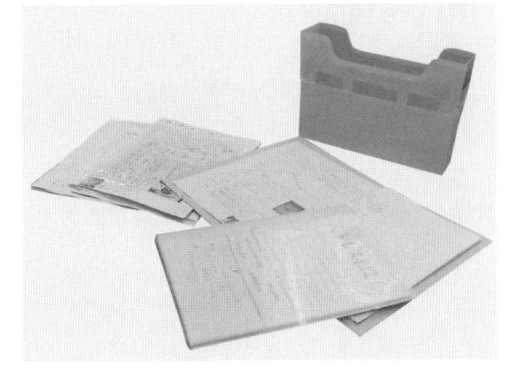

資料2　自己評価カード（稲井悦子，2002）

資料3　自己評価カードの内容
　　　　　　　　　　　（稲井悦子，2002）

①本時のめあて
②自己評価を示す運勢ライン
　（「やった，すごくがんばった」「いいぞ，がんばった」「まあまあできた」「困ったな，あまりできなかった」「最悪，全然うまくいかなかった」という5段階評価の折れ線グラフ）
③したこと・思ったこと
④次までにすること
⑤次の予定
⑥自分への言葉
⑦友達への言葉

資料4　鳴教大附小の短期／中期／長期ポートフォリオ
　　　　　　　　　　　（宮本浩子，2000）

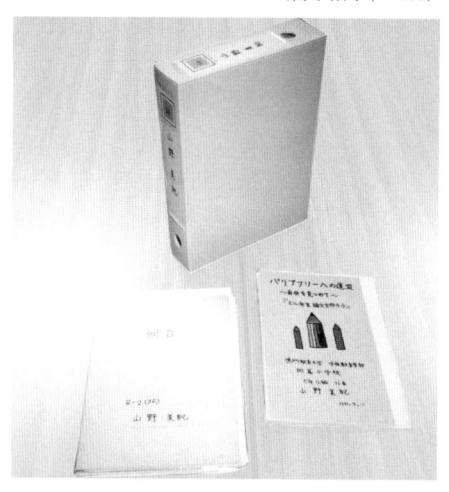

る稲井悦子教諭は，パーマネント・ポートフォリオが作りやすいように，普段用いているワークシート（A4判）より少し大きいサイズの厚紙を発注したそうである。また稲井教諭は，クリア・ファイルと冊子のほかに自己評価カードを作成させた（**資料2**[30]）。**自己評価カード**には，**資料3**[31]に示した項目について書く欄を設けてある。このワークシートに毎時間記入し，貼り付けていくのである。ところどころデジタル・カメラで撮った活動の様子の写真も貼られ，子どもたちも自分たちがどんな活動したかを思い出すことができる良い資料となっている。これらはすべて，黄色のボックスに入れておくことができる。

　鳴教大附小では，**資料4**のような3種類のポートフォリオを用いている。日常的に資料をためておく「**短期ポートフォリオ**」（二穴ファイル），それを単元ごとに冊子にまとめた「**中期ポートフォリオ**」，特に重要な冊子を選んで6年間保存する「**長期ポートフォリオ**」（ボックス・ファイル）である。このように短期ポートフォリオから中期ポートフォリオ，中期ポートフォリオから長期ポートフォリオを作るというシステム化によって，子どもたちが自己評価する機会もシステム化さ

れている[32]。

【4】ポートフォリオに残す資料

　ポートフォリオ評価法を**始める前に**，ポートフォリオに残す資料を具体的にイメージしておくことも重要である。ポートフォリオ評価法を実践している学校をいくつか訪問した筆者の経験では，見るだけで子どもたちの探究の筋道がわかる，色とりどりの資料が綴じられたポートフォリオに出会うこともあれば，数行書いた振り返りのワークシートだけを蓄積したファイルを見ることもある。両者の違いを生み出すのは，教師がそうした資料を生み出すような指導をしているかどうかである。

　よく「子どもたちに書く力がなくてポートフォリオに資料が残らない」という悩みを耳にする。この悩みを解消するにはどうしたらよいだろうか。

(1) **子どもたちが書きたいタイミングで書ける場を確保する**。たとえば，子どもがインタビューに行きたいと言った時，「行っておいで」とすぐ送り出せば，子どもの記憶のほかには資料が残らないかもしれない。しかし，そこで，「それはいいね。では，先生が練習台になってあげるから，やってごらん」と**予行練習**をさせれば，インタビューでの質問事項や回答の記入用紙を用意する**必要性に気づかせる**ことができるだろう。そのような質問事項や回答の記入用紙は，子どもの探究の筋道を如実に示すものともなる。また，廊下などに，総合学習の掲示スペースを設け，活動経過を示す**掲示物を作らせる**ことも有効である。

(2) **子どもが書いたもの以外の資料を教師が生み出す**。たとえば，可能であれば，**写真に撮ったり**，活動をビデオで

【短期ポートフォリオ，中期ポートフォリオ，長期ポートフォリオ】
　鳴教大附小のポートフォリオは，短期ポートフォリオから中期ポートフォリオを経て長期ポートフォリオへと，ワーキング・ポートフォリオからパーマネント・ポートフォリオまでが3段階で組織されています。これはあくまで一つのやり方ですが，このようにあらかじめ決めておくと，子どもも教師も含め，学校全体でポートフォリオのイメージを共有しやすいでしょう。

録画したりしておく。普段の活動ならばデジタル・カメラの写真のほうが手っ取り早いが，発表会などの練習については，ビデオで録画した様子を本人に見せることが何よりも有効なフィードバックになるだろう。

(3) 板書をプリントにして，子どもたち全員に配る。後述するように，総合学習においては節目ごとにクラスでの話し合いが行われ，議論が板書に整理されることが多い。しかし，話し合いの際に子どもたちが板書を写すのは，多くの場合困難である。板書を写したプリントがポートフォリオに綴じられていれば，学習の節目での展開がよくわかるポートフォリオになる。

【5】ポートフォリオ評価法について目的・進め方を説明する

学校または教師個人で，総合学習において進めたいポートフォリオ評価法のイメージが固まったら，子どもたちに，ポートフォリオ評価法の目的・進め方などを説明することが必要である。ポートフォリオ評価法における原則の❶「子どもと教師の共同作業」に関連して述べたとおり，このような説明は，子どもに対する指導の第一歩となる。

ポートフォリオづくりに保護者にも参加してもらうことを考えれば，保護者にもポートフォリオ評価法を説明しておいたほうがよい。学校としてポートフォリオ評価法に取り組んでいる場合は，保護者に向けた手紙でポートフォリオづくりの意義や，保護者の関わり方に対する要望などを伝える例も見られる。

4．指導と評価のポイント

【1】ポートフォリオを整理し直す

いよいよ総合学習での探究が始まると，教師には場面に応じた的確な指導を行うことが求められる。本章の2．で述べたように，教師が，具体的な子どもの姿（パフォーマンスのイメージ）として目標を捉えることができたら，それを子どもたちの学習の流れの中に位置づけて示しつつ，子どもたちに自己評価の機会を与えることが重要である。

第3章 総合学習と基準創出型ポートフォリオ　　117

　子どもの自己評価を促す機会の一つとして，ポートフォリオを整理し直す活動には大きな意義がある。教師が子どもの学習の実態を把握し，効果的な検討会を行うためにも，子どもたちに何らかの形でポートフォリオを整理させることが重要である。

　具体的なやり方として英米で用いられているのは，ワーキング・ポートフォリオとパーマネント・ポートフォリオに対応する2種類のフォルダーを用意し，**ワーキング・ポートフォリオから作品を選び出して，パーマネント・ポートフォリオに収める**という方法である（第2章61ページの図1参照）。

　日本においても，ポートフォリオの編集を行わせる実践例は多い。総合学習では，ワーキング・ポートフォリオに蓄積した資料をカテゴリーごとに並べ替えたり，冊子に編集したりする例も見られる。すでに大村はまは，「学習の記録」を単元ごとに製本する際，題目，目次，前書き，後書きをつけることを重視していた[33]。**題目や目次づくり，前書きや後書きの執筆**も，子ども自身の自己評価を促し育てる上で，大変意義深い。**資料5**は，稲井教諭が指導した子どもが作ったパーマネント・ポートフォリオの1ページである[34]。編集を行った日の自己評価カードの中で子どもたちは，編集の作業が学習の意義や達成感を味わう機会になったことを書いていた。

　このように本格的な編集作業でなくても，ワーキング・ポートフォリオの中か

資料5　パーマネント・ポートフォリオの1ページ
（稲井悦子，2002）

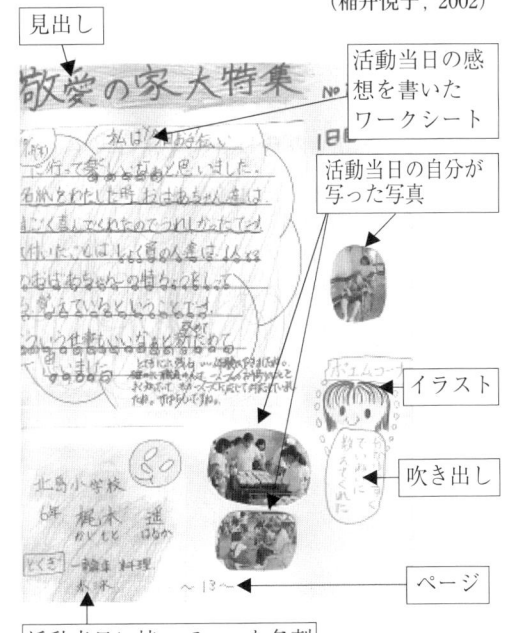

見出し
活動当日の感想を書いたワークシート
活動当日の自分が写った写真
イラスト
吹き出し
ページ
活動当日に持っていった名刺

ら重要な資料を選ぶ作業は可能である。宮本浩子教諭は，小学校4年生を指導する際，クリア・ファイルをポートフォリオとして用いた[35]。当初クリア・ファイルへの資料の入れ方は一人ひとりの子どもに任されていたが，ある程度資料が蓄積された段階で，クリア・ファイルを整理させる時間を1時間とった。その際，次の2つの工夫がなされた。

①**ポケットに見出しを付けさせ，それに応じて資料を分類させる**。インデックスとしては，見出しシールに**資料6**のような項目を書き込ませた。

ポートフォリオの中で，「**自分のとっておき**」を見つけさせることは，課題意識を焦点化させる点で，特に意義深いように思われる。

②さらに，一つひとつのポケットにはかなりの資料が入っているが，**一番外側（つまり一番見えやすい所）に教師に一番見てもらいたい資料を入れる**よう指示する。これにより，ポートフォリオを見て子どもの学習の実態をつかむ仕事が飛躍的に楽になったという。この作業にはまる1時間かかったが，2学期以降はすでに見出しが付いたクリア・ファイルを再利用できたうえ，子どもたちも作業に慣れていたため，ほとんど時間もかからなくなったそうである。

また，相模原市立谷口中学校（以下，谷口中学校）では，「まとめシート」に日々の学習の成果をまとめさせている（資料7）[36]。「まとめシート」はワーキング・ポートフォリオに蓄積されており，発表の際には重要な「まとめシート」だけを取り出して用いることができる（聞き手の人数が多い場合は，実物投影機に載せる形で用いられる）。さらに，学習の締めくくりには，重要な「まとめシート」を編集する形で冊子が作られている。谷口中学校の関口益友教諭は，「ポートフォリオの整理をさせるためには，**ポートフォリオを見せる機会を作る**ことが重要だ」と語った[37]。

資料6　見出しシールの項目
（宮本浩子教諭提供の資料に基づく）

・活動1，2，3
・中間発表会
・本・インターネットで調べた資料
・まとめ
・自分のとっておき
・げきづくり

【2】集団での話し合いを組織する

総合学習でポートフォリオ評価法を進める際には，検討会を行うことが必要不可欠であ

る。指導のための検討会としては，次の２つが考えられる。

(1) 主にクラスでの話し合い（一斉指導）として行われる場合。
(2) 教師と個別・グループ別の子どもが話し合う形で行われる場合。

まず，一斉指導の場面について考えてみよう。一斉指導の一つのやり方は，教師が評価基準を示し，それと照らし合わせて子どもに自己評価させる形である。つまり，「教師が主導するタイプ」の検討会として授業が組織される。たとえば，課題設定力を自己評価させる授業としては，課題選択の際に「十数時間一人でずっとこだわって追求できるもの」，「追求する価値があるとみんなも認めてくれるもの」，「内容が危険でないもの」，「今まで行ってきた学習とそっくり同じではないもの」という視点を提示しておいて，子どもたちに考えさせる実践がある[38]。また，ある程度学習が進んだところで，自分の課題設定の推移に注目してポートフォリオを振り返らせる実践もある。そこでは，自分の課題を時系列で比較させ，「最初に設定した課題から直線的に発展しているか」，「徐々に絞り込めているか」，「行ったり来たりしているか」，「右往左往して迷走しているか」といったパターンを示して，自分の学習の軌跡がどのパターンに当てはまるかを考えさせる取り組みがなされている[39]。

もう一つは，子ども同士の相互作用を教師が組織するやり方である。この際，

資料７　谷口中学校の「まとめのカード」
（谷口中学校の提供）

【概念マップ法，ベン図法，KJ法】

　概念マップ法とは，頭の中で複数の概念が関係づけられている様子を，言葉を配置し，関係を示す線で結ぶことによって表現する方法です。ベン図法とは，似ている概念の集合間の重なりを，楕円など閉じた図形の重なりによって表現する方法です。KJ法では，①情報のエッセンスをたくさんの紙片に書き出し，②似ているもの同士を小グループ，中グループ，大グループへとまとめていき見出しを付け，③グループ化された内容をもとに図解したり文章化したりします。いずれも，情報を構造的に整理するのに役立つ手法です。

　教師は子どもたちの持ち寄る情報の関連づけを板書などに整理して（子どもがワークシートに書いたポイントを書き抜いたり，付箋紙に書いたものを貼り付けたりして作ったプリントを配布してもよい），子どもたちに一人ひとりの気づきや疑問の類似点や相違点の発見を促すことになる。そのような整理には，**概念マップ法**や**ベン図法**，**KJ法**が役立つ。実際，総合学習においては，子どもの課題だけを書き出した概念マップを見比べるだけでも，子どもの探究が深まっているかどうかを捉えることができる[40]。

　資料8は，ある小学校における3年生の実践「ニワトリさん大研究」での板書を模式図化したものである。クラスで数羽のにわとりを飼い，1学期間にわとりの観察やふれあいを体験してきた子

資料8　板書「ニワトリさん大研究」

（はね，つめ，とさか，たまご，ひよこ，くれた人にあげる，身長調べ，口の中調べ，きょうそう，糸車，ちきゅうぎ，どこまでとべるか，つなわたり，おさんぽ，かたものにのせる，すべり台，話をする，うんこ，どれぐらい食べるか，せりが卵にいいわけ）

どもたちが，2学期の課題を整理している場面のものである。授業では，「ニワトリさんについて，もっとやってみたいことは何かな」という教師の問いかけに，「ニワトリを肩に乗せられるようになりたい」，「ニワトリの体力測定をしたい」といった希望が多々出された。教師は，**子どもたちが出す課題のキーワードをカテゴリーに分けて黒板に配置していった**。こうして子どもたちのキーワードを並べてみると，子どもたちのもっている課題の傾向性を把握することができる。にわとりの絵の右のあたりに並んでいるのはにわとりの運動能力に関するもの，上のあたりが体のつくり，左が卵やヒナに関するもの，左下が食べ物と排泄に関するものである。「口の中調べ」とあるのは，にわとりの口の中に3本の線があることを発見した子どもが，それらが何なのかを知りたいと述べたものである。にわとりを一所懸命に観察してきた様子がうかがわれる。

資料8のように整理することによって，子どもたちの関心がやや理科的なものに偏っていることがわかる。指導にあたっていた教師は，にわとりについて総合的に捉えさせることを目指していたため，もう少し社会科的な課題もほしいと考えた。実は，子どもたちは1学期に，地域でどのようににわとりが飼われてきたかに関するインタビュー調査もしていた（「せりが卵にいいわけ」という項目は，「せりが卵にいい」と地元の人々から教えてもらったことによる）。教室の壁には，インタビューの記録がたくさん貼ってもあった。この**授業の初めにそれらの記録をポートフォリオに整理させつつ振り返らせ，その上で2学期に探究したい課題を考えさせれば，より幅広い課題が子どもたちから出された**ことだろう。

一人の子どもは「にわとりは，鉄棒の上では安定しているのに，机の上では落ち着かないけど，どうしてかな」という疑問をあげた。壁の一面にいきいきとしたにわとりの絵が貼られていたことから判断して，机の上ににわとりを置いて絵を書こうとしたときの苦労が，この疑問につながったのだろう。この疑問は，にわとりの進化の歴史を探ることにもつながる深い問いである。この問いをその後の探究に活かすためには，教師がこの問いを他の課題との違いがわかる位置に配置する必要がある。これをたとえば「ものにのせる」と同じ課題

として配置してしまったのでは，この疑問の意義が失われてしまう。このように**教師には，子どもたちが出す複数の課題の間にある類似点・相違点に気づき，それらを整理していくとどういう構造で配置できるのかを捉え，さらにはそれを子どもたちにも伝える力が求められるのである。**

　子どもが持ち寄る情報について，類似点や矛盾点に着目させることも，課題を深める重要なポイントである。子どもたちの発表の場面では<u>ややもすれば「声が大きい」「わかりやすい」といった表面的な相互評価で終わりがちである。他の子どもの情報は自分が調べたことと比べてどうかを考える相互評価</u>ができるようになるためには，教師の指導が必要である。

　宮本教諭は，小学校4年生の単元「城山から広がる世界」の締めくくりに保護者に対する成果発表会を位置づけていた。宮本教諭は，その発表会に向けて，子どもたちに何度も探究活動の成果を振り返らせる活動を行った。まず，ポートフォリオを振り返らせつつ，**伝えたいことを箇条書きにしたポスターを作成**させた。その上で，成果発表会に向けた**中間発表会**を行った（2001年6月18日）。この授業では，子どもたちがポスターを使ってグループごとに発表した。個々の発表の後，宮本教諭は，「今の発表は，**他のどのグループの発表と似ているかな**」と問いかけ，聞き手の子どもたちにも考えさせた。話し合いをへて，発表者は，自分のトピックが書かれたカードを一番伝えたいことが似ている他のグループのカードの近くに貼り，白板にマップができていった。**資料9**は，その時の板書を模式図化したものである。

　グループの中には，メンバーによって関心の中心が異なるものもあり，議論が白熱する場面もあった。たしかに子どもたちは情報を集めてきていたが，**何が一番伝えたいのか**を考えさせる「問いかけ」がなければ，自分の関心の中心と照らし合わせて情報を選び取ることは難しく，羅列的に情報を並べる発表にとどまるだろう。指導という点からいえば，発表会の前にこのような形で検討会を行うことが重要である。

　この活動を通して，自然・人間・歴史と異なるトピックを扱っていても，そこに見いだされたテーマには「自然の中で様々な生物が支えあって生きている

資料9　子どもたちが伝えたい内容に関する概念マップ（2001年6月18日，宮本浩子教諭の提供）
　　　　（実物には各カコミ内に子どもの名前が入っている）

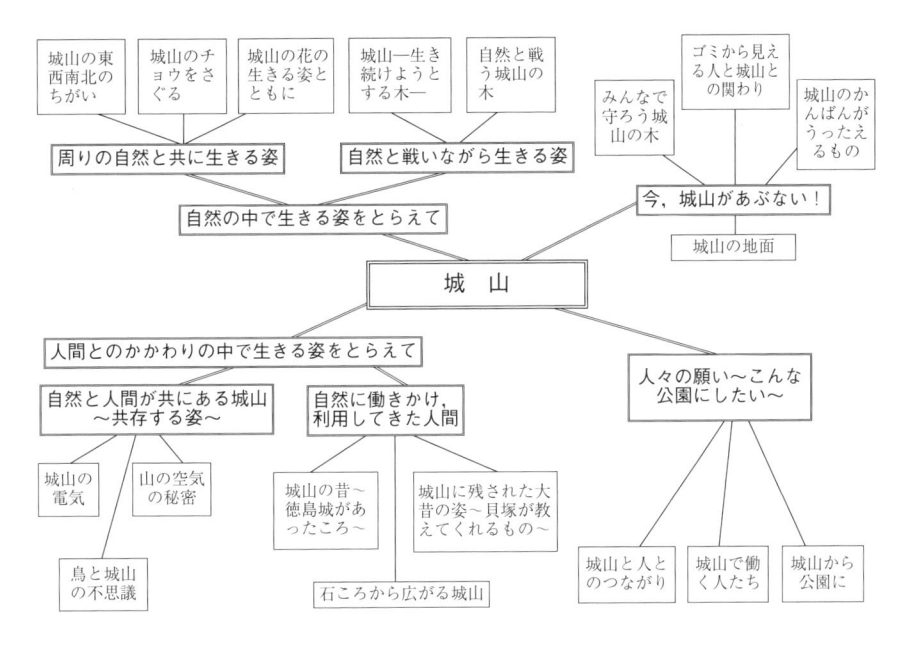

```
┌─────────┐ ┌─────────┐ ┌─────────┐ ┌─────────┐ ┌─────────┐      ┌─────────┐ ┌─────────┐
│城山の東 │ │城山のチ │ │城山の花 │ │城山―生 │ │自然と戦 │      │ゴミから │ │城山のか │
│西南北の │ │ョウをさ │ │の生きる │ │き続けよ │ │う城山の │      │見える人 │ │んばんが │
│ちがい　 │ │ぐる　　 │ │姿と共に │ │うとする │ │木　　　 │      │と城山と │ │うったえ │
│　　　　 │ │　　　　 │ │　　　　 │ │木―　　 │ │　　　　 │      │の関わり │ │るもの　 │
└────┬────┘ └────┬────┘ └────┬────┘ └────┬────┘ └────┬────┘      └────┬────┘ └────┬────┘
     │           │           │           │           │                │           │
     └─────┬─────┴───────────┘           └─────┬─────┘    ┌─────────┐ │           │
     ┌─────┴─────────────┐           ┌─────────┴─────┐    │みんなで │ │           │
     │周りの自然と共に生 │           │自然と戦いながら│    │守ろう城 │ │           │
     │きる姿　　　　　　 │           │生きる姿　　　　│    │山の木　 │ │           │
     └─────┬─────────────┘           └─────────┬─────┘    └────┬────┘ │           │
           │                                   │               │      │           │
           └──────────┬────────────────────────┘               └──────┴─────┬─────┘
                ┌─────┴──────────────┐                          ┌───────────┴──────┐
                │自然の中で生きる姿を│                          │今，城山があぶない！│
                │とらえて　　　　　　│                          └───────────┬──────┘
                └─────┬──────────────┘                                      │
                      │                      ┌─────────┐                    │
                      │                      │　城　山 │────────────────────┤
                      │                      └─────────┘                    │
                      │                           │                  ┌──────┴──────┐
                      │                           │                  │城山の地面　 │
                      │                           │                  └─────────────┘
        ┌─────────────┴────────┐        ┌─────────┴────────────┐
        │人間とのかかわりの中で│        │人々の願い～こんな　　│
        │生きる姿をとらえて　　│        │公園にしたい～　　　　│
        └───┬──────────────┬───┘        └──────────────┬───────┘
   ┌────────┴──────┐ ┌─────┴───────────┐                │
   │自然と人間が共 │ │自然に働きかけ，ｌ│               │
   │にある城山　　 │ │利用してきた人間 │                │
   │～共存する姿～ │ │                 │                │
   └──┬─────────┬──┘ └──┬──────────┬─┘                │
      │         │       │          │     ┌─────────┬──┴─────┬─────────┐
  ┌───┴──┐ ┌────┴──┐ ┌──┴────┐ ┌───┴────┐ ┌─────┐   │        │ ┌───────┐
  │城山の│ │山の空 │ │城山の │ │城山に残│ │城山 │   │城山で  │ │城山から│
  │電気　│ │気の秘 │ │昔～徳 │ │された大│ │と人と│  │働く人  │ │公園に  │
  │　　　│ │密　　 │ │島城があ│ │昔の姿～│ │のつな│  │たち    │ │        │
  └──────┘ └───────┘ │ったころ│ │貝塚が教│ │がり  │  └────────┘ └───────┘
  ┌──────┐          │～　　　│ │えてくれ│ └──────┘
  │鳥と城│          └────────┘ │るもの～│
  │山の不│                     └────────┘
  │思議　│          ┌──────────────┐
  └──────┘          │石ころから広がる│
                    │城山　　　　　　│
                    └────────────────┘
```

姿」，「自然を利用する人間」，「危機にある原生林」，「城山にこめられた願い」といった共通性があることに，子どもたちは気づいていった。同じ大テーマ（この場合は「城山」）を共有している場合，子ども一人ひとりが発見することは限られていても，それを総合するとテーマが多角的に見えてくる。このことは，子どもたちの立場から見れば，自分の研究成果がクラスの探究の中で活かされるという実感を得る機会ともなるといえる。

　もちろん，<u>子どもから出された課題をその場で即座に整理していくのは，熟練の教師にとっても難しい</u>。**課題検討の授業の前には，子どもたちのポートフォリオに目を通し，板書でどのように課題を配置していくか，構想を練っておくことが重要である**。そして，授業では，整理のプロセスそのものを子どもと一緒に行っていくのである。

　なお，総合学習の指導にあたっては，相互評価して**互いに内容を活かさなく**

てはならない文脈（必然性）を作ることも有効である。調べたことに基づく劇作りは，そのような文脈作りの一例である[41]。そのような場面では，皆が調べたことを活かせるよう教師がある程度整理しながらも，じっくりと台本作りに取り組ませることによって，子どもたちは互いの内容の関連性に気づいていくことができる。

【3】個別・グループ別で対話する

　前項の例のように，クラス全体で話し合う場合も，うまく話し合いを組織できれば，一人ひとりの子どもにとって有意義な検討会となりうる。しかし，**たとえ1学期に1回でも，教師と子どもが一対一で，あるいはグループ別で対話できる機会があれば，理想的である**。そのような対話は，一人ひとりの子どもの成果や課題を評価する上で有効であるのみならず，教師と子どもの人間関係を改善する上でも大きな意義がある。

　資料10は，グループ別で対話を行っている検討会の一例である。単元「城山から広がる世界」において，虫を研究していたA児・B児に対し，宮本教諭が指導している場面である。この検討会は，他の子どもたちが図書室やコンピュータ室で調べ活動や資料の整理をしている時間に，ローテーションを組んで行った。この際，**次に検討会を予定しているグループには対話を観察してもらい，終わったグループはその次のグループを呼びに行くシステム**にした。この検討会では，次の「働く人々」グループ（C児，D児）も対話に参加している。

　この検討会において，B児は当初，虫について調べたいという希望ははっきりしていたものの，どのように調べることができるかについては行き詰まっていた。対話の中で調べ方については「どこに虫がいるかを調べる」というもともとのB児の案に加え，「温度を調べて予想をたてる」（C児の案），「一匹の虫の食べ方を調べる」（D児の案）という3つの案が出されている。B児は新しい案が出されるたびにすぐ「なるほど」と思ってしまう。もし教師の指導がなければ，B児は行き当たりばったりに調べ活動を進めてしまっていたことだろう。3つの案のうちどれを選ぶかは，自分の目的と照らしてB児自身が決め

資料10　検討会での対話（2001年5月18日。宮本浩子教諭の指導による。内容が変わらない範囲で簡略化した。下線部は引用者による）

> T：［自分のノートのメモを見ながら］城山にどんな虫がいて，どんな成長をしているか，どんな暮らしをしているか，それを調べたいということだったね。実際やってみて難しいなと思ったことは何だった？［しばらく待つ。A児とB児は，自分のポートフォリオを見直し始める］<u>一番の悩みは何？</u>
> A：蝶ばっかりで，他の虫も探してみたけど，死んでいたりして，見つからなかった。
> B：［ポートフォリオの中から城山の地図を取り出して指差しながら］先生，だいたいこういうところをずっとまわってきたけど，まずここらには何にもいなくて，ここらは普段は蝶とかカナブンとかいるところなんだけど，最初に行った時にはいなくて蝶一匹もいなかったから，だからここはまだいないのかなということで諦めて，下に行ったんだけど…。［中略］
> T：なんか，蝶の動きが気まぐれで［ノートにちょっとメモを取る］，調べるってことができないという感じなんだね。
> B：そう。［A児もうなずく］
> T：調べるための裏ワザがいるね。いろいろ考えることができそうだね。［C児の「わかった」というつぶやきを聞きつけ］わかった？　どんな裏ワザ？
> C：わかったっていうか，多分，蝶が出たときに温度測っといて，でな，また次に見つけたときにも温度測っといて…。
> B：［息をのんで］それでだいたい見当をつけるのか！
> T：今，Cさんが言ってくれたことは，一つの方法だね。［D児，手を挙げる］D君から意見？［D児，うなずく］はい。
> D：［勢いづいて］スイカとか食べるものの食べ方とか吸い方なんだけど，餌とかでおびき寄せて，虫眼鏡で口はどんなふうとかを書いていってもいいと思う。
> B：ああ，そうかあ！
> T：なるほど。実は，D君が言った絞り込み方と，Cさんが言った絞り込み方と，B君たちが考えていた絞り込み方とでは，研究のねらいが違うのよ。D君が言った吸い方とかを観察するっていうのは，一匹の虫の<u>食べ方</u>とか特徴や動き。B君たちのは，<u>虫がどこに現れるか</u>などだね。
> ［後略］

ることである。しかし，「**目的に応じて調べ方を選ぶ必要がある**」ことについては，**教師の指導が必要**である。この対話が示すように，総合学習での教師の指導は，子どもがすでに獲得していることに基づいて，それが最も活かされる方向性の見つけ方を教えることに重点が置かれる。

　検討会における教師の問いかけは，総合学習の単元のどの段階であるかによって変わる。たとえば，単元の初めには「**気づきや疑問をどうテーマとして設定したらよいか**」，「**設定したテーマに対応して資料は集められそうか**」，単元

の途中では「資料が着実に集まっているか」,「その都度自分の言葉で理解しているか」,「集まった情報をもとにより焦点化され再設定される課題は何か」,単元のまとめの段階では「発見したことの中から何を一番伝えたいか」,「またどうすればうまくそれを伝えられるか」などを問うことになるだろう。

資料11には,宮本教諭が小学校6年生を指導した際の検討会(「相談タイム」)で行った問いの一覧を挙げた[42]。この単元「12歳のチャレンジ」は,一人ひとりの子どもが自分の課題を1年間かけて探究する単元であった。資料11に示したような,学期ごとの,取り組んでいる学習場面に応じた目標は,決して学年の最初から設定されていた訳ではない。教師は,その都度,クラス全体の子どもたちの様子を見ながら,また個別の対話を行いながら,そこに設定されるべき目標を"読み取って"いったのである。

さらに,一人ひとりの子どもの実態によっても,教師の目標設定と問いかけ

資料11 ポートフォリオ検討会(「相談タイム」)における教師の問いかけ

(宮本浩子(2001)をもとに筆者が作成した)

1学期
○ 自分がしたいテーマと活動がしっかり結びついているか。
○ そのテーマについて調べるためにどのような資料を活用すればよいか。どのような活動が可能か。
○ どのように,自分の考えや主張を作っているか。事実をどう捉えているか。

2学期
○ 自分が調べたことの中で,最も活かしたいこと,深く考え強調したいことは何か。
○ 友達と関連づける中で,どんな意味(テーマ)が見えてくるか。
○ 発表の中で,どの資料を活かすことが有効か。

3学期
○ 1年間を振り返って,今とても印象に残っていることは何か。
○ 1学期,2学期,3学期とどんどんテーマが変わってきた中で,どんな意味を見いだしてきたか。
○ 1学期,2学期,3学期の活動の根底に流れているものは何か。
○ 自分にとってどのような意味がある1年間になったか。
○ 1年間の取り組みの中で,どんな課題が見えてきたか。

は変わってくる。たとえば，「活発に活動していても十分な記録をとることができない」，「抽象的なテーマを設定しているために具体的な探究の筋道がイメージできていない」，「資料はたくさん集めるが自分なりの関心が焦点づけられていない」といった**個々の子どものニーズに応じて，思い切った目標の取捨選択をする**必要がある。検討会で設定する次の課題については，学年が低い場合は特に，具体的かつ明瞭なもの１つか２つに絞ったほうがいい。たくさんの課題が見つかる場合は，それらを書き並べた上で，短期的な目標を絞り込んでおく。学年があがれば，ある程度長期的な計画を子ども自身に立てさせることもできる。

　学校を訪ねると，このように個別の対話を行う時間はないという声も聞く。そこで，まずグループ活動の時間に教師が**机間指導をしながらグループと対話をする**ことを勧めたい。また検討会を紙面上で行うことも考えられる。ノートに赤ペンで書き込む指導が行われてきたように，**ポートフォリオにも赤ペンで書き込んだり付箋でコメントを貼り付けたりする**指導が考えられる。子どもへの問いかけを書き並べたワークシートであれば，子どもの自己内対話を促すものとなる（ただし，個別・グループ別の検討会を行った教師たちは，やはり直接対話に勝る方法はないと実感している）。どのような形態であれ，まずは教師がポートフォリオを通して子どもの学習における成果と課題を具体的に評価すること，また子どもたちもその実態を自覚した上で次の課題設定をできるような指導を行うことが重要である。

【４】環境を整える

　総合学習の場合は，見落としている点や自分の問題点について**子どもたち自身が気づくよう人との出会いを仕組んだり，環境を整えたりする**ことも，教師の手だてとして用いられる場合も多い。同じことを聞いたとしても，教師から聞くのと当事者から聞くのとでは，子どもにとって全く印象が違う。たとえば，子どもたちが直接妊娠中のお母さんや末期ガン患者さんから話を聞くという実践記録[43]などを読むと，**"本物"の迫力**を感じずにはいられない。総合学習を

指導する上では、子どもをどのような人に出会わせたいかを考え、実際にそのような人を見つける力量も、教師に求められているように思われる。

単元「城山から広がる世界」では、ある子どもがフィールドワークを始めるにあたって「僕は、インタビューをしたい」と書いていた。宮本教諭は次の時間、「それぞれやりたいことができそうかどうか、実際に現地に行って確かめてきましょう」と子どもたちを連れ出した。その日の振り返りにおいて、「インタビューをしたい」と書いていた子どもは、「僕は、何をインタビューしたいんだろう」と書いていた。この指導も、環境を整えることによって子どもに「インタビューをするためには、目的をもつ必要がある」ことを教えた例である。

総合学習は、子ども自身の課題を中心に展開するものである。しかし、子どもが質の良い課題に気づくようになるためには、**最初は問いを見つけやすいような体験を教師から提供する**ことが重要であろう。大テーマの設定は、そのような共通体験を提供するためのものでもある。初めは、ある程度限定された範囲の中から問いを見つける練習をさせる必要があるが、3年目にはかなりの子どもたちに問いを立てる力が身につくことだろう。

---

(1) 佐藤学『教育方法学』岩波書店、1996年、p.24。
(2) 高浦勝義『総合学習の理論・実践・評価』黎明書房、1998年。
(3) 加藤幸次『総合学習の思想と技術』明治図書、1997年。
(4) 堀真一郎『自由学校の設計』黎明書房、1997年。
(5) 高浦、前掲書、p.231。
(6) J・S・ブルーナー（橋爪貞雄訳）「デューイの後にくるもの」『直観・創造・学習』黎明書房、1969年、pp.176-195（原著の初版は1962年）。
(7) J・S・ブルーナー（鈴木祥蔵・佐藤三郎訳）『教育の過程』岩波書店、1963年、pp.15-16（原著の初版は1960年）。
(8) 『中内敏夫著作集』第1巻、藤原書店、1998年、p.104。
(9) 城丸章夫『やさしい教育学 上』あゆみ出版、1978年、p.202。
(10) 田中耕治「今、なぜ総合学習なのか」同他『総合学習とポートフォリオ評価法・入門編』日本標準、1999年、p.16。
(11) 堀、前掲書を参照のこと。

(12) 田中耕治編著『「総合学習」の可能性を問う』(ミネルヴァ書房, 1999年) 参照。
(13) 子安潤「教育課程と総合学習」久田敏彦『共同でつくる総合学習の理論』フォーラム・A, 1999年, pp.53-55。
(14) そのような発想から新教科を立ち上げた例としては, 鳴門教育大学学校教育学部附属中学校『未来総合科で生きる力を育てる』(明治図書, 1997年) を参照のこと。
(15) たとえば, 小松弘幸「ドイツ中等教育における『総合学習』のカリキュラム原理」(日本カリキュラム学会『カリキュラム研究』第11号, 2002年) で紹介されているドイツのマックス・ブラウアー校のカリキュラムを参照されたい。
(16) 田中耕治「領域」天野正輝編『教育課程』明治図書, 1999年, p.53。
(17) 行田稔彦他編著『和光小学校の総合学習』(全3巻) 民衆社, 2000年。同他編著『和光鶴川小学校の計画と実践』(全3巻) 旬報社, 1999年。
(18) 天笠茂他編『総合的な学習への挑戦―豊かな子ども文化をひらく―』教育出版, 1999年。
(19) 拙稿「総合学習」田中耕治編著『新しい教育評価の理論と方法』(第2巻 教科・総合学習編), 日本標準, 2002年, p.217。
(20) 高浦, 前掲書, p.231の図を参照。
(21) 高浦, 前掲書, p.166。
(22) たとえば, 行田稔彦・園田洋一『はじめての総合学習 3・4年』(和光鶴川小学校の計画と実践)(旬報社, 1999年), 奈良女子大学文学部附属小学校学習研究会編『奈良の学習法「総合的な学習」の提案』(明治図書, 1998年)。
(23) 拙稿, 前掲書, p.221。
(24) 『広辞苑』(第5版) 岩波書店, 1999年。
(25) 梅澤実は, 総合学習における指導のポイントとして,「葛藤場面の生成」,「テーマと追究の関連性」を確保する,「素材と学習者との関係」においてリアリティを確保する,「相互交渉」を成立させる, という4点を挙げている。これらは本章で提案している4つの評価の観点(「問題への気づき」「論理的思考力」「実践する力」「協働する力」)を, 教師の指導のポイントとして整理したものといえるだろう(梅澤実「総合学習実践における教師の学力観・授業観の変革―単元設計・実践過程における教師の意思決定分析を通して―」『東京学芸大学教育学部附属実践総合センター研究紀要』第22集, 1998年, pp.1-16)。
(26) 浦安市立美浜北小学校・江黒友美教諭(2003年3月31日現在, 浦安市教育研究センター指導主事)の実践。
(27) 佐藤真は, ポートフォリオ評価法において, 教師の「ティームによる反省的省察」が有効であることを指摘している(佐藤真「ポートフォリオ評価法―実践的方法の開発とそ

の実際―」日本教育方法学会紀要『教育方法学研究』第23巻，1997年，pp.79-87）。
(28) 松下佳代は，「身体的活動として外から直接に観察可能な活動を『外的活動』，直接には観察不可能であり頭（mind）のなかで進行する活動を『内的活動』と」名づけている（松下佳代「授業を創り出す」片山宗二・田中耕治『学びの創造と学校の再生』ミネルヴァ書房，2002年，p.66）。
(29) 稲井悦子「ポートフォリオを工夫する―『フレンドリー北島』―」鳴門教育大学学校教育実践センター教育実践交流分野『あわ教育ネットワーク・実践交流ブックレット』Vol.1，2002年，pp.12-15。
(30) 稲井，前掲論文。
(31) 同上。なお，「運勢ライン」とは，特定の変数（心情，勢力など）の変化を場面ごとにとらえてグラフ化させる方法である。R・ホワイト／R・ガンストン（中山迅他訳）『子どもの学びを探る―知の多様な表現を基底にした教室をめざして―』（東洋館出版社，1995年，第10章）を参照のこと。
(32) 宮本浩子「学び手が育つ評価を求めて」『授業研究21』明治図書，2000年12月号（Vol.38，No.524），pp.21-23。鳴門教育大学学校教育学部附属小学校『総合学習と教科学習の未来を拓く』（明治図書，2001年）も参照されたい。
(33) 大村はま『国語学習記録の指導』（大村はま国語教室　第12巻），筑摩書房，1984年。
(34) 稲井，前掲論文。
(35) 鳴門教育大学学校教育学部附属小学校・宮本浩子教諭（2003年3月31日現在，徳島市福島小学校教諭）による2001年度の実践。
(36) 相模原市立谷口中学校に訪問調査の折に提供していただいた資料（2003年2月28日）。
(37) 相模原市立谷口中学校・関口益友教諭へのインタビュー（2003年2月28日）。
(38) 秋田大学教育文化学部附属小学校『はばたき学習実践のまとめ』（公開研究会配布資料）1999年3月。
(39) 鳴門教育大学学校教育学部附属小学校・宮本浩子教諭による2000年度の実践。
(40) 拙稿，前掲書を参照されたい。
(41) 宮本浩子教諭は，単元「城山から広がる世界」に取り組んだ4年生の子どもたちに，2学期以降は「吉野川」をテーマとした単元を与えた。その単元の締めくくり（3学期）には劇づくりが行われた（2001年度）。
(42) 宮本浩子「自己評価力を育てる検討会」『教育目標・評価学会紀要』第11号，2001年，pp.13-25。
(43) 金森俊朗『性の授業　死の授業』教育史料出版会，1996年。

第3章 Q&A

Q1 総合学習で評価基準を設定することは必要でしょうか？

A1 細密な評価基準で子どもたちの探究の自由度がなくなれば，「楽しくない」総合学習になってしまいます。この危険性は意識しておかなくてはなりません。しかし一方で，総合学習の目標が何かを理解しておかないと，総合学習が空洞化してしまいます。少なくとも，評価の観点については共通理解を図っておくことが重要でしょう。たとえば子どもの発表に対し，教師が「声が大きいかどうか」「割り当てられた時間内に収まっているかどうか」しかコメントしないような状況では困ります。もっと内容に即して発表を評価するための観点を考えてみましょう。たとえば，「調べた過程を通して，課題が焦点化されていっているか」「調べたい内容に即して適切な方法が選ばれているか」「いろいろな人の意見が比較されているか」「教科で学習した内容が活用されているか」といった観点が考えられることでしょう。そのように観点が明らかになったら，発表へのコメントの中でも具体的にどこがよくてどこに改善の余地があるのかを指摘し，子どもたちに伝えていくことが必要です。

Q2 総合学習での「評価の観点」を教えてください。

A2 多くの学校では，課題設定場面，課題追究場面，発表の場面に対応させて，「課題設定力」「課題追究力」「表現力」を見るという整理が行われています。しかし，総合学習でいう問題解決の問題とは，「環境との不均衡の状態」を指しています（高浦勝義）。つまり，どの場面でも一貫して「問題を捉える力」「問いを立てる力」が見られる必要があると私は考えま

す。質がよい「問い」かどうかは、①論理的に考えられているか、②直接体験に基づいているか、③友だちと協力したり友だちの意見を活かしたりして「問い」が設定されているかを見てください。さらに、④子ども自身が、自分の探究についてどう考えているか、つまり子どもの自己評価力にも注目することが大切です。

　なお、指導にあたっては、これらの観点を、子どものパフォーマンスの具体像として捉え直すことが必要になります。たとえば、「友だちと協力する」という観点であれば、「リーダーだけが意見を言って作業を進め、他のメンバーはそれを見ているだけ」の状態よりも、「皆で意見を出し合って、それぞれのいいところを活かした計画を立てる」、「必要なら分担して作業を進める」という状態のほうが優れている、といったようにです。

Q3 総合学習でポートフォリオづくりに取り組んでいますが、毎時間子どものポートフォリオに目を通してコメントするのはとても大変です。

A3 まず、総合学習であれば、子どものポートフォリオ全体に必ずしも毎時間目を通す必要はありません。たとえば、課題設定場面であれば、子どもが探究したい課題を一言で書くようなワークシートを用意しておいて、それだけを通して見れば、クラス全体の傾向ぐらいは把握できるでしょう。できれば子どもたちの課題だけを書き抜いて分類してみると、子どもたちが設定している課題が深いか浅いか、関心の広がりはどの程度かといったことをつかむことができて、次の指導の方針が立ちます。ある程度探究が進んだ場面では、**子どもたちにまず資料を整理させ、教師に見せたい資料とその理由を書かせる**という方法も考えられます。また、ポートフォリオを預かって目を通すよりも、**子どもに直接説明してもらう機会を作ったほうが効率的かつ効果的**です。そのような検討会を1学期に最低1回行いつつ、特に気になる子どもについては調べ活動の合間などに指導するとよいでしょう。

第4章
教科教育と基準準拠型ポートフォリオ
―目標と評価法の対応関係を踏まえて―

　各教科で観点別に目標準拠評価を行うためには、まず、学力の種類によって適切な評価法を（時間的な制約も考慮しつつ）選ぶことが重要である。思考力、判断力、表現力などの評価には、パフォーマンス課題による評価が適している。学力評価の見通しを立てる上で、基準準拠型ポートフォリオが役立つ。

　パフォーマンス課題は従来も技能系教科で用いられてきたが、他の教科でも幅広い学力を保障するために取り入れたい。パフォーマンス課題の評価基準表すなわちルーブリックは、多様な学力をできるだけ適切に評価しようとするものであり、目標に準拠しつつ個人内評価を織り込める評価基準の記述形式でもある。初めは仮に作成し、事例を集めて改善を重ねていく。

　「関心・意欲・態度」の評価は、何をどんな方法で評価するかなど様々な問題がある。形成的評価に用いるのはよいが、「評定」に含めるべきかどうかについては意見が分かれる。

1．目標準拠評価と基準準拠型ポートフォリオ

【1】目標準拠評価の導入に伴う課題と基準準拠型ポートフォリオ

　2002年4月からの指導要録においては、目標準拠評価が本格的に実施されている。第1章で述べたとおり目標準拠評価の導入自体は、教育的に見てきわめて意義深いものである。しかしながら、多くの現場では長年相対評価を中心に評価を行ってきたため準備が整っておらず、様々な混乱が見られるのも事実

である。そこで，第4章と第5章では次のような諸課題について考えたい。
① 指導要録の観点「関心・意欲・態度」「思考・判断」「技能・表現」などを，どのような評価法を用いて評価すればよいか？
② 各観点に対応する評価基準をどう作ればいいのか？
③ 形成的評価と総括的評価とはどう関係づければいいのか？
④ 教科の総合評定は，各観点での評定をどう総合すればいいのか？
⑤ 個人内評価をどう取り入れればいいのか？
⑥ 子どもによる自己評価をどう位置づければいいのか？

　これらに加え，目標準拠評価を扱う上での条件整備の問題も考慮する必要がある。これに関連して，第5章の【付論2】では目標づくりのシステムについてふれておきたい。
　基準準拠型ポートフォリオは，これらの諸課題に対応するためにも用いることができる。本章では，まず学力の種類と評価法の対応関係を確認する。その上で，応用する力や分析・総合する力といった学力を評価するのに適切な方法として，パフォーマンス課題（作品づくりによる評価や実技試験など）とルーブリック（評価指標）に焦点を当てる。パフォーマンス課題は，基準準拠型ポートフォリオに収める作品のイメージの幅を広げてくれるだろう。

【2】学力の種類と評価法の対応関係――学力の種類に適した評価法を選ぶ

　近年，アメリカの教育評価論者たちは，**学力の種類によって評価法を選ぶ必要性**を論じている。

(1) スティギンズ（R.Stiggins）の場合

　表1[1]は，この点に関するスティギンズの主張を，筆者が表にまとめたものである。スティギンズは，「学力目標」（achievement targets）を，「知識・理解」（knowledge and understanding），「推論」（reasoning），「実演スキル」（performance skills），「完成作品」（products），「態度の傾向性」（disposition）に分類し，次のように説明している[2]。

- 「知識」：事実・概念・関係・原理を習得することと，それらを必要に応じて

引き出すことの両方を含む。また，個々の知識はバラバラに習得されているのではなく，構造的に関連づけられている。
- 「理解」：知識が，理論―原理―概念―トピック―個々の事実といったように階層的に整理されている構造を把握すること。
- 「推論」：物事を見抜いたり，問題を解決したりするために，知識や理解を使うこと。たとえば，分析する，比較する，帰納的・演繹的に推論する，対立する見解を評価するといったことが含まれる。
- 「実演スキル」：子どもが一定の行動をとることができることを示す能力のこと。
- 「完成作品」：実際には完成作品を創出する力。
- 「態度の傾向性」：ある対象に対する態度・価値観・興味や，学習に関わる自己イメージを指す。特定の対象について肯定的な態度をもっているか否定的な態度をもっているか，またその傾向が強いか弱いかといった観点で捉えられる。

表1　スティギンズによる学力の種類と評価法の対応関係

(Stiggins (2001) の主旨を筆者が表にまとめた)

◎とても適している，○適している，△問題点があるが不可能ではない，×適さない

学力の種類 \ 評価法	選択回答評価（「客観テスト」）	エッセイ評価（自由記述問題）	パフォーマンス評価（パフォーマンス課題）	本人とのコミュニケーション（観察や対話）
知識・理解	◎	○	×	△（*3）
推論	○	◎	◎	○
実演スキル	×（*1）	×（*1）	◎	△（*4）
完成作品	×（*1）	×（*1）	◎	△
態度の傾向性	○（*2）	○	○	○

（*1）前提知識を問うのには適している。
（*2）通常のテストではなく，アンケート調査などをイメージされたい。
（*3）時間がかかるのが難点である。
（*4）特に口頭での実演に対して優れている。

スティギンズによる学力目標の分類は，日本の指導要録において多くの教科で採用されている4つの観点との類似点も多く，参考になる。「知識・理解」

「推論」「実演スキル」「態度の傾向性」は，それぞれ「知識・理解」「思考・判断」「技能・表現」「関心・意欲・態度」にほぼ対応すると考えてよいだろう（ただしスティギンズは，「態度の傾向性」については子どもの成績として評価することを否定している。その理由と「関心・意欲・態度」という観点の扱い方の詳細については本章の4.を参照）。「完成作品」は様々な種類の学力が複合的に発揮されている場合に焦点を合わせている点で，実用的である。

一方，評価法の種類について見ると，次のようになる。（第2章65ページの表2も参照）

①**選択回答評価**（selected response assessment）：多肢選択問題，正誤問題，順序問題，組み合わせ問題，**穴埋め問題**が含まれる。正解か不正解かの二区分で採点できる方法であり，旧来「客観テスト」と呼ばれてきた。しかしスティギンズは，「客観テスト」の保障する客観性は採点の部分のみであるため，この用語を避けている。

【穴埋め問題】
「石灰水を使うと，何という気体を調べることができますか。答〔　　〕」，「国連の安全保障理事会の表決において，常任理事国は〔　　〕を行使することができる」といったように，記憶を再生して用語を空白に記入する形式の問題です。回答を子どもに書かせるので，日本ではこれも記述式といわれることが多いのですが，知識を問うものであり，自由記述問題とは性質が異なります。

②**エッセイ評価**（essay assessment）：自由記述問題を指している。
③**パフォーマンス評価**（performance assessment）：完成作品の評価や実演の評価，つまりパフォーマンス課題による評価。
④**本人とのコミュニケーション**（personal communication）：日常的に行われる観察や対話による評価。

● 能力概念と領域概念

実は，評価の観点の定め方には，**能力概念**と**領域概念**の2種類がある[3]。従来の到達度評価論においては教育目標を領域概念，つまり内容の系統性に即して整理する傾向が強かったのに対し，スティギンズが「学力目標」として分類しているのは，**能力概念によって捉えられた教育目標＝学力**である。到達度評

価論において，能力概念から目標を検討したのは学力モデル論（第1章の2.参照）であったが，そこには学力を特定の文脈で発揮される力として見るというよりもそれ自体として分析しようとする傾向が強く見られた。しかし実際には，「高次の学力」（思考力・判断力・応用力）は「知識・理解」に基づいているため両者を切り離すことが難しく，結局のところ「知識・理解」が優先され，「高次の学力」が後回しにされがちとなった。それに対しスティギンズによる「学力目標」

> 【能力概念と領域概念】
> 　日本の学習指導要領（→p.95）では，「生物とその環境」（理科），「我が国の産業の様子」（社会科）といったように，領域概念に重点を置いた形で目標が規定されています。一方，指導要録（→p.20）の「観点別学習状況」欄では，「社会的事象への関心・意欲・態度」「科学的な思考」「数量や図形についての表現・処理」といったように，主に能力概念が用いられています。

の分類は，**どのようなパフォーマンスが見られればどの種類の学力が身についていると考えられるのか**という発想に基づいており，幅広い学力を評価しようと思うなら多様なパフォーマンスを求めることが有効なのだと気づかせてくれる。

　現行の指導要録では，各教科で複数の観点から学力評価を行うことが求められている。様々な種類の学力を評価しようとすれば，**表1**に示されたように，多様な評価法を採ることを考えなくてはならない。

(2) ウィギンズとマクタイ（J.McTighe）の場合

　一方，次ページの**図1**は，ウィギンズとマクタイによる整理である[4]。この図においても，教育内容のレベルに応じて用いられる評価法の種類が異なることが示されている。したがって，**評価したい内容に応じて，適した評価法を選ぶべきだ**と主張されている。

　ウィギンズとマクタイはまず，教育内容を，「知っておく価値がある」もの，「重要な知識とスキル」，「『永続的な』理解」が必要なもの，という3つのレベルに分類することを提唱している。ここでいう「理解」とは，応用・総合などの高次の学力であり[5]，文脈に応じて知識やスキルを洗練されたやり方で柔

図1　ウィギンズとマクタイによる「カリキュラム上の優先事項と評価法」の対応関係
(Wiggins & McTighe, 1998)

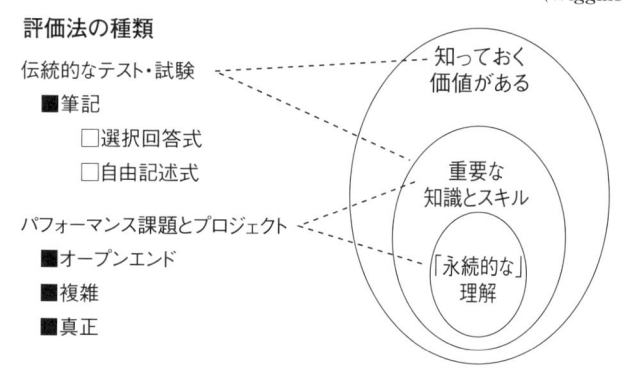

評価法の種類
伝統的なテスト・試験
■筆記
　□選択回答式
　□自由記述式

パフォーマンス課題とプロジェクト
■オープンエンド
■複雑
■真正

（楕円図：知っておく価値がある／重要な知識とスキル／「永続的な」理解）

軟に使う力である[6]。スティギンズの分類でいえば，推論や完成作品にあたるだろう。このように，これまで重視されていた知識の暗記・再生とは異なる種類の学力が位置づけられていることは，第1章（29～31ページ）で紹介した構成主義的学習観や「真正の評価」論からの影響の表れである。

　この図における3つの楕円は，「理解」（思考力や応用力）を保障しようとすれば，対応して扱える範囲はより狭いものになることを示している。スティギンズもふれていたとおり，知識は一定の階層構造をもっている。すなわち，**理論・原理・概念**などは，トピックや事実などよりも上位にあり，汎用性が高い。そこで彼らはそういった本質的な内容を絞り込んで扱うことが重要だと考えている。また時間的な制約からいっても，教師は，あらゆる内容を同じように深く扱うことはできない。したがって，**教育目標を明確にする際には，まず深く扱う内容を絞り込まなくてはならない**のである。

　さらに，内容を深く扱うとはどういうことかが，対応する評価法を示すことによって明らかにされている。この点は，第5章で述べる学力評価計画作りにおいて大変重要になるポイントである。そこで再び論じたい。

【3】ポートフォリオを活用する意義

　以上のことから明らかなように，**応用する力や分析・総合する力**といった

わゆる「高次の学力」を保障し，そのための評価を行うためには，様々な評価法を組み合わせて用いる必要がある。その際に役立つのが，「基準準拠型ポートフォリオ」である。基準準拠型ポートフォリオを用いる場合には，**評価対象となるパフォーマンスの種類や数，評価基準があらかじめ明示される**。

　表2は，基準準拠型ポートフォリオがどのように採点されるかの一例である[7]。このポートフォリオは，タスクやチャレンジのほかに，筆記テストも含んでいる。テストのうち選択回答式の部分は正誤を区別する二分法的な採点がなされ，テストのうちの自由記述問題，チャレンジ，タスクについてはルーブリックに基づいて採点されることになるだろう（ルーブリックの詳細については後述する）。それぞれについて，合格すれば単位が与えられる。

表2　基準準拠型ポートフォリオの要件例－CLASSの「アンソロジー」の場合（見本）
(Wiggins, 1998)

＊「アンソロジー」とは，CLASS[8]というNGOがポートフォリオに名づけた名前である。

[評価法と必要な単位] 能　力	必要な単位 (credit)	タスク (tasks) [総合的なパフォーマンス課題]	テスト (tests)	チャレンジ (challenges) [オープンエンドの記述問題]	単位数
生徒名：ジョン・ドー					
コミュニケーション	25	9	4	12	25
数の使用	20	7	7	7	21
情報処理	20	10	8	2	20
チームワーク	10	8		2	10
問題解決	15	11	4	4	19
技術の使用	15	6	4	5	15
単位：小計		51	27	32	110
ポートフォリオの妥当性	5				5
単位：合計					115
求められる幅		45-55	20-27	25-35	
必要とされる合計	110				110

　なお，この例ではポートフォリオの中にテストも収められているが，学力評価計画については，筆記試験とポートフォリオに収めるべき作品群とに二分割して示す場合もある。第2章の表2（65ページ）において筆者が「完成作品」や「プロジェクト」の欄にも「（ポートフォリオ）」と入れたのは，そのような実態を受けてのことである。また第2章で述べたとおり，ポートフォリオの

評価対象となる学習の範囲は様々に設定されうる。

基準準拠型ポートフォリオでは、それぞれのカテゴリーについて、**最も高得点を獲得する作品のみが収められる**。学習を深める過程では試行錯誤が求められるが、この方法であれば子どもに「失敗する機会」も保障されることになる。また、最も良質の作品のみを残せばパーマネント・ポートフォリオが大きくなりすぎることもない。表2において「ポートフォリオの妥当性」としてさらに5単位が与えられているのは、作品を集めたポートフォリオ全体を採点したものである。タスク、テスト、チャレンジのそれぞれについて、求められている幅の単位が獲得され、さらに全体としても必要な単位数を獲得すれば、合格となる。

この例は、カリキュラム横断的に評価される能力についての評価基準を示したものである。**目標準拠評価を行うにあたっては、①教科ごとに基準準拠型ポートフォリオを用意するとともに、②そのポートフォリオにどんな学力獲得の証拠を残すかを決めておくことが有効である**。このとき、パフォーマンス課題を証拠として指定すれば、各教科で評価対象となる学力の幅が広がる[9]。そこで次に、パフォーマンス課題とその採点指針であるルーブリックについて、詳しく扱いたい。

2. パフォーマンス課題

【1】パフォーマンス課題の実例

パフォーマンス課題とは、子どもが**実際に特定の活動を行い**、それを評価者が観察し、学力が表現されているかどうかを評価するものである。パフォーマンス課題による評価は、今までも芸術や体育などで用いられてきたが、実際には**すべての教科**で取り入れることができる。

たとえば、国語では「『ごんぎつね』の中で、登場人物の気持ちの変化が一番よく表れている場面を選んで朗読し、テープに録音しなさい」、数学では「ビー玉工場で仕事をすることになりました。あなたの仕事は、与えられた厚

紙を使って，できあがったビー玉を一番たくさん運べる容器をデザインすることです。容積が最大になるデザインを考えて，発表しなさい」，社会では「江戸時代と明治時代を比べて，日本の社会は変わったと言えるでしょうか？　教科書と資料集を用いて，レポートを書きなさい」といった課題が考えられるだろう。

　資料1は，ウィギンズが作成した教員研修用ビデオで紹介されているパフォーマンス課題の実例である[10]。課題①「朗読テープを作る」では，朗読に関わる知識や技能が明瞭に捉えられ，評価の手順も定式化されている。また，録音テープという形で，朗読する力の直接的な記録が残るようになっている。課題②「M＆Mの包装問題」は，数学の知識が現実の生活場面で活用される文脈をシミュレーションしている（第7学年は中学校1年生に相当する）。これは

資料1　パフォーマンス課題の例（CLASS, 1998）

---

①朗読テープを作る（読書，第1学年）
　児童は，次のことをするよう求められる。
1．ひとりで読める適当なレベルの本を選ぶ。
2．私自身［教師］か親による面談で，選ばれたテキストで，朗読する際表情豊かに読むことができると思う理由を述べる――つまり，登場人物の気持ちの変化，使われている文字の大きさの変化，句読法の種類について述べる。
3．録音する時に気をつけなくてはならない声の調子の変化（感情を示す言葉で定義されたもの）を書き込む。
4．朗読をテープに録音し，次に間違いがないか聞きながら点検し，必要であれば再録する。

②M＆Mの包装問題（数学，第7学年）
　　あなたは，M＆M会社の包装部にあるたくさんの，2～3人で構成されているグループの一つにいると想像してください。製造業者は当然，包装にかかる費用を**最低限**に抑え，安全で効率的に包装され輸送される量を**最大限**にしたいと考えます。輸送部の監督は，輸送のための一番安い材料は，平らな，長方形の厚紙であることを発見しました（あなたが与えられた厚紙です）。彼女は，包装部のワーキング・グループのそれぞれに，次の問題を解くのを手伝ってほしいと頼んでいます。
　　与えられた材料から作られた，どのような容器（完全に閉じたもの）が，
　　最も大きい体積のM&Mを安全で経済的に輸送することができるだろうか？
a）会社の重役に，あなたのグループの容器のデザインが，形からいっても寸法からいっても，体積を最大にできることを証明しなさい。［中略。筆記によるレポートと，口頭による3分間のプレゼンテーションが求められている。］
b）厚紙を使って，問題を解くと思う形と大きさのモデルを単数（または複数）作りなさい。

第1章で紹介した「真正の評価」の考え方を反映した課題の一例といえる。（ウィギンズは、「真正の評価」を行う際には、実際に現実の文脈の中で力を発揮することを求める場合と、シミュレーションされた文脈を作り出す場合があると述べている[11]。）

イギリスの中等教育においてもパフォーマンス課題は多く取り入れられている。**資料2**は、イギリスのある中等学校で実際に歴史の教師が第8学年（中学校2年生に相当）の生徒に与えたパフォーマンス課題の例である[12]。この例

資料2　イギリスのある中等学校での歴史の課題の例（イギリスのクーム女子中等学校の提供）

歴史の課題　第8学年
1060年代〜1500年代におけるイングランドの変化

　あなたは、年代学（chronology）の歴史的スキルについて採点されます。
　この作品については、1060年のイングランドと1500年のイングランドを比べて、詳しい答え（少なくとも本の1ページ分）を書くよう求められます。
イングランドは本当に変わったのでしょうか？
　あなたは『対照と関連』（第7学年の本）のpp.66-67と、『変化する社会』（第8学年の本）のpp.2-3を利用することができます。第7学年で学習したことを使ったりその他の調査を行ってもよろしい。

レベル	これを達成するためにしなくてはならないこと
6	私は、二つの時期について、多数の観点からみて、バランスの取れた構造化された答えを作る。私は、英国がどれぐらい本当に変わったかについてどう考えるかを、詳しく結論づけることができる。
5	私は、（国と社会の仕組みを見つつ）二つの時期の関連、類似点と相違点を示しながら、詳しい複数の段落を書くことができる。私は、自分自身の調査や、追加の情報を用いるかもしれない。
4	私は詳しい答えを書き、そこに二つの時期の相違点と類似点をいくつか示すことができる。
3	私は、二つの時期の特徴のいくつかを、詳しい文章で描くことができる。
2	私は、1060年代と1500年代について、数文を書くことができる。

努力

次の目標

が示すように，**典型的なパフォーマンス課題では，点数と求められるパフォーマンスの質の対応関係を示した採点指針（ルーブリック）が明示されている**。このルーブリックは，ナショナル・カリキュラムを生徒たちにわかりやすいように簡略化して教師が示したものである。（この例を見てわかるように，筆記試験の自由記述問題と筆記によるパフォーマンス課題は，実際には区別が明確ではない。ウィギンズとマクタイは，両者をあわせてプロンプト（prompt：「何らかの行動を促す刺激」の意）と呼んでいる。)

【ルーブリック】
　パフォーマンスは実に多様な状態を示すので，○か×によって評価することができません。そこでパフォーマンスがどの程度成功しているかを数段階に分けて採点します。そのような評価基準を示した採点指針をルーブリック（評価指標）といいます。ルーブリックには，通常各段階にあてはまる典型的なパフォーマンス事例を添付して，評価基準が指し示す中身を具体的に明示します。

【2】パフォーマンス課題の作り方

パフォーマンス課題を作り，実施する際の手順を，**資料3**[13]に示す。

資料3　パフォーマンス課題の作成・実施の手順（Stiggins（2001）の主旨を筆者がまとめた）

---
①目的，使い手，利用法を考える。
②対象となるパフォーマンスを定義する。
　・パフォーマンスのタイプ：
　　活動の過程を観察するのか，結果（完成作品）を評価するのか，あるいは両方か
　　個人のパフォーマンスか，グループのパフォーマンスか
　　フォーマル（構造化された試験）か，インフォーマル（日常的な活動）か
　・求めているパフォーマンスの質：評価基準（ルーブリック）
③次の3点を明示したパフォーマンス課題を考案する。
　・求めているパフォーマンスの種類
　・パフォーマンスが行われる文脈や条件
　・評価基準
④課題を実施し，事例を収集する。
⑤子どものパフォーマンスを評価するとともに，必要に応じて課題を改善する。

【スタンダード】

　評価基準の一種であり，社会的に共通理解されている水準のことです。そのため，「標準」と訳されることもあります。たとえば「オリンピック級」といえばだいたいどの水準を指すかが，社会通念で認められています。学習指導要領も，各学年で求められる水準を明文化したものだという点で，一つのスタンダードです。

　これに対し，評価基準は，社会的に共通理解される前のものも含みます（ルーブリックは，評価基準の記述形式を指す用語です）。今後は，各学校で設定された評価基準（ルーブリック）をつき合わせる中で，学校を越えて評価基準の水準をそろえることが必要です。

事例についてはできるだけたくさん集めるほうがよいことはいうまでもないが，パフォーマンス課題には時間がかかるのも事実である。単元・学期・学年を通して，どれだけの種類のパフォーマンスをいくつ集めるかについて見通しをたてておく必要がある。その際，基準準拠型ポートフォリオに収集すべき内容物を規定する形で考えると（たとえば，筆記試験6枚，レポート2つ，実技試験の結果を示す評価票2枚…といったように），見通しを教師と子どもが共有することが可能となる。また，ポートフォリオに具体的な作品が残ることは，学級間や学校を越えて**スタンダード**を明らかにする研究を進めたり，保護者などへの説明責任を果たす上でも意義深い。

3．ルーブリック作成の手順のポイント

【1】ルーブリックとは何か

　選択回答式の筆記試験では○か×で採点を行うことができる。しかしそれ以外の評価法（つまり「パフォーマンスに基づく評価」）を用いる場合には，子どものパフォーマンスの成功の度合いには幅がある。ルーブリックとは，そのような場合に用いられる採点指針のことである。ここではルーブリックについて，主としてウィギンズの著書[14]に依拠しながら詳しく見てみよう。まず，典型的なルーブリックを，**資料4**[15]と**資料5**[16]に示した。

　これらの例でわかるように，典型的なルーブリック（評価指標）は，成功の

資料4　口頭発表のルーブリック (Wiggins, 1998)

5 — すばらしい	生徒は，探究した課題を明瞭に述べ，その重要性について確かな理由を提示する。導き出され，提示された結論を支持する具体的な情報が提示される。話し方は人をひきつけるものであり，文章の構成は常に正しい。アイ・コンタクトがなされ，発表の間中維持される。準備をしたこと，組織立てたこと，トピックに熱心に取り込んだことについての強い証拠が見られる。視覚的な補助資料が，発表を最も効果的にするように用いられる。聞き手からの質問には，具体的で適切な情報で，明瞭に返答する。
4 — とても良い	生徒は，探究した課題とその重要性を述べる。導き出され，提示された結論を支持する適切な量の情報が与えられる。話し方や文章の構成は，ほぼ正しい。準備をし，組織立てたという証拠，および熱心にトピックに取り組んだという証拠が見られる。視覚的な補助資料に言及し，用いる。聞き手からの質問には，明瞭に答える。
3 — 良い	生徒は，探究した課題と結論を述べるが，それを支持する情報は4や5ほど説得力のあるものではない。話し方や文章の構成は，ほぼ正しい。準備したり組織立てたりしたという証拠がいくつか見受けられる。視覚的な補助資料についての言及がある。聞き手からの質問に返答する。
2 — さらに努力を要する	生徒は探究した課題を述べるが，完全ではない。課題に答える結論は与えられない。話し方や文章は理解できるものの，いくつかの間違いがある。準備したり組織立てたりしたという証拠が見られない。視覚的な補助資料に言及したりしなかったりする。聞き手からの質問には，最も基本的な返答しか返ってこない。
1 — 不十分	生徒は，課題やその重要性を提示することなしに発表する。トピックは不明瞭で，適切な結論も述べられない。話し方はわかりにくい。準備をした様子はなく，組織立ってもいない。聞き手からの質問に対して，最も基本的な返答しか与えないか，全く返答しない。
0	口頭発表は行われなかった。

度合いを示す数段階程度の尺度と，尺度に示された評点・評語のそれぞれに対応するパフォーマンスの特徴を記した記述語（descriptor）から成る評価基準表である。

- **尺度**：評点で示されることが多いが，優・良・可・不可といった評語が用いられることもある。
- **記述語**：パフォーマンスの質のレベルを規定する基準（criteria）を示すものであり，場合によっては徴候（indicators）を含む。
- **徴候**：評価される特定のパフォーマンスに典型的な行動や形跡。基準が満たされた状況を具体的に示す特徴の例である。たとえば，「人をひきつけるような話し方ができる」という基準に対する徴候は，「アイ・コンタクトを取る」「快活な声で話す」「聴衆や文脈に合わせて物語やユーモアを用いる」

資料5　5年生理科の実験に関するルーブリック（Wiggins, 1998）

	実験計画		科学的な結果
4	児童が問題を分析し，思慮深い実験を独力で計画し実施したことを，実験計画は示す。	4	パンフレット［実験レポートにあたるもの］が説明した問題への解決は，納得のいく明瞭なものであった。他の情報源や他の実験からの情報も，説明の中で用いられた。
3	児童は明らかな変数を統制した実験を実施しており，科学的な過程の基本的な考えを把握していることを，実験計画は示す。	3	児童が結果を理解し，どうそれを説明すればよいかを知っていることを，パンフレットは示した。
2	児童は，科学的な過程の基本的な考えを把握しているが，明らかな変数を統制するのに，いくらか助けを必要とすることを，実験計画は示す。	2	パンフレットは実験結果を示した。到達した結論は不完全であったか，または質問されてはじめて説明された。
1	児童は，教師からかなりの援助を与えられたときに実験を実施することができることを，実験計画は示す。	1	パンフレットは実験結果を示した。導き出された結論がなかったり，不完全だったり，混乱していたりした。
	データ収集		言葉の表現
4	データは，実験結果を正確に反映する整理されたやり方で収集され，記録された。	4	口頭発表では，研究によって支持されうるような，明瞭に定義された観点が示された。ジェスチャー，声，アイ・コンタクトだけでなく，聞き手の興味も配慮された。
3	データは，実験結果を表現する可能性が高いようなやり方で記録された。	3	口頭発表は実験結果を用いるものであったが，大人の援助がいくらかあって用意された。口頭発表は論理的であり，意味を明確にするためにジェスチャー，声，アイ・コンタクトが用いられた。
2	データは，混乱したやり方で記録されたか，または教師の援助があるときにのみ記録された。	2	口頭発表は，大人からの積極的な指導の後行われた。ジェスチャー，声，アイ・コンタクトにいくらか配慮があった。
1	データは，不完全で無計画なやり方で記録されたか，または教師がかなり援助した後でのみ記録された。	1	口頭発表は，大人からの積極的な指導があってはじめて行われた。

といったものになる。

　なお，ルーブリックには，それぞれの点数の特徴を示す典型的な作品例（パフォーマンス事例），すなわち**アンカー**（anchor）が添付されていることも多い。記述語の内容を具体例で示すことによって，採点は一層容易になる。

　ルーブリックを用いれば，**より幅広い学力についても客観的な尺度と照らし合わせて評価する**ことが可能となる。また，子どもの習熟度に違いがある場合

には，それぞれの子どもが**自分の習熟度に応じて一ランク上を目指す**ことができる。つまり，**ルーブリックは，到達目標を明確に設定しつつ個人内評価を織り込むことができる**形式といえよう。

【2】ルーブリックの種類

　ルーブリックは次の3つの観点から分類できる。ルーブリックの作成にあたっては，それぞれの長所・短所を考慮して，どのタイプのルーブリックが最適かを考えることが必要となる。

(1) あるパフォーマンスについて評価する際，**単一の尺度で行うか，観点別に分析するか。**

　パフォーマンス全体について単一の，一般的な記述語をもつもの（**資料4**）を「**全体的なルーブリック**」（holistic rubric）といい，パフォーマンスのそれぞれの側面について分析し，複数のルーブリックをもつもの（**資料5**）を「**観点別のルーブリック**」（analytic-trait rubrics）という。「全体的なルーブリック」は一つの記述語に様々な観点を含むため，つけるべき点数が明確にならない場合がある。個々の評価者が異なる観点を重視する場合があるため，信頼性も下がる。一方，「観点別のルーブリック」であまり観点を分けすぎると，煩雑さが増し，使いにくいものとなってしまう。当面は相互に独立した評価の観点があらかじめわかっている場合は「観点別のルーブリック」，明瞭に観点が区別できない場合は「全体的なルーブリック」を作る形で始めることができるだろう。

(2) **様々な課題に用いられうる幅広い基準を扱うものか，特化された基準を示すものか。**

　特定の課題について引き出された特有の，特化された基準を示すものを「**特定課題のルーブリック**」（task-specific rubric）と呼ぶ。教科内容に関連した知識やスキル（例：口述による歴史の報告，数学的な論証）を扱うものは，「**特定教科のルーブリック**」（subject-specific rubric）という。論説文，口頭発表，物語，図表など，特定のジャンルのパフォーマンスに用いられるのが，「**特定**

資料6　イギリスの1995年版ナショナル・カリキュラムにおける到達レベル（歴史科）（鋒山泰弘, 1998）

レベル1
生徒は自分自身の生活や他の人々の生活における過去と現在の区別を認識することができる。少数の出来事や物事を時代順に並べたり，時間の経過に関する日常用語を使うことによって，時代認識の萌芽を示す。過去についての物語から，エピソードを知り，語る。過去についての問題に対して，情報源を使って答えようとし始める。

レベル2
生徒は，時間の経過に関する用語を使い，出来事や物を系統的に整理し，自分たちの生活の諸側面と過去を区別することによって，時代認識の発達を示す。自分の生活の記憶を越えた過去の諸側面や，学習した主な出来事や人々のいくつかの点について，事実的知識と理解を示す。過去の人々がしたことについて，理由があることを認識し始める。過去が表現されるいくつかの異なる様式を確認し始める。簡単な観察にもとづいたり，情報源を使って，過去についての問題に答える。

レベル3
生徒は，過去は異なる時代に区分できるということを次第に意識し，各時代の間には類似性と相違があることを認識し，年号と用語を使うことによって時代認識を示す。キーステージ2あるいはキーステージ3の学習プログラムから，主要な出来事，人々，変化のいくつかについて，事実的知識と理解を示す。主要な出来事と変化について，いくつかの理由と結果を提示し始める。過去が表現されるいくつかの異なる様式を確認する。簡単な観察を越えたやり方で，情報源を使うことによって，過去に関する問題の答えをみつける。

レベル4
キーステージ2あるいはキーステージ3の学習プログラムから，英国と他の国々の諸側面に関して，事実的知識と理解を示す。過去についての特徴を記述し，一つの時代の中で，あるいは複数の時代にわたって変化を確認するために，それらの事実的知識と理解を使う。主要な出来事，人々，変化のいくつかについて記述する。主要な出来事と変化に関していくつかの理由と結果を提示する。過去のいくつかの側面が，いかに異なったかたちで，表現され，解釈されてきたかを示す。資料からの知識を選択し，結びつけ始める。適切な年号と用語を使い，まとまった学習成果を生み出し始める。

レベル5
キーステージ2あるいはキーステージ3の学習プログラムから，英国と他の国々の諸側面に関して，しだいに深い事実的知識と理解を示す。過去の社会と時代の諸特徴を記述し，結びつける。いくつかの出来事や変化は異なったやり方で解釈されてきたことがわかり，その考え得る理由を提示する。自分の知識と理解を活用することによって，情報源を評価し，特定の課題に役に立つ情報源を確認し始める。適切な年号と用語を使いながら，まとまった学習成果を生み出すために知識を選択し，まとめる。

レベル6
過去の社会と時代の諸特徴を記述し，ある時代の中で，あるいは複数の時代にわたって諸特徴を結びつけるために，キーステージ3の学習プログラムから導かれた，英国と他の国々の歴史に関しての事実的知識と理解を活用する。出来事，人々，変化に関する異なる歴史的諸解釈を記述し，説明し始める。自分の知識と理解を活用することによって，情報源を確認し，評価する。そして，結論を導いて，それを支えるために，その情報源を批判的に活用する。適切な年号と用語を使いながら，まとまった学習成果を生み出すために関連する知識を選択し，まとめ，活用する。

レベル7
生徒は，自分の概略とキーステージ3の学習プログラムから導かれた，英国と他の国々の歴史に関しての詳しい事実的知識と理解を結びつける。それを活用して，特定の時代や社会の諸特徴の間の関係を分析する。出来事と変化の理由と結果を分析する。異なる歴史的諸解釈が，いかに，なぜ，生み出されてきたのか説明する。探究の道筋をたどり，自分の知識と理解を活用することによって，情報源を批判的に確認し，評価し，活用し，独立した学習者であることを示し始める。詳しく具体化された結論を独力で導き始める。適切な年号と用語を使いながら，よくまとまったストーリー，記述，説明を生み出すために，関連する知識を選択し，まとめ，活用する。

レベル8
生徒は，自分の概略とキーステージ3の学習プログラムから導かれた，英国と他の国々の歴史に関しての詳しい事実的知識と理解を活用して，出来事，人々，変化の関係や，過去の社会の諸特徴の関係を分析する。出来事と変化の理由と結果についての説明と分析が，より広い歴史的文脈の中に位置づけられる。異なる歴史的諸解釈を分析し，説明する。そして，それらを評価し始める。自分の歴史的知識と理解に依拠しながら，情報源を批判的に活用し，歴史的題材についての探究を実行し，詳しく具体化された結論に独力で到達する。適切な年号と用語を使いながら，一貫性のある，よくまとまったストーリー，記述，説明を生み出すために，関連する知識を選択し，まとめ，活用する。

特別すぐれた達成
生徒は，キーステージ3の学習プログラムから導かれた，英国と他の国々の歴史に関しての詳しい事実的知識と理解を活用して，広範な出来事，人々，考え方，変化の関係や，過去の社会の諸特徴の関係を分析する。出来事と変化の理由と結果についての説明と分析が，より具体化されており，より広い歴史的文脈の中に位置づけられる。異なる国々，異なる時代に起こった出来事や発展の結びつきを分析する。歴史的出来事や発展についての異なる歴史的諸解釈の価値について，歴史的文脈に関連させながら，バランスのとれた判断をする。自分の歴史的知識と理解に依拠しながら，情報源を批判的に活用し，歴史的題材についての探究を実行し，詳しく具体化されたバランスのとれた結論に独力で到達し，それを維持する。適切な年号と用語を使いながら，一貫性のある，よくまとまったストーリー，記述，説明を生み出すために，関連する知識を選択し，まとめ，活用する。

ジャンルのルーブリック」(genre-specific rubric) である。最後に，「**一般的なルーブリック**」(generic rubric) は，「説得力に富む」「正確である」といった，多種類のパフォーマンスを対象に適用できるものである。「特定課題のルーブリック」のほうが信頼性は高いが，「一般的なルーブリック」のほうが煩雑さは少ない。したがって，「観点別のルーブリック」の一般的なものを基本にして，特定の課題における特有の基準については追加の基準を用いるのが望ましいと，ウィギンズは述べている。

資料7　イギリスのナショナル・カリキュラムの到達レベルと年齢の対応関係（DES, 1988）

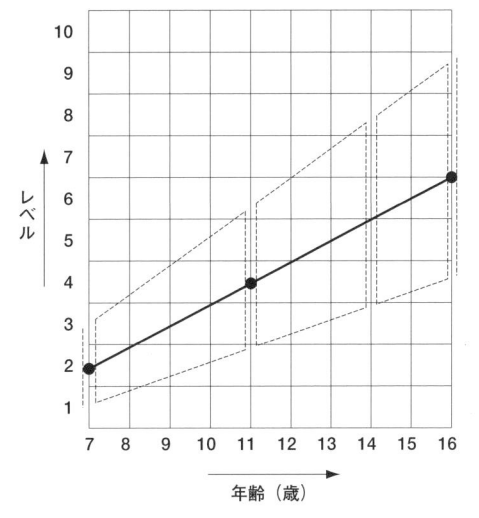

(3) ルーブリックが特定場面に対応するものか，長期的な進歩を示すものか。

　資料4や資料5のルーブリックは，特定の課題・内容・文脈に対応してその詳細を記述する「特定場面のルーブリック」(event-related rubric) である。「**特定場面のルーブリック**」が蓄積され，総合されていく中で，学年を越えて長期にわたる成長を描き出す「**発達的／長期的なルーブリック**」(developmental/longitudinal rubric) が作られる。イギリスのナショナル・カリキュラムにおいて各教科の到達レベル（attainment levels）は，この形で示されている（**資料6**[17])。なおここでは，到達レベルと年齢とが必ずしも一対一の対応関係になっていない（**資料7**[18])。つまり，同一年齢であっても異なる到達レベルを目指して学習が行われることを前提としているのである。

【3】ルーブリック作り
(1)「特定課題のルーブリック」の作り方
　これまで筆者が目にした範囲では，ルーブリック作りの手順としては4種類

資料8　ルーブリック作りの手順

手順1（Wiggins, 1998）

① 試行（pilot）として課題を実行し，多数の児童生徒の作品を集める。
② あらかじめ，数個の観点を用いて作品を採点することを同意しておく。
③ それぞれの観点について，一つの作品を少なくとも3人が読み，0〜5点で採点する。
④ 次の採点者にわからないよう，採点を作品の裏に付箋で貼り付ける。
⑤ 全部を検討し終わったあとで，全員が同じ点数をつけた作品を選び出し，それぞれの点数がついた作品に共通して見られる特徴を記述する。

手順2（Arter & McTighe, 2000）

① できるだけたくさんの作品例を集める。
② 「優れている」，「普通」，「努力を要する」の3グループに分類し，理由を書く。
③ 理由を観点別に分ける。
④ それぞれの観点について，各点数の特徴を書く。

手順3（安藤輝次, 2002）

評価規準に3つ以上の要素を含むものを選び，1番重要，2番目に重要な要素を選び，次のような表を作る。

	3	2	1
評価規準	すべての要素を含むもの	1番目と2番目に重要な要素を含むもの	1番目の要素のみを含むもの

手順4（安藤輝次, 2002）

① 評価規準に複数の要素を含むものを選んで，どちらを重視するかを選ぶ。
② 重視した要素をA，他方の要素をBとして次のような表を作る。

	4	3	2	1
評価規準	AもBもイエス	Aはイエスだが，Bはノー	Bはイエスだが，Aはノー	AもBもノー

がある（150ページの**資料8**[19]）。どの手順を用いるにせよ、いったん**作成した
ルーブリックは、より多くの作品が集まるにつれて再検討し、改善し続けて**
いくことが重要である。またルーブリックには、それぞれの点数の特徴を示す**代
表的な作品例を添付する**ことが望ましい。

　筆者自身は、複数の教師の主観をつき合わせ、より客観的で妥当な評価基準
を開発できるという点で、特に手順1に着目している。手順1を推奨するウィ
ギンズは、ルーブリック作りの注意点として、次の諸点を指摘している[20]。

【ルーブリックを作る際の留意点】

① ルーブリックは、全体を通して同じ観点に焦点を当てるものでなくてはな
　らない（つまり、一貫していなくてはならない）。

② 記述語は、尺度の点数間にある質的な変化の程度が等しくなるように書く
　（連続的である）。たとえば1点と2点の間にある質的な違いの程度は、4
　点と5点の違いの程度と同じくらいでなくてはならない。

③ 0点は、パフォーマンスが行われないなど、採点対象外となる場合の点数
　である。

④ 一つの点数についての記述語に用いられている基準の言語は、他の点数に
　ついての記述語におけるものと対応するものとなる（「平行である」）。

⑤ 記述語の作成にあたっては、パフォーマンスの長所と短所の両方に気を配
　ることが重要である。

⑥ 先述したように記述語は基準と徴候から成るが、<u>特定の徴候が見られなかっ
　たからといって基準が満たされていないとは限らない</u>（たとえば、「快活な
　声で話」していなかったとしても、「人をひきつけるような話し方」である
　可能性はある）。したがって、**ルーブリックを開発する際には観点や基準をま
　ず明確にし、徴候からは作り始めないように注意が必要である**。

(2) 作成事例：小学校4年生理科「木の観察記録」

　筆者自身、手順1を用いてルーブリックを開発する共同研究に参加する機会
を得た。小学校4年生の理科では、大単元「あたたかさと生き物」（小単元
「あたたかくなると」「暑くなると」「すずしくなると」「さむくなると」「生き

物の1年を振り返って」)において，1年を通して自分の選んだ「木の観察記録」をとることになっている。この共同研究では，鳴教大附小4年生の理科における「木の観察記録」の分析を通して，ルーブリックの開発を行った[21]。

　まず1学期は，スケッチと観察文のそれぞれについて「(正確さも含めた)詳しさ」という観点から評価することにした（**資料9**参照）。**資料10**（154ページ）は，実際に作成したルーブリックである。**資料11**（155ページ）は，**資料10**のルーブリックに対応する典型的な作品例である。ルーブリック作りを行ってみて，評価者間であまり意見が分かれないことが明らかになった。

　ルーブリック作りの過程では，子どもたちのつまずきが様々に明らかになった。たとえば，教師は詳しく記録をとるため数値を書き込むことを勧めたが，どのように数値を書き込めばいいかわかっていない子どもがいた。また，図画の写生と理科のスケッチの区別がついていないために，背景に余分なものを書

資料9　ルーブリック作りの様子（西岡・梅澤・喜多・宮本・原田，2003）

① どう評価するか話し合う。

② 作品を並べ，評価者がそれぞれ採点する。

③ 3人以上が同じ点数をつけた作品を点数に応じて並べ替え，同じ点数がついている作品に共通して見られる特徴を話し合う（記述語作り）。記述語を作った後では，意見が分かれた作品をもう一度見直し，考えた記述語で採点できるか確認した。

き込んでいる子どももいた。これらのつまずきについては，まず教師が明確に捉えることが重要である。

その上で，本実践では後に互いの作品を批評しあいながら，**評価基準を概念マップ**（156ページの**資料12**[(22)]参照）**の形で整理していく**授業を組織した。これにより，子どもたちのつまずきは大幅に改善された。

最も意義深かったのは，**新たな評価の観点が発見された**ことである。**資料11**に示した評点4の作品aの子どもは，次のような記録文を書いていた。

> 「私はこの木を見ると，小さなピンク色のつぼみがついていました。きみどりの葉でほとんどうめつくされていました。私はきみどりの葉は元気な葉だし，元気だからつぼみがきれいにつくのかなと思いました。だって，木がけんこうでなければつぼみなんかつかないし，少しきれ（ママ）かっても，つぼみがすっぽりときれいには出てこないと思います」。

この観察文については，「詳しさ」という点から低い評価を与えた評価者もいた。しかし，別の評価者から，「この子どもは観察した事実（葉の色の違い）に基づいて考察している。そのような力こそが理科でつけたい力である」との指摘が出された。これにより評価の観点として「観察における課題意識」が注目されるようになり，2・3学期の指導において強調された。また，冬休みには「課題意識」という観点でのルーブリック作りを行った。

「目標分析」はいわばトップダウンで目標を作る手法であるのに対し，ルーブリック作りは子どもの実態から目標を抽出する，いわばボトムアップの方法といえよう。

上述のような「木の観察記録」に関するルーブリックは，一度開発すれば4年生の年間を通して用いることができる。**各学年において評価すべきパフォーマンス課題を絞り込み，対応するルーブリックを開発する**ことが求められている。

(3)「全体的なルーブリック」の作り方

イギリスでは，「全体的なルーブリック」（総合評定に対応するルーブリック）と照らし合わせて総合評定が行われている例も多く見られる。日本では現

資料10　小学校4年生理科「木の観察記録」の詳しさに関するルーブリック

(西岡・梅澤・喜多・宮本・原田，2003)

	スケッチの詳しさ	観察文の詳しさ
5 素晴らしい	分析的に特徴を捉え，スケッチされている。下記のような優れた特徴が認められる。 ①見る角度が適切であり，「葉の付きどころ」や「枝分かれ」などの構造がはっきりわかるように描かれている。 ②線画したあとで色を塗っており，葉脈など細かい点が描かれている。 ③ある部分について数値（cmなどの長さ）の書き込みがあることによって，全体的な大きさが理解できる。 ④周囲の様子（水滴，木についた虫）など木が置かれた環境が多面的に捉えられている。	文章が整理されており，読みやすく書かれている。「葉，花，実，枝」「色」「長さ，数」など，いろいろな（7つ以上）観点から観察されている。全体における部分の位置づけが明瞭である。以前と比較して変化を捉える記述がある，「ぶつぶつ」「ギザギザ」といった五感を使って特徴を捉えた記述が見られるなど，面白い着眼点が2つ以上見られる。的確な測定に基づいて数量化されたデータを含む。
4 良い	分析的に特徴を捉え，スケッチされている。上記のような優れた特徴が，2つ〜3つ認められる。	文章が整理されており，読みやすく書かれている。「葉，花，実，枝」「色」「長さ，数」など，いろいろな（5つ〜6つの）観点から観察されている。全体における部分の位置づけが明瞭である。以前と比較して変化を捉える記述や，「ぶつぶつ」「ギザギザ」といった五感を使って特徴を捉えた記述など，面白い着眼点が一つ見られる。的確な測定に基づいて数量化されたデータを含む。
3 普通	基本的な形の特徴が描かれている。下記のうちどちらかの優れた特徴がある。 ①見る角度が適切で，「葉の付きどころ」や「枝分かれ」などの構造がはっきりわかるように描かれている。 ②線画したあとで色を塗っており，葉脈など細かい点が描かれている。	文章が理解できる。3個〜4個の観点から観察しており，詳しく見ようとして面白い着眼点を見つけている。ただ，一部しか見ていないなど，観点ごとの重要性の区別が十分ではなく，断片的である。的確な測定に基づいて数量化されたデータを含む。
2 あと一歩	太さの割合が明らかに不均衡であるなど，絵が不正確である。全体における部分の位置づけが，明らかではない。	主語が不明瞭であるなど，内容がわかりにくい。1つか2つの観点からのみ観察している。数量に関する意識の芽生えが見られるが，「長くなっている」「大きくなっている」など漠然とした記述であるか，意味のない測定をしている。
1 努力が必要	書いてはあるが，何を描いているのかがよくわからない。	書いてはあるが，情報量が少ない。
0 記述なし	描かれていない。	書いていない。

資料11 典型的な作品例（「スケッチの詳しさ」の点数に対応）

（西岡・梅澤・喜多・宮本・原田，2003）

4（良い）

　a　　　　　　　　　b 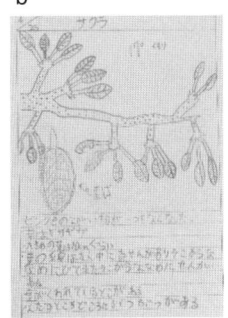　　　　　　　　　c

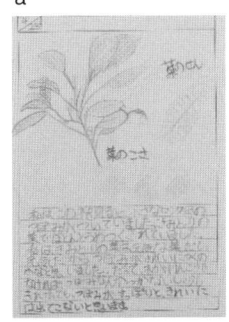

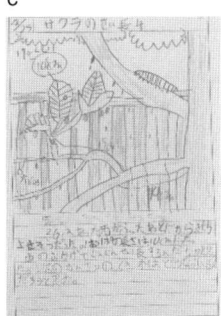

3（普通）

　a　　　　　　　　　b 　　　　　　　　　c

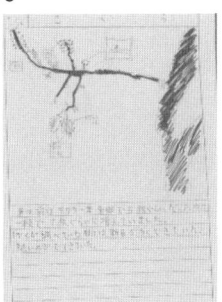

2（あと一歩）

　a　　　　　　　　　b 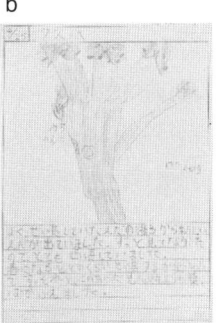　　　　　　　　　c

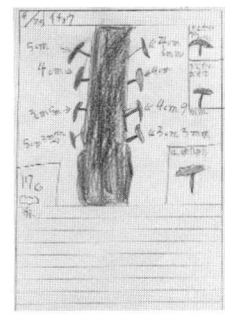

資料12　評価基準の概念マップ（宮本浩子教諭の提供）

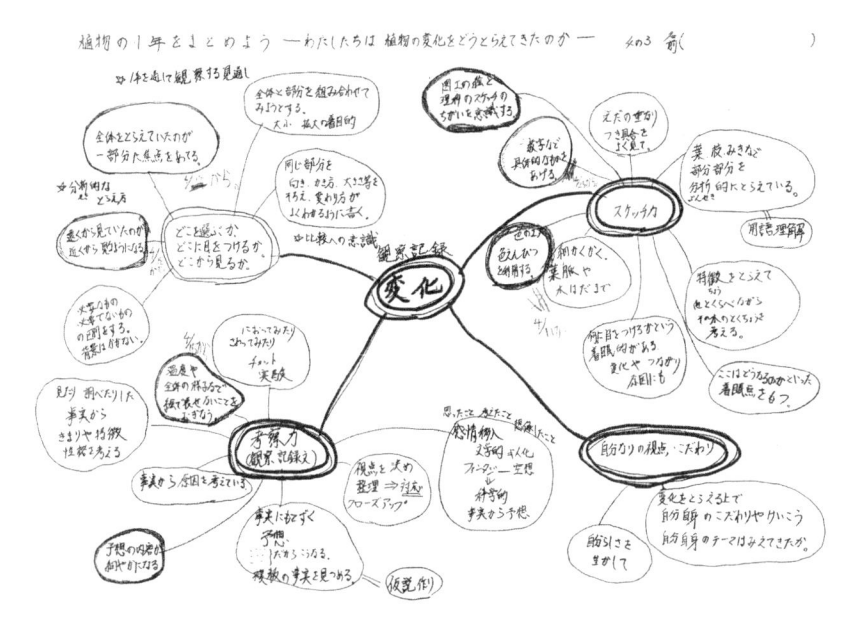

在，総合評定は観点別評価をもとに導かれているが，各教科において，総合評定をつけるための「全体的なルーブリック」作りを進めることも考えられる。

　残念ながら，「全体的なルーブリック」の作り方については，今後の研究課題として残されている。しかしながら，今のところ，次のような方法が考えられるだろう。まず，観点別評価は見ずに，クラスの子ども一人ひとりを思い浮かべながら，総合評定をつけてみる。そして，その総合評定と観点別評定とを比べる。おそらく観点別評定にＡが多くついている子どもは，総合評定も高いことだろう。しかし，たとえば観点別評定のＡＢＣの数が同じであっても，総合評定の印象でいえば４と２に分かれる場合があるかもしれない。そのようなズレは，ひょっとしたら教師の偏見によるものであり，正されるべきは教師の印象である可能性もある。しかし，４の子どもには重要な長所があり，２の子どもには何か重大なつまずきがある，といったことを教師が捉えているのかもしれない。そこで，「全体的なルーブリック」の記述語を書く際には，観点別

に捉えた記述語を記載した後，そのような長所・つまずきの要素を書き加えていったらよいのではないかと思われる。

また，すべての観点の力が総合的に発揮されるようなパフォーマンス課題を別に考えるというやり方もある（実際，研究者の世界では，論文で，「知識・理解」，「思考・判断」，「表現・技能」が総合的に評価される）。そのようなパフォーマンス課題の評価と，観点別評価を比べてみることも，総合評定のつけ方について研究する上では必要な作業といえよう。

【4】スタンダード——社会的に認められた水準

さて，以上述べてきたような手順でたとえば学校ごとにルーブリックを作った場合，A校での「普通」の水準とB校での「普通」の水準は違ってしまう可能性がある。また，実際のルーブリックを見ると，たとえば「探究した課題を明瞭に述べる」といった記述語一つとっても，どの程度の課題を扱っているのかによって求められる水準が異なる。ルーブリックはいろいろなレベルの課題について用いられうる基準を記述する場合が多い。したがって，パフォーマンスの質を規定するためには，そのルーブリックが**どの程度の水準の課題について用いられるのかが明らかにされなくてはならない**。

このように，**社会的に認められたパフォーマンスの質の水準**のことを，スタンダード[23]という。ウィギンズは，スタンダードには次の2種類があると指摘している[24]。

①たとえば「オリンピック級」といったような，最上レベルを示す「究極のスタンダード」（absolute standards）。これは，事実上，ルーブリックの最高点の記述となる。このような「究極のスタンダード」を規定しておくことは，本物の卓越性に向けて子どもを教育するために有意義であろう。

②発達的なスタンダード（developmental standards）。中学校級，高校級，大学級など，最上レベルに至るまでの様々なレベルのこと。

このような2種類のスタンダードを設定しておくことは，**長期的な見通しをもって学力保障を行う上で，重要である**と思われる。

アメリカでは，「州のスタンダード」（state standard）といった形でスタンダードの明文化が進んでおり，日本の学習指導要領のような役割を果たしている。そのような**明文化が進めば，ルーブリックにスタンダードを含めて記述することも可能となる**。資料6（148ページ）に挙げたイギリスのナショナル・カリキュラムは，「発達的／長期的なルーブリック」の形でスタンダードを明示したものといえる。第1章【付論1】の表「全国資格枠組み」も，イギリスの国家がスタンダードを規定している例である。

　このような**明文化がなされていない場合**，特定のルーブリックが前提としているスタンダードを明示するためには，**作品例を添付する**のが最も良い方法である。作品例を見れば，そのルーブリックが指し示している水準が一目瞭然だからである。学校間でスタンダードを規定する場合であれば，共同でパフォーマンス課題を開発し，子どもたちの作品を持ち寄ってルーブリック作りを行うことが理想的だろう。あるいは，それぞれが開発したルーブリックと作品例を持ち寄り，A校の「普通」がB校の「普通」と同水準かどうかを比較するのも効果的である。（このような調整の作業は，第5章で述べる**モデレーション**（moderation；「極端さを避けること」の意）の一種である。）

【モデレーション】
　評価者間で評価基準を討議したり，同じパフォーマンスを評価して比較したり，上位の責任者が評価者の評価を点検したりといった様々なやり方で，多数の評価者による評価の一貫性を確保する（評価の比較可能性（p.205）を高める）ことです。目標準拠評価を定着させるためには，日本においてもモデレーションをどのように行うかを考える必要があります。

【5】ルーブリックを理解させる指導

　最後に，ルーブリックとして整理された評価基準を子どもたちに理解させるための指導の仕方についてふれておきたい。

　先述した「木の観察記録」の指導では，ルーブリックを直接示さず，概念マップの形で示した。その際，それぞれの項目については具体的な作品例から抽出して見せることで，その意味を理解させた。このような指導もルーブリックを理解さ

せる指導の一種といえる。

一方英米では、**ルーブリックを課題と同時に明示する**ことが多い（たとえば本章142ページの資料2）。その際には、ルーブリックの文言を子どもにもわかりやすいように書き換えることが必要となる場合もある。さらに、子どもたちに尺度の間にある質的な違いを理解させるためには、やはり作品例と照らし合わせながら内容を理解させる指導が重要となる。この際に効果的な方法として指摘されているのは、**子どもにルーブリック作りの過程を追体験させる**ものである[25]。

資料13　板書されていた問い（アメリカのトーマス・グローバー・ミドル・スクールの提供）

■私たちは、どうすればもっといい書き手になれるのか？
●私は、どうすればもっといい物語の書き手になれるのか？
●私は、どうすればもっといい、説得する文章の書き手になれるのか？
　●説得力があるとはどういうことか？
　●説得力のある良い導入（introduction）の特徴は何か？

資料14　プリントに示された導入例4つ
（アメリカのトーマス・グローバー・ミドル・スクールの提供）

テレビは家族にとっていいものか悪いものか？	テレビの問い
テレビには暴力や他の悪いものがあります。何百万人ものアメリカ人が、テレビを見すぎるために、十分な運動をしていません。次に、なぜあなたがもっとテレビを見ていてはいけないか、さらにたくさんの理由を示しましょう。	ほとんどの家族は家にとどまりテレビを見る。テレビを見ることは、家族の健康を危険にさらし、子どもたちの勉強時間を減らし、若者の心に悪い影響を与える。私は、テレビを見ることは有害でありうると考える。
出かけて遊ぼう	テレビを消して、現実の生活に入ろう
アメリカは、カウチポテト世代を作り出している。子どもたちは今、毎週平均20時間から30時間テレビを見ている。彼らは、チャンネルを変えるために動く必要すらない。その代わりにリモコンが使えるのだ！この行動によって、健康問題、社会的な問題がもたらされるし、子どもたちは人生における多くの喜びを逃してしまう。今こそ子どもたちがテレビを消し、動き出す時だ。	どこに時間が消えてしまったか、不思議に思ったことがありますか？　なぜ宿題をやってしまったり、いい本を楽しんだりすることがこんなに難しいのでしょう？　アメリカ人たちは、今までになくテレビを見ています。人々はテレビを消し、生み出された自由時間が何で埋められるかを知るべきです。

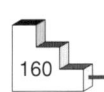

資料15　授業の流れ（アメリカのトーマス・グローバー・ミドル・スクールの提供）

時　間	概　　　　要
0' 00"	教師は，板書されている問いを見ながら，これまでの学習を確認する。「説得する」という語の意味を発問し，子どもたちが「他の人に新しい行動を起こさせる意味だ」などと応える。
2' 26"	教師は，今日は「説得する文章」の導入になくてはならない条件を考える授業だと告げる。説明文と比較しながら，「説得する文章」の導入に必要な要素について予測を立てさせる。子どもたちから，「注意を引くこと」「自分の立場を示すこと」といった発言がある。
5' 09"	「導入」の例４つが記載されたプリント（資料14）を配り，読んで，どういう要素があれば良い点がつけられるかを考えながら，４点満点で採点するように指示する。子どもたちは，各自作業をする。
11' 00"	それぞれの例について，一番いいと思ったものに手を挙げさせる。多少意見が分かれる。
12' 30"	一番多く手が挙がった例「出かけて遊ぼう」について，どうして多くがいいと思ったか，意見を出させる。出てきた意見のキーワードを，赤と青で色分けしながら板書する。数分後，次に人数の多かった「テレビを消して，現実の世界に入ろう」について話し合わせる。さらに数分たつと，「テレビの問い」について話し合う。該当する模造紙に，青では「ユーモア」「統計」「彩のある言語」「問い」，赤では「理由をあげる」「立場の記述」「新しい情報」といったキーワードが書かれる。「筆者のメッセージ」というキーワードが出てきたときに，教師はこれと関連させて「立場の記述」ということを思い出させる。さらに「立場の記述」は，筆者がどんな立場から書いているかを読み手が知るために必要だということを確認させる。
23' 40"	教師が，赤と青は何を区別しているかを発問し，子どもたちが答える。青は「興味を引く」（engaging），赤は「情報に富む」（informative）という条件を示していることを確認する。
26' 30"	「テレビは家族にとっていいものか悪いものか？」についての採点を確認し，どうしてあまりよくないのかについて，意見を出させる。「叙述的でない」「立場の記述がない」といった要素が指摘される。
29' 23"	４つの模造紙にかかれたキーワードを見比べて，どれが一番いいかもう一度確認させる。「テレビは家族にとって…」が１点，「出かけて遊ぼう」が４点と決めて模造紙を並べ替えた後，残った２つのうちどちらが２点でどちらが３点かを話し合い，順位を決める。次に，４点作品に集中し，見落としている要素がないか確認する。
33' 10"	４点の模造紙を見ながら，他にも何か「興味を引く」条件がないか考えさせる。子どもたちから出たキーワード「叙述的な言語」「いくつかの事実」「新しい情報」という事項を書き加える。
34' 23"	自分が前時に書いた導入を見直して採点するように言う。４点か，４点でなければ何点かを考えさせ，もし４点でなければ４点にしてくるのが宿題だと伝える。今日作った板書がルーブリックだと確認する。４点に書いた要素を書き写させ，次回以降の予定を伝えて授業が終わる。(36'30")

　筆者自身，訪米した際ある学校で，「説得する文章」（persuasive writing）を書くための指導の一環として，第６学年の子どもたちにルーブリックを作らせている授業を見学した[26]。授業の最初に目についたのは，**資料13**の板書であ

る。問いの形で一つひとつの授業の関連が整理されていることがわかる[27]。また，ホワイト・ボードには模造紙が4枚貼られており，それぞれに**資料14**の表題が1つずつ書かれていた。教師は，**資料15**のような流れで授業を行った。

　この授業は，子どもたちにルーブリックをどう理解させるかを端的に示した例といえる。子どもたちは作品を批評しあいながら，「よい導入」の条件について学んでいる。自分の作品をいったん置いておいて他の作品を批評する時間をじっくりとることによって，自分の作品をさらに向上させるための自己評価力を養うことが目指されているのである。

4．「関心・意欲・態度」の評価

【1】「関心・意欲・態度」の内実

　ここで，本章の1.では保留にしておいた「関心・意欲・態度」という観点について考えてみよう。

　まず確認しておくべき点は，「<u>学力</u>」とは「<u>学習</u>」や「<u>学び</u>」のすべてを扱<u>うものではない</u>という原則である。近代において学校は，子どもたちを社会を構成する市民として育てることを目的に成立した。しかし，社会で生きていく上で必要な力を子どもたちが身につけることができない場合，ややもすればその責任は，子どもたちの生得的な才能や努力，社会的な背景などに転嫁されがちである。**学力を能力のうちの分かち伝えられる部分に限定して定義する**ことは，学力保障を教育者の責任とする点で意義深い。だが，「関心・意欲・態度」の評価においては，この点が忘れ去られてしまう傾向が見られる。

　田中は，「関心・意欲・態度」の内実とされているものを次の3つに分類している[28]。第一は，いわゆる「学習態度」である。これは，授業への参加態度，発表態度，学習への真面目さなどを指す。現在でも「関心・意欲・態度」を"客観的"に評価するために，ノートの提出率や挙手の回数を見る教師は少なくない。しかし，「関心・意欲・態度」を「<u>学習態度</u>」として見ることは，そ

れが学力を直接示すものではないこと，挙手回数などではじっくり考えるタイプの子どもには不利になってしまうこと，教師への「忠誠競争」を強いるものとなってしまうことなどから不適切である。たしかに「学習態度」の良し悪しを見ることは形成的評価としては重要である。だが，学力が身についていないにもかかわらず「学習態度」がよいからといって褒賞を与えるような評価のやり方や，逆に「学習態度」が悪いからといって罰を与えるようなやり方は学力評価とはいえない。むしろ，「学習態度」がよくなるような授業を組み立てることが教育者の責任であろう。

第二は，授業の「入口」と「出口」での「関心・意欲・態度」を見ようとするものである。すなわち，授業のはじめ（「入口」）にどれだけの関心や意欲をもって授業に臨もうとしているか，終了の時点（「出口」）で面白かったかどうか，その教科が好きかなどの印象批評を書かせるものである。「入口」における子どもたちの関心の傾向などは授業の展開を考える上で大切な情報であり，それを把握しておくことは診断的評価の重要な要素である。しかし，それを総括的評価で用いるわけにはいかない。なぜなら，子どもたちが当初もっている関心や意欲や態度をも変えるのが授業の役割だからである。一方，「出口」での印象批評は，授業を行った教師にとっては指導を反省する良い材料になる。しかし，それを成績につけるのでは正直な感想は聞かれないし，やはり教師への"忠誠競争"となる危険性がある。

このように第一，第二の立場を批判した上で，田中は，「関心・意欲・態度」を，学力の本質的な要素として捉える第三の立場を主張する。これはさらに2つのタイプに分けられる。一つは「関心・意欲・態度」を学力の発展的な様相（中内の言うところの「習熟」）を意味するものとして捉える段階説である。例としては，数学の学習で学んだ概念を発展課題として応用的な場面で学び直すことが挙げられている。もう一つは，認識活動において認知的要素と情意的要素を不可分のものとして捉え，「関心・意欲・態度」についてはこのうち情意的要素を指すものとして捉える並行説である。これは，社会科教育における「分析と共感」，文学教育における「異化と同化」という関係の発見に基づいて

主張されている。田中の学力モデル（第1章27ページの図4）に照らし合わせると前者はBに，後者はCに位置づく。

　この議論を踏まえ，田中は最近さらに「評定」欄について**表3**のように提案している[29]。なお表中でDの場合は，「評定」欄の成績は，4つの観点を総合して捉えるための独自の「全体的なルーブリック」との対応によってつけられることになる。このような田中の整理は，現行の指導要録の枠内での「関心・意欲・態度」評価の具体像や総合評定のあり方を提案している点で意義深い。

　今のところ，段階説・並行説のどちらをとるべきか結論は出ていない。したがって，学校や地方教育委員会は，当面どちらの立場をとるかの方針を立ててそれを公開し，社会的に承認を得る必要がある。すなわち，「いずれの方法をとるにせよ，教職員間の共通認識と子どもや保護者への『説明責任』が必要であり，それはまた理論と実践の進展に応じて改善されていく仮説的な性格を持っている」[30]のである。

表3　観点別学習状況欄と「評定」欄の関係（田中耕治，2003）
　　　　　　　　　　　　（表中，分析とは観点別学習状況欄，総合とは「評定」欄を指す）

分析と総合の関係 関心・意欲・態度の位置づけ	分析の総和（平均）としての総合（総合は消極的存在）	分析の総和に解消されない総合（総合は積極的存在）
学力の総合性としての関心・意欲・態度（段階説）	本来は総合は不要 関心・意欲・態度にやや重点を置いた合算　　　　【A】	やはり，総合は不要 二つの総合の調整困難　　　　　　　　　　　　【B】
認知と情意の並行発展（並行説）	機械的に合算して平均値　　　　　　　　　　【C】	総合独自の課題による評価　　　　　　　　　　【D】

【2】観点を見直す可能性

　このように，「関心・意欲・態度」の観点はいまだに論争的である。学力評価の方法を選定するためには，それぞれがどのような学力を評価するのに適しているかを検討することが不可欠となる。学力を分類しようとする努力は，ブルームによる「教育目標の分類学（タキソノミー）」[31]に始まり，その教え子

たちからも様々な提案が今も生み出されており，それらの検討は今後の課題である[32]。

本章では，現行の指導要録における観点との類似性からスティギンズの分類に依拠してきた。しかしスティギンズは，「態度の傾向性」に他の4つの「学力目標」とは異なる位置づけをしている。「態度の傾向性」には，態度，学校に関連する価値観，アカデミックな自己概念（統制の所在感，自己効力感を含む），興味，アカデミックな抱負，不安が含まれるが，これらについての責任を児童・生徒にとらせることは受け入れられないとスティギンズは断言する[33]。つまり，「態度の傾向性」については，**学力の保障に役立つ肯定的要素を見つけるために評価すべきであるが，否定的要素が見つかった際には望ましい「態度の傾向性」がもたらされるよう教育的経験を組織するのが教育者の責任**だと論じられている。これは，保障し評定の対象とする学力と診断的評価の対象とを区別する田中の発想と，共通するものといえるだろう。

ここで，少し概念整理をしてみよう。子どもは学校内外でたえず学んでいるが，学力はそのうちの分かち伝えられる部分である。「態度の傾向性」は，学力保障の前提条件となる部分であり，学力とは区別される必要がある。つまり学力評価において，「態度の傾向性」は**診断的評価や形成的評価の対象にはなるが，総括的評価においては学力に「合計」されてはならない**質のものである。ただし，望ましい「態度の傾向性」を身につけさせるような教育を行うためには，そのうち「分かち伝えられ得たる部分」については学力に含ませる努力が必要である。実際，習熟論や「真正のアカデミックなアチーブメント」論は，従来「知識の暗記・再生」として捉えられてきた学力を広げることによって，望ましい「態度の傾向性」をも学力として保障しようとする努力であった。本章の前半で述べてきたとおり，「パフォーマンスに基づく評価」を採用す

図4 「態度の傾向性」の位置づけ

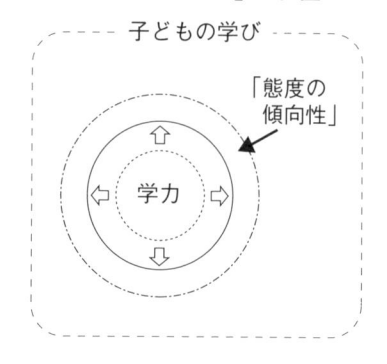

ることによって，評価対象となる学力の幅は格段に広がるだろう（**図4**）。

　このように整理した上で，問題となるのは，「関心・意欲・態度」を総括的評価の観点として独立して立てる必要があるかどうかである。むしろ拡大された学力における「関心・意欲・態度」は，本稿で言ってきたところの「思考・判断」，あるいはスティギンズの言うところの推論や完成作品を創る力に織り込まれるものとして捉えるほうが妥当ではないだろうか。

　この点に関する検討は今後の課題であるが，イギリスの教科教育の目標には「関心・意欲・態度」という観点がない（第5章参照）。また**図5**[34]は，マーティンが科学的態度の構成要素を整理したものである。図中の「感情的な科学

図5　科学的態度の構成要素（マーティンによる）(Martin, 1994)

科学的態度

―― 感情的な科学的態度 ――
①好奇心
②粘り強い態度
③失敗に屈せず積極的に取り組もうとする態度
④偏見のない態度
⑤他者と協力しようとする態度

―― 認知的な科学的態度 ――
①信頼できる情報源を求めようとする態度
②物事を懐疑的に判断しようとする態度
③限られた情報だけで，一般化するのを避けようとする態度
④他者の意見，説明，立場に対する寛容な態度
⑤一つひとつの証拠や情報が見いだされ検証されるまで，意見を保留しておくことにやぶさかでない態度
⑥迷信を信じたり，根拠のない批判を避けようとする態度
⑦証拠が得られた場合に自分の考えを素直に変更しようとする態度
⑧自分自身の考えに対する疑問を素直に受け止めようとする態度
⑨客観的態度
⑩合理的態度
⑪データを正直に記録しようとする態度
⑫創意に富んだ態度
⑬仮定を受容しようとする態度
⑭科学の結論を信頼しようとする態度
⑮批判的な考えにかかわることにやぶさかでない態度

的態度」は状況に依存する「態度の傾向性」である。「認知的科学的態度」は，態度として見るよりも「信頼できる情報源を求めているか」「物事を懐疑的に判断しているか」といったパフォーマンスの成否で見るほうが妥当であるように思われる。

　ウィギンズとマクタイも，最近では目標を「理解」・「知識」・「スキル」の3種に分けている(35)。彼らの言う「理解」は，「説明」(explanation)，「解釈」(interpretation)，「応用」(application)，「パースペクティブ」(perspective；「つり合いのとれた見方」の意)，「共感」(empathy)，「自己認識」(self-knowledge)の6側面から捉えられるものであり，並行説でいうところの情意的要素も織り込まれている。よって，指導要録における「思考・判断」という観点がこのような「理解」を指すものだと捉えれば，並行説でいうところの「関心・意欲・態度」は独立した観点として立てる必要はなくなる。

　ただし，段階説を採れば，「関心・意欲・態度」を「思考・判断」を見る課題よりさらに発展的な応用力を見るための観点として位置づける可能性は残されている。これは，基礎に位置づく「スキル」をさらに「技能・表現」「思考・判断」に分類するとともに，これらが「知識・理解」と含めて総合的に発揮される課題を「関心・意欲・態度」の課題として提供するという方向性である（図6①）。あるいは，いったんは「思考・判断」を応用の課題に取り組ませるとしつつも，「関心・意欲・態度」ではさらに発展的な課題を構想することになるかもしれない（図6②）。たとえば，学習した数学の概念を用いて生

図6　「関心・意欲・態度」の位置づけ（案）
（下のモデルでは，下段が中内の学力モデルでいう「習得」，上段が「習熟」にあたる）

①

関心・意欲・態度 (理解)		
知識・理解 (知識)	思考・判断 (思考スキル)	技能・表現 (狭義のスキル)

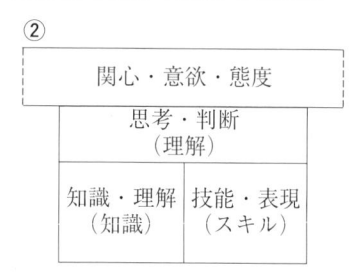

②

関心・意欲・態度	
思考・判断 (理解)	
知識・理解 (知識)	技能・表現 (スキル)

活場面に応用するような「問い」を作らせる作問法に1年間を通して取り組ませ，集められる問いの量と質を見るような課題は，そのような例といえるかもしれない。またウィギンズとマクタイは，**資料16**のような課題を紹介している[36]。これも，読書への「関心・意欲・態度」を見る課題としてはよい例であるように思われる。

資料16　第1学年～第8学年までの共通課題（Wiggins & McTighe, 1998）

> あなたのおじさんはハリウッドの映画プロデューサーで，これから作ることができそうな新しい映画のアイディアを教えてほしいとあなたに頼んだと想像してください。多くの映画は本に基づいて作られるため，おじさんは，あなたが読んだ本の中でいい映画になりそうだと思うものについて話してほしいと頼みました。おじさんに手紙を書いて，あなたが楽しんだ本について記述し，なぜそれがいい映画になりそうだと思うのか説明してください。

　図6①と図6②の違いは，次の2つに整理できる。一つは，習得段階におけるスキルに思考スキルを含むかどうかである。図6①では「思考・判断」を習得すべきスキルとして位置づけているのに対し，図6②では単純な思考スキルは「知識・理解」に含まれるものと考えている。もう一つは，どの程度の「関心・意欲・態度」を教科教育で評価すべき学力として位置づけるかである。図6②において「関心・意欲・態度」の部分をはみ出させたのは，この部分が教科での習熟が積み重なり，習慣化し，身につく状態を指しているためである。つまり，ここでの「関心・意欲・態度」は，教科別に捉えられる学力をはみ出している。一方，図6①における「関心・意欲・態度」は，実質的には図6②における「思考・判断」と同義のものとして位置づけている。なお，これらはあくまで試案であるので，心理学な知見や実践を踏まえて今後検討していくべきものである。

　しかし教科教育の限られた時間の中で，**図6②**に示されているような日常的な「関心・意欲・態度」を問うほどの発展的課題を与える必要があるかどうか，やや疑問ではある。そのような発展的・総合的な力については，むしろ第3章で扱った総合学習において見ればよいのではないだろうか。

【3】書式の変更

このように、「関心・意欲・態度」という観点は不要であるという見方も成り立ちうる。しかし「関心・意欲・態度」の評価には、教師の間に根強い支持があるのも事実である。その根拠の一つは、「頑張っても頑張っても、できない子どももいる。そのような子どもにも励ましを与える意味でせめてその子どもの努力を認めてやりたい」という"愛情"であることも多い。たしかに、現行の制度では低学年からの「落ちこぼし」が積み重なっている場合もあり、またその場合の支援のシステムも不充分なため、せめて"温情"を示してやりたいという教師の思いも共感的に理解できる。

この問題への対応については、2通りが考えられる。一つは、"頑張り"（学習態度）と学力評価とを（合計したり総合したりせず）併記する方法である。図7は、筆者らがインタビューした際にマクタイが描いた図である[37]。この図では、目標準拠評価、個人内評価、学習態度を併記することが主張されている。

もう一つは、「発達的／長期的ルーブリック」を採用することによって、一人ひとりの子どもの伸びを見ることができるようにするという方法である。現行では、ある子どもが「頑張って」伸びたとしても、その学年のスタンダードに到達していなければやはりCがついてしまう。しかし、「発達的／長期的なルーブリック」を用いれば、学年のスタンダードを落とすことなく、一人ひとりの子どもの伸びを見る書式となる（本章の資料6・7（148〜149ページ）を参照）。

教育評価の本来の目的は、実態を明らかにすることによって事態の改善を図ることにある。"温情"によって問題をめだたなくするのではなく、正しい実態把握に基づいて「落ちこぼし」の積み重ねをなくすシステムを構築することが求められているといえよう。

図7　マクタイによる提案

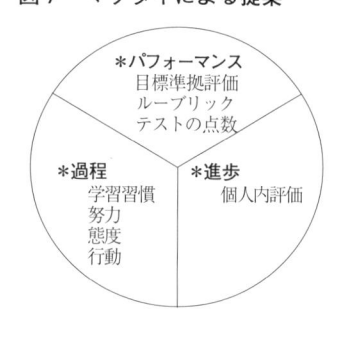

＊パフォーマンス
目標準拠評価
ルーブリック
テストの点数

＊過程
学習習慣
努力
態度
行動

＊進歩
個人内評価

【4】クロス・カリキュラムの発想

　さて,「関心・意欲・態度」の評価を支持する理由のもう一つとしては,"実社会"で必要となり,また評価されるのは,実は"学力"よりも"頑張り"(態度)であるから,それを育てたいという願いもあるように思われる。しかし,"頑張り"が学校で保障されるべき力なのだとすれば,むしろそれをも新たな学力として位置づけ,正式に提供すべきではないだろうか。そのような考えに基づいて,図6②における「関心・意欲・態度」,つまり教科での習熟が積み重なり,習慣化し,身につく状態をカリキュラム横断的に捉えようとするクロス・カリキュラムの発想も,一方では登場している。その一例として,イギリスで,カリキュラム横断的に保障されるべきものとして定式化されてきた「鍵スキル」があげられる。6つある「鍵スキル」のうち,「コミュニケーション」「数の応用」「情報技術(IT)」については,外部試験とポートフォリオ評価法によって評価される。「より幅広い鍵スキル」(wider key skills),つまり「他者との協働」「自分の学習とパフォーマンスの向上」「問題解決」については外部試験はなく,必要数の証拠をポートフォリオに蓄積していくことによって評価される[38]。**資料17**[39]に,「より幅広い鍵スキル」を評価するルーブリックを示した。

　同様の構想は,鳴教大附小の「自己学習力系統表」(以下,「系統表」)にもうかがうことができる(**資料18**[40])。現在のところ,「系統表」は学年と対応させた形になっているが,**学年をレベルと読み替えれば,ルーブリックとなる**。内容を見ると,情報収集力や自己表現力に入っている機器の使い方などについては,「情報科」のような教科内容として系統づけていったほうがよいようにも思われるが,課題発見力,学習構想力などについては,鍵スキルとよく似た力をカリキュラム横断的に身につけさせようとする発想であろう。鳴教大附小では,現在もこれへの加筆・修正を繰り返しており,今後の成果を期待したい。

資料17　イギリスにおける「より幅広い鍵スキル」のルーブリック（QCA, 2001）

	レベル1	レベル2
他者との協働	志願者は，他者と一緒に活動するような目標が与えられ，誰かを間近に活動して次のことができることを示す。 ■ これらの目標がなされるために何が必要かを理解する ■ 自分の責任を果たすため課題を成し遂げる ■ どうやってうまくやったかを話し，他者との活動を向上させる方法を提案する	志願者は，他者との活動のための目標を同定し，次のことができることを示す。 ■ これらの目標を達成するために何が必要かを計画し，責任を明確にする ■ 責任を果たす課題を組織し，他者と協力して活動する ■ 進歩に関する情報を交換し，他者との活動を向上させる方法に賛成する
自分の学習とパフォーマンスの向上	志願者は誰かと間近に活動し，次のことができることを示す。 ■ 与えられた短期目標を理解し，どうやってこれらを達成するかの計画を立てる ■ 目標を達成するため計画に従い，パフォーマンスを向上させる ■ 進歩と達成事項を検討する	志願者は学習についていくつかの決断をする責任を取り，時には緊密な監督無しで活動し，次のことができることを示す。 ■ 短期目標を設定するのを助け，どうやってこれらを達成するかの計画を立てる ■ 目標を達成するために計画を使い，いつ他の人からの助けが必要かを同定する ■ 進歩を検討するときに達成事項を示す証拠を同定する
問題解決	志願者は，わずかな数の解き方しかない問題を与えられ，誰かと間近に学習し，次のことができることを示す。 ■ 問題を理解し，解決する選択肢を同定する ■ 他者から得た支援とアドバイスを用いて，選択肢を試す ■ 問題が解決されてきたかどうか点検するために，与えられた段階ごとの方法に従う	それぞれの問題の主要な特徴を明瞭に同定することができるが，志願者はいくつかのなじみのない資料を用いて，次のことができることを示す。 ■ 問題を同定し，問題を解決する選択肢を考えつく ■ 支援を獲得し，必要なら変更を加えて，選択肢を計画して試す ■ 問題が解決されてきたかどうかを点検するため与えられた方法を応用し，問題解決への自分のアプローチを説明する

レベル3	レベル4	レベル5
志願者は，他者と活動するための目標に同意し，次のことができることを示す。 ■ 活動を計画し，責任と活動の取り決めに同意する ■ 困難を克服する方法に同意し，協力的な活動の関係を設立しようとし，維持する ■ 成果を影響した要素も含めて，他者との活動を見直す	志願者は，次のことができることを示すような大きな事例を少なくとも1つ作らなくてはならない。 ■ 長期にわたって他者と活動するスキルを用いるための方略を発達させる ■ 少なくとも1つの複雑なグループ活動においてリーダーの役割を担うにあたって，求められた成果の質を確保するために，必要に応じて進歩をモニターし，方略を適応させる ■ 少なくとも1つのグループの状況において，全体的な方略を評価し，活動からの成果を提示する	レベル5においては，単一の「スキル明細」がある（人格的なスキル発達）。これは，志願者にコミュニケーション，他者との協働，問題解決の鍵スキルを応用することを求めるものである。 志願者は，専門的に難しい活動において自分の学習とパフォーマンスを向上させるために，このことを統合されたやり方で行う必要がある。
志願者は，自分の学習のいくらかを監督する責任を取り，次のことができることを示す。 ■ 目標に同意し，どうやって長期間にわたって目標を達成するかを計画する ■ 目標を達成することを助けるため，計画を用い，関連する情報源からフィードバックと支援を求める ■ 進歩を検討するために達成事項の証拠を確立するため，関連する情報源から情報を求める	志願者は，学習の独立した管理されたやり方で学べることを示す大きな事例を少なくとも1つ作らなくてはならない。また次のことができなくてはならない。 ■ 長期にわたって自分の学習とパフォーマンスを向上させる際に諸スキルを用いるための方策を発展させる ■ 少なくとも2つの異なる複雑な学習活動において求められる成果の質を確保するために，進歩をモニターし，必要なら方策を修正する ■ 全体的な方策を評価し，2つの異なる複雑な学習活動から学んだことの総合を含む学習の成果を提示する	
問題は，いくつかの取り組み方がある複雑なものである。志願者は様々な方法と資料を用いて，次のことができることを示す。 ■ 問題を探究し，選択肢を比較し，進むために選んだ選択肢を正当化する ■ 選択肢を計画して実施し，進歩を点検し，必要に応じてアプローチを修正する ■ 問題を解決してきたかを点検するために合意した方法を応用し，異なる問題解決的アプローチを検討する	志願者は，2つの問題を探究することができることを示すために大きな事例を少なくとも1つ作らなくてはならず，2つの問題のうちの1つに従事しなくてはならない。また，次のことができなくてはならない。 ■ 長期にわたる問題解決においてスキルを使うための方策を発展させる ■ 少なくとも3つの選択肢がある複雑な問題に取り組む際に，求められる成果の質を確保するため，進歩をモニターし，必要なら方策を修正する ■ 全体的な方策を評価し，様々な方法を用いて学習から得た成果を提示する	

資料18　自己学習力　系統表（鳴教大附小, 2002）

本表の見方　　[例] A①　様々な施設等から，必要とする本や文献等を探す。[A] 本表上部にある「各自己学習力を支える

	学習意欲	課題発見力	学習構想力	情　報　活 （1）収集力
支える力など	A 興味・関心について追求しようとする積極性 B 興味・関心の広がりと時間の持続 C 学習の成果を生かす積極性	A 問いをつくる力 B 多面的にものごとを見る力 C 自己の課題を見いだす力	A 学習の見通しをもつ力 B 学習をさらに進める力 C 糸口をつかむ力 学習の計画を修正する力	A フィールドを広げて情報を収集する力 B （コンピュータ等）手段を増やして情報を得る力 C 他者とのかかわりの中で情報を得る力 D 資料内の情報を，多面的かつ正確に読み取る力
6年	A 興味・関心をもったことや，出会ったもの・ことの中に，学ぶべき価値を見いだそうとする。 B 広い視野に立って，興味・関心をもったことについて追求が持続する。 C 学習の成果を，目的や意図を踏まえつつ，場に応じて生かそうとする。	A 問いをもつ視点に気づく。 B ①あるもの・ことに対して，多面的に見つめ，疑問をもつ。 ②他者がもった学習課題の価値を認める。 C ①経験や様々な資料をもとにして，自己の学習課題をつくり出す。 ②自己の学習課題の価値を自覚する。	A 自己の学習課題に即した学習の計画を立てる。 B ①何が問題か，どの方向でそれを問題にしたらよいかがわかる。 ②その時々でどのようなせまり方をすればよいのかがわかる。 C 行き詰まったり，失敗したりした時，計画を立て直す。	A ①様々な施設等から，必要とする情報を探す。 ②普段の生活の場から，問題解決のための資料を見つける。 B ①身近にない資料については，インターネット，E-mailや電話・FAX・手紙などを使い，求める。 ②コンピュータを通して得た情報をコンピュータを使って記録に残したり，整理したりする。 ③必要な情報を得るために，どのような方法がよいかを考える。 C 様々な人と関わる中で，必要な情報を得て，自己の活動に取り入れる。 D 様々な形態の資料の特性を捉えた上で，自己に必要な情報を的確に集める。
5年・4年	A 興味・関心をもったことについて考えたり，調べようとする。 B 興味・関心についてそれに関わることにも目を向けながら，ある程度持続して追求する。 C 学習の成果を，生活の場に生かそうとする。	A 自己の知識や体験をもとにして疑問をもつ。 B ①あるもの・ことに対して，多方面から疑問をもつことができる。 ②他者がもった学習課題の価値に気づく。 ③活動の中からもう少し時間をかけてやりたいことを見つける。 C ①経験を駆使し，いくつかの学習課題の中から，自己の課題を選ぶ。 ②他者との話し合いを通して，自己の課題を見つける。	A 難しい所や困難になる所を予想しながら学習の見通しをもつ。 B 問題解決の手がかりがどこにあるのかを見いだす。 C 行き詰まったり，失敗したりした時，新しい解決の方法を考える。	A ①身近な所へ出かけて現地取材をする。 ②自己の課題にあった体験活動を通して，違った視点から情報を収集する。 B ①身近にない資料については，インターネット・CD-ROMや電話・FAX・手紙などを使い，求める。 ②コンピュータを通して得た情報をコンピュータを使って記録に残す。 ③目次・索引を使って調べる。 C よさを感じた友達の学びを自己の活動に生かそうとする。 D ①自分が取り組んでいる活動に必要な内容はもちろん，構成や表現の仕方に関する情報も幅広く集める。 ②情報の中心点や要旨に着目して，内容を正確に理解し，自分の活動に必要な情報を集める。
3年・2年	A 興味・関心をもったことについて関わってみようとする。 B 自分が興味・関心をもったことについて，ある程度の時間持続する。 C よいと思うことを，他の場面でも繰り返そうとする。	A 事柄と事柄，ものとものを比較して見る。 B あるもの・ことに対して，多様な疑問をもつ。 C 関心のあることやいくつかの学習課題の中から自己の課題を見つける。	A 提示されたものを参考にしながら課題解決の見通しをもつ。 B 課題解決のために，次に何をしなければならないかわかる。 C 行き詰まったり失敗したりした時，新しい解決の方法を探す。	A 必要とする本などがわかり，学校図書館などで情報を探す。 B CD-ROMを活用したり，インターネットのリンクをたどったりして必要な情報を探す。 C 自分が取り組んでいる活動に必要な情報を，友達と一緒に集める。 D 時間的な順序，場面の移り変わりなどを考えながら，話や文章の内容を正しく読み取る。あるいは聞き取る。
1年	A 興味・関心をもったことを話題に出そうとする。 B いろいろなことに，興味・関心をもつ。 C ほめられたことを，他の場面でもしようとする。	A 身近な事柄について，自分の知っていることとの違いに気づく。 B あるもの・ことに対して，「なぜ」「どうして」等の疑問をもつ。 C 体験することを楽しんだり，もう少し時間をかけてやりたいことを見つけたりする。	A これから組む活動について，少し先を予想する。 B 課題解決のために，次に何をしようかと考える。 C 自分の学習が，うまく進んでいるかどうかを考える。	A 必要とする本などがわかり，学級文庫などで探す。 B マウスを操作して，CD-ROM等を楽しむ。 C 直接体験したことや，提示された資料の中から，様々な情報を見つけたり，集めたりする。 D 話の大体を聞き取ったり，文章の内容の大体を読み取ったりする。

もの」のアルファベットに対応する。[①] 丸数字は，同一区分内に同系統の力が複数記述されている場合の通し番号を示す。

用　　能　　力			自己表現力	自己評価力
（2）選択力	（3）産出力			
A 自分にとって，必要な情報を選択する力 B 情報を何らかの基準で価値づけたり，整理したりする視点を見いだす力	A 得たことを生かして考えをつくる力 B 浮かんだ考え方を豊かにする力 C 状況をふまえて考えをつくる力		A 伝達を目的とし，他者が理解できるように情報や意見を整理し，構成を整え，順序づけて表し出す力 B 様々な表現方法を活用する力 C 自己の学びの軌跡を残す力	A 自己内対話を中心に，自己の学びを振り返る力 B 相互交流を中心に，他者とのかかわりの中で自己の学びを振り返る力 C 学びの振り返りを次の学びに生かす力
A 情報を，いろいろな角度から見つめ，自己の目的や意図に応じたものを選ぶ。 B ①情報を価値づけたり整理したりする基準を見いだす力。 ②情報処理する過程で，それぞれの情報を見直し，情報の価値を再発見する。	A 自己の考えとは違う立場や意図をふまえ，自己の考えを産み出す。 B 情報を自分のものとし，自己の考えを重ねる。 C 目的や意図に応じて，情報を時には簡単に，時には詳細に再構成する。		A 相手意識・目的意識を明確にもち，それに応じるために，これまでに身につけた表現力を自己のよさを発揮しつつ活用する。 B 目的や意図に応じて，様々な表現方法を活用する。 例・プログラムやレジュメを作って，発表会を自分たちで進める。 ・パソコンを使ってプレゼンテーションする方法などを知り，発表する内容によって使い分ける。 C 自己の取り組みや活動を振り返り，自己の考えの変化を残す。	A テーマの妥当性，追求活動の取り組み方，報告の形式や方法について学びの軌跡やその価値を自覚する。 B ①友達との交流を通して，自己の学びを振り返り，自己の学びに対する見方や考え方の変容を見つめ直す。 ②自己の考え方，感じ方と比べながら，友達の学習の成果の価値を見いだすことができる。 C 他の学びのどこと響き合わせることができるのか見通しをもち，次の学習に生かす。
A 自己の目的や意図に応じた情報を選ぶ。 B ①自己の課題と照らし合わせ，軽重をつけて情報を選ぶ。 ②収集した情報の真偽を配慮しながら選ぶ。 ③情報の細かい点にまで目を配り，共通点・相違点に気づいて，必要な情報を選択する。	A 他者からの助言をもとに，自己の考えをまとめたりきりさせたりまとめたりする。 B 情報の細かい点にまで目を配り，共通点・相違点に気づいたり，自己の考えと区別したりする。 C 相手や場に応じて，内容に軽重をつけて，自己の主張がはっきりわかるように考える。		A 仮定的な言い回しや，事実と意見を区別して書くなど，様々な表現の工夫を活用して，自分が伝えたいことを効果的に表現する。 B 目的や意図に応じて，様々な表現方法を活用する。 例）OHP，ビデオ，図表，案内文，歌，演奏，劇，ワープロ，ホームページ，E-mail C ①表現することによって，更に自己の考えを確かにし，それを記録に残す。 ②自己の取り組みや活動を振り返り，感じたことや考えたことを文章に書く。	A 自己の活動を振り返り，計画通りに進んでいるか否かを判断する。 B 友達との関連を捉えながら，自分の学びや活動の意義を捉えることができる。 C ①自己の活動が計画通りに進んでいない場合，どのように修正すべきかを予想を立てる。 ②自己の学びを振り返り，学びの価値を見いだし，満足感・有能感・充実感をもつ。
A 情報の違いに気づき，自分が取り組んでいる活動に必要だと思うものを選ぶ。 B 情報の細かい点にまで目を配り，共通点・相違点に気づく。	A 他者の話や文章の内容を参考にする。 B 自分の思いや考えの理由をもつ。 C 目的に応じて，考えを進める。		A 発表したいことを順序よく表現する。 B 相手や目的に応じて，様々な表現方法を活用する。 例）新聞，カタログ，ポスター，パンフレット，辞典，手紙，絵を主としたコンピュータによる表現 C その時間に学習したことや思ったことを絵や文に表す。	A 学習の中で工夫したところ，がんばったところなどがわかる。 B ①自分の考えと友達の考えが違うことに気づく。 ②友達の学びの中から，自分の学びに生かせるところを見つける。 C 自分の表現を読み返して，間違いを正したり，つけ加えたりする。
A 複数のものとものと，こととこととの違いに気づいて，自分に必要なものやことを選ぶ。 B 自分が進めている学習にかかわりのあるものかどうかを選ぶ。	A 自分の思いを表す言葉を見つけたり，もったりする。 B 友達や指導者の言葉を使う。 C 指導者との対話・問答を通して，めあてに応じて，考えをもつ。		A ①自分の思いや考えを表現する。 ②事柄を考えながら，語と語とを続けて簡単な文をもったり，文と文とを続けて簡単な文章を書いたりする。 B 様々な表現方法を使う。 例）絵本，紙芝居，かるた，図鑑 C 自分の学習の成果を楽しみながら残していく。 例）見つけたよカード，ワークシート	A 学習の中で楽しかったところ，がんばったところなどを書いたり，話したりする。 B 友達や関わった人のよいところを見つける。 C これまでの体験や活動を振り返り，自分の成長に気づく。

※本表は，まだ研究途上のものである。したがって，実践を通して，現在も常に，加筆・修正を繰り返している。

（1）Stiggins, R., *Student-Involved Classroom Assessment* (3rd Ed), Merrill Prentice Hall, 2001.
（2）*Ibid.*
（3）田中耕治『指導要録の改訂と学力問題』（三学出版，2002年，p.39）を参照。
（4）Wiggins, G. & McTighe, J., *Understanding by Design,* ASCD (Association for Supervision and Curriculum Development), 1998, p.15.
（5）Wiggins, G., *Educative Assessment: Designing Assessment to Inform and Improve Student Performance*, Jossey-Bass Publishers, 1998, p.xii & chap.4.
（6）Wiggins & McTighe, *op cit.,* p.24.
（7）Wiggins, *op cit.,* p.196.
（8）CLASSは現在改称して，Re:learning by Designとなっている。このNPOにおいてウィギンズは指導的立場を担ってきた。
（9）様々な評価法における問題や課題の作成については，拙稿「教育評価の方法」（田中耕治編著『新しい教育評価の理論と方法』（第1巻　理論編）日本標準，2002年）を参照されたい。
（10）CLASS, *Performance Assessment in Action: The Best Elementary Case Studies from "Standard, Not Standardization"*, 1998. Re:Learning by Design, 'Task and Unit Design Samples and Resources', 2000 (http://www.relearning.org/resources/PDF/task_sampler.pdf ; 2003年3月31日) も参照のこと。
（11）ウィギンズ氏へのインタビューによる（2002年11月18日）。
（12）筆者がイギリスのクーム女子中等学校（Coombe Girls' School）を訪問した際に入手した資料（2000年9月12日）。
（13）Stiggins, *op cit.,* chap. 7 をまとめた。詳しくは，拙稿「教育評価の方法」（田中耕治編著『新しい教育評価の理論と方法』（第1巻　理論編）日本標準，2002年）を参照されたい。
（14）Wiggins, *op cit.,* chap.5 & chap.7.
（15）Wiggins, *op cit.,* p.166.
（16）Wiggins, *op cit.,* p.167.
（17）鋒山泰弘「英国ナショナル・カリキュラムにおける歴史科の目標論と評価規準」『教育目標・評価学会紀要』第8号，1998年，pp.89-90。
（18）TGAT Report, DES（1988）cited in Lambert, D. & Lines, D., *Understanding Assessment: Purposes, Perceptions, Practice,* Routledge Falmer, 2000, p.72. ただし，キー・ステージ4（14～16歳段階）に関してはGCSEのシラバスと重複するため，1995年版ナショナ

ル・カリキュラムからレベル9とレベル10が廃止された。
(19) 手順1 はWiggins, *op cit.,* p.177. 手順2 はArter, J. & McTighe J., *Scoring Rubrics in the Classroom,* Corwin Press, 2000, pp.37-44. 手順3・4 は，安藤輝次『評価規準と評価基準表を使った授業実践の方法』黎明書房，2002年，p.43。
(20) Wiggins, *op cit.,* chap.7.
(21) 本研究の詳細は，次の報告書を参照されたい。西岡加名恵・梅澤実・喜多雅一・宮本浩子・原田知光『ポートフォリオ評価法を用いたルーブリックの開発（第1号・第2号合併版）』（鳴門教育大学「教育研究支援プロジェクト経費」研究報告書），2003年。
(22) 2001年2月28日の板書をもとに宮本教諭が作成し，3月1日に配布して子どもに自分が達成できているかを書き込ませたプリント。
(23) 実際のスタンダードは，「スタンダードの向上（raising standards）」という用語が示すように，長期的には変化しうるものである。
(24) Wiggins, *op cit.,* chap.5.
(25) Ainsworth, L. & Christinson, J., *Student-Generated Rubrics: An Assessment Model to Help All Students Succeed,* Dale Seymour Publications, 1998. Stiggins, *op cit.,* pp.202-206.
(26) ニュージャージー州ウェスト・ウィンザー学区のトーマス・グローバー・ミドル・スクール（Thomas Grover Middle School）において，マリー・ドラッチ教諭（Ms. Marnie Dratch）が行った言語科目（Language Arts）の授業（2002年11月19日）。
(27) この学校にはウィギンズの指導が入っている。問いの形で単元間の関連を整理する発想は，ウィギンズとマクタイの著書（Wiggins & McTighe , *op cit.*）に見られるものである。
(28) 田中耕治「関心・意欲・態度問題にこたえる―学力評価論からの提案―」『わが子は中学生』1994年6月，pp.6-14。同『学力評価論の新たな地平』三学出版，1999年，pp.103-110。
(29) 田中耕治「観点別学習状況の評価および評定の意義と相互の関連はどうあればよいか」『教職研修』2003年2月号，pp.34-37。
(30) 田中耕治『指導要録の改訂と学力問題』三学出版，2002年，p.46。
(31) B・S・ブルーム他著（梶田叡一他訳）『教育評価法ハンドブック』第一法規，1973年。
(32) Anderson, L. & Krathwohl, D. (eds), *A Taxonomy for Learning, Teaching and Assessing,* Longman, 2001. Marzano, R., *Designing a New Taxonomy of Educational Objectives,* Corwin Press, 2001. 石井英真「『改訂版タキソノミー』によるブルーム・タキソノミーの再構築―知識と認知過程の二次元構成の検討を中心に―」（日本教育方法学会『教育方法学研究』第28巻，2003年）および同「メタ認知を教育目標としてどう設定するか

―『改訂版タキソノミー』の検討を中心に―」(『京都大学大学院教育学研究科紀要』第49巻, 2003年) を参照。
(33) Stiggins, *op cit.*, p.342.
(34) Martin, Jr., R.E., et al., *Teaching Science for All Children,* Alley & Bacon, 1994. ここでは，松森靖夫「科学的態度」(日本理科教育学会『キーワードから探るこれからの理科教育』東洋館出版社, 1998年, p.66) から引用した。
(35) ASCD and Wiggins, G. & McTighe, J., "Worksheets & Tools for Unit Design", 2002, p.24. これは，訪米調査の折 (2002年11月18～20日) にウィギンズ氏とマクタイ氏から提供いただいたものである。類似の資料はウェッブページにも見つけることができる (http://www.ubdexchange.org/resources.html ; 2003年1月29日)。
(36) Wiggins & McTighe, *op cit.*, p.86.
(37) マクタイ氏へのインタビュー (2002年11月20日)。
(38) QCAのホームページ (http://www.qca.org.uk/nq/ks/main2.asp ; 2003年2月4日)。
(39) QCA, *Guidance on the Wider Key Skills*, 2001 (http://www.qca.org.uk/nq/ks/wider_ks.pdf ; 2003年3月31日)。
(40) 鳴門教育大学学校教育学部附属小学校『附小の教育』2002年度, p.5。

第4章　Q&A

Q1 現在，評価に追われています。この上，教科でまでポートフォリオ評価法をする余裕はとてもありません！

A1 評価はあくまでも学習と指導に活かすためのものですから，評価に追われて指導どころではないようなら，評価のやり方そのものを見直す必要があります。その際に**ポートフォリオ評価法を用いれば，むしろ教師の負担は軽減される**と考えています。

　今回，観点別の目標準拠評価が導入されたことによって，思考力・判断力・応用力などの「高次の学力」や，技能・表現面を，今まで以上に明確に評価することが必要となりました。これらの学力については，筆記テストで評価するだけでは限界がありますが，かといって日常的にすべての観点を評価しようとすれば，まさに評価に追われる状況になってしまいます。そこで，それぞれの学力を着実に身につけさせ評価するために，**どのような証拠をポートフォリオに残させるかを考えます。その見通しを子どもと共有しつつ，ポートフォリオに証拠を収集していく**のです。あらかじめ設定された目標と照らし合わせて作る基準準拠型ポートフォリオは，特に教科教育に適しています。

Q2 基準準拠型ポートフォリオに収める作品は，どのようなものですか？

A2 第2章65ページの表2「学力評価の様々な方法」を見てください。基礎・基本を定着させるとともに「生きる力」も保障しようと思えば，一つの教科の中でも，様々な評価法を組み合わせて用いる必要がありますね。そこで，単元の中で，あるいは年間を通して，保障したい学力が身についているかどうか，どこでどのような評価法を用いて確かめることができるか

を考えてください。たとえば，理科において年間を見通した学力評価計画を立てる場合であれば，知識の定着と理解については年6回の**筆記試験**で見よう，思考力・判断力については年3回の**レポート**で見よう，実験・観察のスキルは授業の中で順番に**実技試験**をしよう，といったように考えます。

また，1単元について考える場合も，理解させ覚えさせたい概念は何か，できるようにさせなくてはならない技能は何か，どのような応用をさせたいか，といった観点から目標を絞り込み，それぞれの目標が達成された場合に集まるであろう証拠をイメージします。一人ひとりの技能を評価する時間はこの単元では取れないから，この目標は次の単元に回そう，といった判断もなされるかもしれません。

このように具体的な学力評価計画が決まったら，次に**子どもたちに，年間ないし単元を通してポートフォリオに集めるべき作品のリストを渡してください**。上の例では，筆記試験，レポート，実技試験の結果などです。そうすれば，子どもたちも見通しをもって学習に取り組むことができます。

なお，筆記試験とレポートについては実物を収められますが，実技試験については記録の工夫が必要です。ビデオなどで録画できれば最善ですが，点検項目のチェックリストなどを渡してもよいでしょう。チェックリストへの記入が，実技試験における子どものパフォーマンスの実態を示す一つの作品として扱われます。

Q3 ポートフォリオの魅力は，子どもが自分で自分をアピールできる点にあるのだと思っていました。どうも基準準拠型ポートフォリオでは，私がもっていたイメージに合わないのですが？

A3 ポートフォリオが総合学習の評価法として広く紹介されたので，そうお思いになるのだと思います。ただ，基準準拠型ポートフォリオは，教科で目標としている「思考・判断」「技能・表現」といったテストでは計りにくい学力をかなり評価できるので，教科学習に適しています。

教師による評価はある意味"諸刃の刃"です。先生にほめられて「やる気がでる」子どもがいる反面,「ほめられること」自体が目的になったり「指示待ち」になったりする子どももいます。したがって私自身,学校の中にも「教師がつける評定」から自由なスペース,つまり子どもが自分なりの評価基準で自由に自己評価できる場が必要ではないかと感じています。そのような場を作り出す一つの手段として,第6章で紹介する最良作品集ポートフォリオを挙げることができます。この場合も,教師は子どもがどの程度自律的かつ適切に自己評価できるようになっているかを評価していますが,教科の成績をつける評価とは明確に区別されます。

どのタイプのポートフォリオが一番いいかという発想ではなく,目的や領域,場面に応じて使い分けることが重要だと考えられます。

Q4 指導要録の観点別に適した評価法を教えてください。

A4 「知識・理解」を見るには筆記試験が最適です。「思考・判断」を見るには自由記述問題やパフォーマンス課題による評価,「技能・表現」を見るにはパフォーマンス課題による評価が適しています。「関心・意欲・態度」については,本章の4.を見てください。

パフォーマンス課題には,レポートや芸術作品といった完成作品を提出させて評価する方法と,口頭発表や演奏・器具の操作などスキルを実演させている場面を見て評価する方法があります。こういった方法はこれまでも日常的な評価の中で採り入れられてきましたが,**目標準拠評価を適切に実施するためには,パフォーマンス課題としてより定式化する**ことが求められています。定式化とは,求められているパフォーマンスの種類,パフォーマンスが行われる文脈や条件,評価基準をあらかじめ明示する形で課題を与え,それに則って評価することです。

なお,「思考・判断」「技能・表現」を分けて見るのではなく,**プロジェク**

トのような形で総合的に見ることもできます。たとえば，あるテーマについて調査し，報告書をまとめるような課題であれば，「思考・判断」「技能・表現」が総合的に評価される形になることでしょう。

Q5 パフォーマンス課題とは何ですか？ また，どうやって作ればよいのですか？

A5 パフォーマンス課題とは，完成作品や実演によって評価する課題のことです（第2章65ページの表2をご参照ください）。パフォーマンス課題の作り方については，第4章143ページの資料3を参考にしながら，次のような順番で考えてください。

①子どものどんな力を見たいのか（たとえば，「振り子の動き」の単元で，「実験をデザインする力を身につけさせたい」）。

②その力は，どんな場面で発揮されるものか（「様々な振り子の観察から仮説を立て，実験条件の統一を論理的に図りながら，実験を計画することが必要になりそうだ」と，その力を学習の文脈の流れの中でさらに具体的に捉える）。

③子どもにどんな指示を与えればよいか（「振り子の動きの規則性を見つける実験を計画し，実施しなさい。また結果について，友だちの結果とも比べながら，検討しなさい」という課題にしようと決める）。

④どんな特徴が見られたらよいか（「様々な実験条件がある中でどれを変化させたり一定にしたりすれば何がわかるのかについて，発見したり理解したりできているかで評価しよう」といったように，評価の観点を明瞭にする。あわせて子どもには，どのような観点で評価するか，評価基準をできるだけわかりやすく説明することが必要となる）。

第4章 教科教育と基準準拠型ポートフォリオ

Q6 改めて基準準拠型ポートフォリオなどといわなくても，学力評価計画を立て，Q4のようにレポートや観察などを含めて評価するのではいけませんか？

A6 もちろん，そのようなやり方で問題なく評価が行われているのであれば，それでもかまいません。しかし，基準準拠型ポートフォリオを用いれば，学力評価計画を教師と子どもで共有することが容易になるというメリットがあります。教師は子どもの学習の姿を常に評価しているわけですが，どこまでが指導に活かす形成的評価であり，どこからが成績をつけるための総括的評価かが不明瞭になってしまうことも多いでしょう。それでは，子どもは始終緊張にさらされることになりかねませんし，教師も後になってどの時点の評価を総括的評価とするか悩まなくてはならなくなるのではないでしょうか？　基準準拠型ポートフォリオにどのような証拠を残してほしいかを伝えることによって，一人ひとりの子どもについて観点ごとの学力を漏れなく評価できるようになるとともに，形成的評価と総括的評価の区別も明確になることでしょう。

Q7 「知識・理解」と「思考・判断」は，現実的には切り離せないと思うのですが？

A7 そのとおりです。「思考・判断」とは，「知識・理解」を使いこなすことができているかどうかを見るための観点だと考えられるからです。しかし，もし「知識・理解」だけを評価しておけばよいということにしてしまうと，情報の暗記はできていても使いこなすことができない子どもがいてもわからない危険性があります。そこで，指導要録の観点については，便宜的に両者を切り離して設定しておき，それぞれを評価する課題を設計しようとしているものと捉えることができるでしょう。

Q8 ルーブリックとは何ですか？ 評価基準（表）とは違うのですか？

A8 ルーブリック（評価指標）とは，評価基準の記述形式の一つを指す用語です。いわゆる「客観テスト」では○か×かで採点することができます。しかし，自由記述問題やパフォーマンス課題では，どの程度上手に問題に答えたり課題をこなしたりしたか，成功の度合いには幅があります。そこで，成功の度合いを「5，4，3，2，1」の点数や「A，B，C」の記号などの尺度で示しつつ，それぞれの点数・記号がどのような上手さを表しているのかを説明する採点指針が必要になります。**資料2**（142ページ）や**資料4**（145ページ），**資料5**（146ページ）にあるような表形式の採点指針のことを，ルーブリックと呼びます。また，尺度に対応する説明書きの部分を「記述語」と言います。

なお，ルーブリックには，**資料2・4・5**のように特定の課題に対応したもの（「特定課題のルーブリック」）のほかに，子どもの発達を長期的に捉える「発達的／長期的なルーブリック」もあります。

現在，教育委員会や学校で作られている評価基準（表）には様々なタイプがありますが，その多くで単元ごとに各観点に対応する評価基準を書く形式が採られています。しかし**ルーブリックを用いれば，単元や学年を越えて一つの能力の発達を評価することも可能**になるでしょう。年間の学力評価計画を立てる際にも，課題のリストと課題別のルーブリック，またそれらを総合して評定を出すための「全体的なルーブリック」とで整理していくという方法も考えられます。

Q9
①「特定課題のルーブリック」の作り方を教えてください。
②ある課題についてA，B，Cの3段階で評価するとして，「B（ふつう）」の基準はどのように決めればいいのでしょうか？

A9
資料8（150ページ）を参照してください。手順1が特にお勧めです。校内研修などの機会などを利用して，子どもの作品を持ち寄り，ルーブリックづくりを行えば，充実した教員研修にもなります。資料8の手順1に従ってルーブリックづくりをすれば，複数の先生方で「ふつう」の水準だと同意できる作品がいくつか見つかることでしょう。それらの作品のレベルが，B基準となります。あとは，それらの作品に共通して見られる特徴を捉えて，B基準に対応する記述語を作ります。初年度は作品もあまりないでしょうから，経験知に基づいて暫定的に作成し，子どもの作品の収集が進むにつれて改良していってください。

Q10
A9に書かれたようなやり方だと，学級や学校によってB基準が違ってしまう危険性があるのではないですか？

A10
学級や学校を越えて同等の水準（これをスタンダードといいます）でB基準を設定しようと思えば，学級ごと，学校ごとに作ったルーブリックと対応する作品例を持ち寄って，B基準が同じレベルになっているかを比べ，調整する作業が必要になります。また，学級間，学校間で分担してルーブリックを作り，他の学級・学校の先生にルーブリックを使って同じ作品を評価してもらうといった研修を行うことにも効果があります。そのような研修を行えば，B基準について先生同士で共通理解ができるでしょう。このような調整の作業を，モデレーションといいます（第5章の2.参照）。目標準拠評価の妥当性・信頼性を高めるためには，今後こうした作業が必要です。

Q11 英米では、ルーブリックを自由記述問題やパフォーマンス課題を与えるとき一緒に示すのですね。でもルーブリックの記述語を見ると、子どもたちにはわかりにくいように思うのですが？

A11 そうですね。教師が作ったルーブリックについては、子ども向けに書き直したほうがいいでしょう。たとえば、**資料2**（142ページ）に示されているルーブリックは、**資料6**（148ページ）のナショナル・カリキュラムを生徒用に簡略化して示したものとなっています。ルーブリックが、子どもたちにとって学習の具体的目標となります。

さらに重要なことは、評価基準について、対応する作品例（パフォーマンス事例）を見せながら説明することです。子どもたちに作品を批評させ、ルーブリックづくりを追体験させる授業は、特に効果的です。**資料15**（160ページ）は、ルーブリックづくりが授業の指導目標ともなっている事例です。

Q12 ルーブリックや作品例を示すと、子どもたちが作品例をまねたり、点数にとらわれたり、といった弊害もあるように思うのですが？

A12 たしかにルーブリックについては、子どもたちの自由な創造性を損なうのではないかという批判も寄せられています。しかし、たとえば「論説文」の指導において、「テレビの弊害を主張する」論説文の例を示しながらルーブリックを説明し、「それぞれ自分で主張したいことを選んで論説文を書く」というパフォーマンス課題を与えれば、必ずしも示された事例をまねてしまうということはないと思います。また、「創造的である」という条件を記述語に加えたり、作品例をたくさん示したりすることにも効果があるでしょう。基準準拠型ポートフォリオでは、教師が例を示すことで期待するパフォーマンスと目標＝評価基準を示すので、学習の目標や活動が明確になるというメリットもあります。

点数にとらわれる問題に対しては，**資料12**（156ページ）の実践を参照してください。教師がルーブリックを作ったからといって，必ずしも子どもにルーブリックの形式で評価基準を説明する必要はありません。概念マップやチェックリストの形にしてもいいのです。しかし，いずれにせよ，どのような評価基準を念頭においているのか，教師自身は明確に捉えておかなくてはなりません。

　ルーブリックを示す場合も，点数をつけることだけが目的ではなく，むしろ学習と指導に活かすことが主要な目的です。ルーブリックの記述語に着目すれば，作品の質を向上させるための条件が理解できることを子どもたちに伝え，ルーブリックをもとに作品を改善する機会を与えることが重要です。

Q 13　そもそも子どもの評価を点数でつけることに抵抗を感じるのですが？

A 13　おっしゃるとおり，評価をすることと点数をつけることとは，必ずしも同義ではないことを今一度確認しておく必要があります。子どもの実態を正確に記録するには，むしろ言葉で記述するほうが適しているでしょう。「思考・判断」が3で「知識・理解」は5という子どもについては，「総合して4点」などと書くより，「覚えるべき概念はすべて理解し記憶しているが，このような場面で思考力・判断力に課題が見られた」といった記述をするほうが，評価の情報は多いのですから，いっそう学習と指導に活かすことができます。

　しかしながら，通知表をつける教師の手間や，保護者が納得するかどうかなどを考慮すれば，便宜上点数を用いることにも一定の意義は認められます。さらに言えば，入試などの場面で，現実的に点数による選抜が行われ，それが教育にも影響することを考えれば，目標と照らし合わせてより妥当な内容を点数化する工夫も必要だと思います。

Q14 「関心・意欲・態度」はどう評価すればいいのですか？

A14 教育課程審議会答申（2000年12月）には次のように述べられています。

「この観点は，本来，それぞれの教科の学習内容や学習対象に対して関心を持ち，進んでそれらを調べようとしたり，学んだことを生活に活かそうとしたりする資質や能力を評価するための観点である。

しかし，その評価については，情意面にかかわる観点であることなどから，目標に準拠した評価であることが十分理解されていなかったり，授業中の挙手や発言の回数といった表面的な状況のみで評価されるなど，必ずしも適切とは言えない面も見られる。また，評価が教員の主観に頼りがちであるという指摘もある。

『関心・意欲・態度』の観点の評価にあたっては，例えば，態度や行動，発言内容の観察による評価，作品の評価，児童生徒の自己評価や相互評価，予習・復習の状況の評価など多様な評価方法により継続的・総合的に行う必要がある。評価には信頼性が求められるが，単に数値化されたデータだけが信頼性の根拠になるのではなく，評価する人，評価される人，それを利用する人が，互いにおおむね妥当であると判断できることが信頼性の根拠として意味を持つのであり，今後，教員の観察力や分析力など評価に関する力量を高めるとともに，多様な評価方法の工夫改善を進める必要がある」。

私自身は，現行の指導要録にあるような様式で「関心・意欲・態度」の観点を設定できるかどうかについては，疑問に感じています。しかし，この書式が変わらないかぎりは，どう成績をつければよいか考えなくてはなりませんね。下記の×印がついているのがやってはいけない方法，○印がついているのがお勧めの方法です。

×挙手の回数，発言の回数といった「学習態度」で見る。
×単元や授業の最初に，扱う内容について興味があるかどうかを調べる。あら

ゆる教科について非常に興味がある人間というのは現実的には少し想像しにくいですが，興味がなくてもできるだけ興味が出てくるような導入を工夫しましょう。指導法を工夫するための診断的・形成的評価として行うなら，このような評価は望ましいものです。しかし総括的評価に含めるべきではありません。関心や態度を高め育てるのが授業の役割です。仮に最初，関心が高かった子どもが，しだいに関心を低下させたとすれば，「その原因は何か」こそ教師が知る必要のある大事なことです。

×単元や授業の最後に，意欲的に取り組めたかどうかを自己評価させる。たとえば，理科に意欲的に取り組んでいても，科学的な関心・態度が身についているとはかぎりません。また，科学的な関心・態度が身についている子どもでも，ひどい授業であるため意欲的に取り組めない場合もありえます。

○教科内容に即して「関心・意欲・態度」の内実を捉えて，パフォーマンス課題や日常的な観察を行う。たとえば，「学んだことをもとに，新たな疑問を考える」（この場合，疑問の質を見ます），「以前学んだこととつなぎ合わせて考える」，「違う立場についても共感的に理解できる」といった内実が考えられます。こうした学習状況を見るのに，ポートフォリオは適しています。教科でもポートフォリオ評価法をお勧めするのは，こうした理由からです。

なお，4.では現行の指導要録の枠を越えれば，どのような「関心・意欲・態度」の評価ができるかについても提案しています。通知表については，学校ごとに書式を工夫することもできますので，参考にしていただければ幸いです。

第5章
教科教育における学力評価計画の策定

　思考力，表現力などについて目標準拠評価を行う際には，目標を際限なく細分化していく方法でなく，評価基準となる妥当な目標を絞り込み，それは何によって判断できるか「証拠」を考える。それらが，基準準拠型ポートフォリオに入れるべき「作品」となる。1年間の学力評価計画を立てるには能力概念，領域概念，評価法の3次元に着目する。観点別の評定や総合評定の出し方についてもルールづくりが必要であろう。

　「学力評価計画」を評価する視点としては，妥当性，信頼性，実行可能性，公正性がある。これらの視点から，学力評価計画の改善を図る。

　目標準拠評価の定着には時間がかかる。将来の方向性を探る意味から，イギリスの資格制度とアメリカの学区制度を紹介する。

1．学力評価計画の策定

【1】公開と承認の原則

　前章では，目標準拠評価を充実させるために，教科教育において基準準拠型ポートフォリオを用いることを主張してきた。基準準拠型ポートフォリオには，筆記試験やパフォーマンス課題など，様々な子どもたちの作品が収められることになる。子どもたちに共通した学力保障を行おうと思えば，ポートフォリオに収める作品を共通に規定しておく必要がある。たとえばイギリスの資格制度では，各科目について詳細な「学力評価計画」（scheme of assessment）を示した「科目明細」[1]が策定されている。そこで指定されているパフォーマンス課題は，評価のための課題であるとともに学習課題でもある。このことからも

わかるように，学力評価計画は教育内容を大きく規定するものとなる。

日本において**学力評価計画の策定**は，まだ始まったばかりの作業である。当面の大原則は，次のようなものであろう。

> 年度ごとに今最善と思われる学力評価計画を作ってあらかじめ公表し，それに則った評価を行う。実際に行ってみて問題だと思われた時には，次年度に改善する。

資格制度が端的に示しているように，目標準拠評価は，教師と子どもの間で「このようなパフォーマンスをすれば，このような成績をつける」という一種の契約関係を作るものである。もちろん教育においては，子どもの姿を見ながら目標が作り直されていくものであり，学力評価計画の策定によって教育が硬直するようなことは避けねばならない。しかし，どんなルールで評価されるのかが子どもにあらかじめ一切わからない状態や，あるルールで評価すると約束しておきながら途中で別のルールに変えるという状態では，子どもを不安に陥れ信頼関係を損なってしまう。また，教師によって適用するルールが違えば，子どもや保護者の間に不平等感が広がることは間違いない。ルールはできるだけ事前に公表し，子どもや保護者から了承を得ておく必要がある。

ただしここ数年は，このルールについて「実行しながら考える」ような状況が見られることだろう。その場合は，**おおよその方向性と基準を示しておいて，細かい点は授業が進む中で明確にする**という合意をとっておくこともできよう。

本章では，現在日本で作成されつつあるものなどを参考にしながら，「今考えられる最善」の学力評価計画の方向性を探ってみよう。

【2】「逆向き設計」——教育目標，達成と認められる証拠，学習という手順

現在までのところ，日本で作成されている学力評価計画では多くの場合，「目標分析」の手法が用いられている。つまり，①学習指導要領と指導要録の観点から，各単元の目標を設定する，②さらにそれを各授業のどの場面で評価するかを考える，③場面ごとに評価した点数を合計し，平均点で総括的評価を

行う,という手順がとられている。

　このような手法の問題点は,①まず目標の細密化が限りなく進んで,結局実行可能性が低くなることである。単元によっては300のチェック項目が並んだという例も耳にする。もちろん教師には,たえず教室全体の子どもの様子を観察する力が求められる[2]。しかし教師がたえず補助簿を持ち,授業中に10個近くの項目について全員の子どもをチェックするというのは不可能だろう。まして,それが内申書に響くということにでもなれば,子どもたちはたえず緊張にさらされ,教師と子どもの関係は破壊されてしまう。

　さらに問題となるのは,②そのように細分化された場面ごとの評価では「高次の学力」を評価できない点である。前章で述べてきたとおり,「思考・判断」や「技能・表現」については,それらを評価するためのパフォーマンス課題を考える必要がある。類似のパフォーマンス課題に何度も取り組ませる過程で,最初は的確に思考したり表現したりできなかった状態から,的確に思考し表現できる状態に育てていくのが,教育の果たすべき役割である。

　一方,ウィギンズとマクタイは,カリキュラムや単元を設計する際に,「逆向き設計」(backward design)の発想に立つことを主張している[3]。「逆向き設計」とは,図1に示したように,①まず求められている教育の結果(つまり教育目標)を決め,②次にその成果が上がったかどうかを証明できる証拠を考える。これらの証拠が,基準準拠型ポートフォリオに収められるべき作品といえる。③最後にそのような証拠が生み出されるような学習経験や指導を考えるという手順を踏む。

　指導計画を立てるにあたってはまず目標が考えられるのが通常であるが,目標が理念

図1　「逆向き設計」のプロセス
(Wiggins & McTighe, 1998)

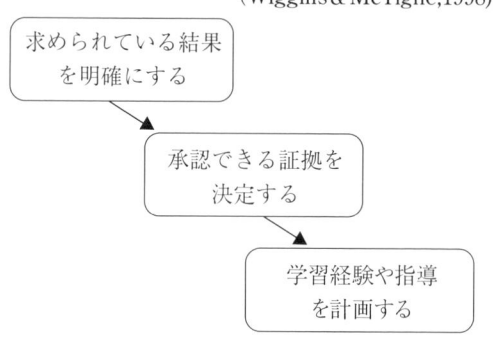

求められている結果を明確にする
↓
承認できる証拠を決定する
↓
学習経験や指導を計画する

的なものにとどまり，**具体的に子どもにどのような姿が見られれば達成されたと考えられるのかが明瞭でない**ことが多い。また評価法については，指導が終わった後で考えられがちである。

それに対して，「逆向き設計」では，まず子どものどのようなパフォーマンスを評価するかから考え始める（評価の構想と指導の構想の順序が逆転しているので「逆向き」といわれる）。これにより，目標もより明瞭かつ具体的に設定される。

「逆向き設計」の考えに則れば，日本において学力評価計画を作るにあたっても，**まず学年末に身につけていなくてはならない学力と，その学力が身についたかどうかを示す証拠（評価のための問題や課題）を考える必要がある**。そして，その到達点に向けて徐々に力をつけていくことになる。

【3】目標（能力概念と領域概念）と評価法の対応関係の整理

「逆向き設計」の発想に立った場合，「思考・判断」や「技能・表現」を評価するためには，パフォーマンス課題を活用することが必要となる。ただし，パフォーマンス課題によっては時間がかかるため，パフォーマンス課題で評価する目標を絞り込んだ学力評価計画を策定しなくてはならない。（これは，第4章で引用した図1（138ページ）で主張されているとおりである。）

図2　目標を整理するための3つの次元

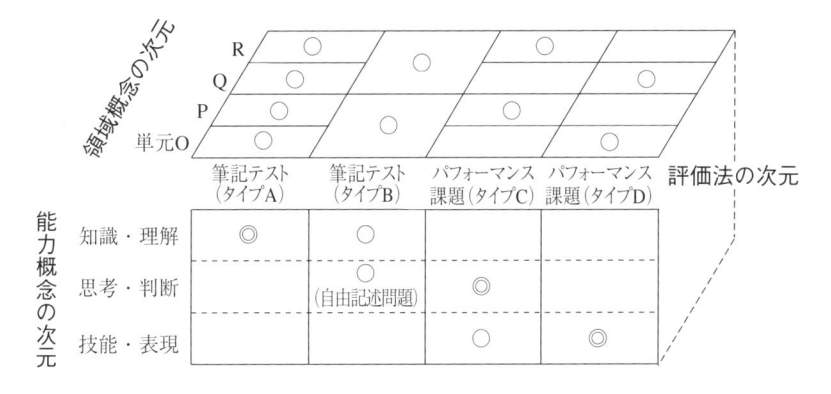

目標を絞り込む際には，**図2**で示したような能力概念，領域概念，評価法の3つの次元で，次の(1)(2)のような手順で考えることが有効だと思われる。

(1) まず，能力概念と評価法にはある程度の対応関係がある。そこで，**どの観点についてどの評価法で評価するか**を考える。指導要録の観点については，次のように考えることができるだろう。

- 「知識・理解」：主に幅広い知識を身につけているかを**筆記試験**で測る。
- 「思考・判断」：重要な内容を使いこなす力が身についているかを**自由記述問題（特に新しい文脈で応用する問題）やパフォーマンス課題**で見る。
- 「技能・表現」：内容に関わる身体表現的な側面（観察記録をとる力や口頭発表する力など）を**パフォーマンス課題**や**観察**によって見る。

ここで，**図2**において，能力概念の次元と評価法の次元が交差する平面に着目されたい。タイプAの筆記テストは「知識・理解」を見るのに適した選択回答式のテスト（「客観テスト」）である。タイプBの筆記テストは「知識・理解」と「思考・判断」が評価対象となっているため，選択回答式の問題と自由記述問題が含まれていると考えられる。タイプCのパフォーマンス課題は，「思考・判断」を重点的に扱いつつ「技能・表現」も見るもの，タイプDのパフォーマンス課題は「技能・表現」を見るためのものである。

ここでは「バランスよく学力を保障するため，1年間でこの4種類の評価法を組み合わせて使おう」と考えたとしよう（あくまでこれは説明のための例なので，さらに多くの評価法を組み合わせる可能性もある）。

(2) 次に，**どの評価法をどの単元で用いるのか**を考える。必ずしもすべての単元ですべての評価法を用いなくてもよい。特定の単元だけでのみパフォーマンス課題を用いるとか，類似の課題に取り組ませて一番良いもののみを採点対象にするという方法も考えられる。

そこで今度は，**図2**の領域概念の次元と評価法の次元が交差している平面に

注目する。仮に，1年間に「O，P，Q，R」という4つの単元があるとすれば，どの評価法をどの単元で使うかを考える。「タイプAの筆記テストは単元ごとの小テストとして実施しよう」，「タイプBの筆記テストは単元O・Pが終わったところで1回，単元Q・Rが終わったところで1回の，計2回しよう」，「タイプCのパフォーマンス課題には，単元PとRで取り組ませて，良いほうで成績をつけよう」，「タイプDのパフォーマンス課題は，単元OとQで取り組ませて，平均点で成績をつけよう」といったように考えれば，年間の学力評価計画が立つ（これはあくまで一例である。どの時点のパフォーマンスを総括的評価とするかについては，子どもの実態や学習内容に即して考える必要があるだろう）。

【4】3つの次元から学力評価計画を立てているイギリスの資格試験の例

実際イギリスの科目明細では，領域概念と能力概念の両面から目標を整理し，また対応する評価法を明示している。ここで，GCSE（大学進学者対象のアカデミックな資格）とGNVQ（準職業資格）の例を示しておこう。

表1[4]と**表2**[5]は，GCSEの歴史と理科の科目概要の一例から，学力評価計画の部分を表に整理したものである。GCSEにはキー・ステージ4（14–16歳）の2年間をかけて取り組むが，筆記試験は2年目の学年末ごろに行われるので，実質的には実力テストである。**表2**の理科の場合では，筆記試験は成績の良い

表1　GCSE歴史B（現代世界）の学力評価計画（概要）（OCR（2000）に基づき筆者が作成）

評価法　　　　領域　能力	筆記試験1		筆記試験2	コースワーク		計
	中核内容	ドイツ／ロシア／米国／中国	イギリス史	指定された単元から1つ	指定された単元から1つ	
AO1（知識の再生など）	36%		11.5%	12.5%	0%	60%
AO2（資料活用）	9%		18.5%	0%	12.5%	40%
AO3（理解・分析・評価）						
計	45%		30%	25%		100%

表2　GCSE理科（ダブル・アウォードA）の学力評価計画（概要）（OCR（2000)に基づき筆者が作成)

能力 \ 領域 評価法	筆記試験 （1番・2番） 生物	筆記試験 （3番・4番） 化学	筆記試験 （5番・6番） 物理	コースワーク （7番） 科学的な探究	計
AO1 （知識・理解）	16.7%	16.7%	16.7%	―	50%
AO2 （知識の応用と理解・分析・評価）	10%	10%	10%	―	30%
AO3 （探究のスキル）	―	―	―	20%	20%
計	26.7%	26.7%	26.7%	20%	100%

子どもが1・3・5番を受け，低い成績の子どもが2・4・6番を受けるという，習熟度別の2種類が用意されている。

　コースワークとは，授業中に取り組むパフォーマンス課題であり，ルーブリックと照らし合わせて採点される。コースワークについては必要数以上を作成し，その中から一番良いものを選んで提出する場合もある。ここではポートフォリオという語は出てきていないものの，通常はコースワークをためておくファイルが教室に置かれており，実質的にはそれらをポートフォリオと呼ぶことができる。教師たちは，科目明細に示されたルーブリックと照らし合わせながらファイルに蓄積された作品を評価し，生徒たちを指導している。なお，GCSEの試験には自由記述問題が多く含まれており，「パフォーマンスに基づく評価」が科目全体を通して重視されている。GCSE成立時にさらにコースワークが加えられたことは，日常的な評価を重視しようとしたためで

【コースワーク】
　イギリスの用語で，一般的には授業中に取り組む学習課題を意味しています。資格試験におけるコースワークは，授業や宿題で取り組み教師が評価するパフォーマンス課題のことで，ほとんどの科目明細で取り入れられています。たとえば，理科で「化学変化（例：中和）におけるエンタルピーの変化を調査する」，数学で「『背が高いほど，手が大きい』。この記述が正しいかどうか調査しなさい」といった例が見られます。科目明細によって，「1000語程度」で書く，「最長2週間」をかけるといった規定があります。

ある。

一方，表3[6]は，GNVQ中級ビジネスの例である。6単元中4単元の評価が「ポートフォリオ」で行われる。ここでいう「ポートフォリオ」とは，各単元で指定されている課題に対応して作られるものを指す。たとえば，単元1ではビジネスの事例研究が，単元2では対照的なビジネス2つについての比較研究が求められる。完成作品・実演・プロセスがすべて評価の対象となっているので，第2章の表2（65ページ）で示した分類でいえば，プロジェクトという評価法が用いられていると捉えられる。

このようにGCSEとGNVQの科目明細では（領域概念と能力概念の兼ね合いのつけ方には違いがあるが），学力評価計画において両者が交差したところで目標が捉えられており，重要度に応じた配点の重みづけが行われている点は共通している（たとえば表1では，「イギリス史に関する知識の再生」という目標に「11.5%」が配点されており，表3では「ビジネスの財務に関する知識・理解」という目標に「16点」が配点されている）。また表中には示していないが，どちらの場合も評価法や評価の時期が明示されている。日本でも目標準拠評価をより体系的に行っていくためには，このような学力評価計画の作成が求められるだろう。

なお，このような資格認定に関わる評価は資格授与団体から訓練を受けた採点者や教師によって行われており，子どもの自己評価による点数は加算されない。子どもの自己評価はややもすれば目標とはずれるものとなってしまうことから，<u>資格認定に関わる目標準拠評価において自己評価点を加算するようなことは不適当である。子ども同士の相互評価も同様である。</u>

表3　GNVQ中級ビジネスの学力評価計画（概要）(OCR (2000)に基づき筆者が作成)

評価法	ポートフォリオ	ポートフォリオ	筆記試験	筆記試験	ポートフォリオ	ポートフォリオ
領域　　　　能力	単元1（ビジネスの行われ方）	単元2（ビジネスの発展）	単元3（ビジネスの財務）	単元6（ビジネス界の人々）	選択単元	選択単元
知識・理解	―	―	16点	16点	―	―
完成作品を作る力	16点	16点	―	―	16点	16点

そもそも自己評価力は，子どもが自らの学習の状態を正確に理解し，自己調整を行う上で鍵となる力である。したがって，**自己評価力を育てることについては，むしろ目標として捉えるべき**であろう。イギリスでは，目標＝評価基準が学習の初めから明示され，また学習の途中でもそれと照らし合わせて指導が行われる（インターネット上でも公開されている）。したがって，子どもたちは，ルーブリックなどを見ながら教師が何を求めているのか（目標）を具体的に知り，自分のパフォーマンスを向上させることができるのである。

【5】観点別の総括的評価——日常の評価を合計するか、最終・最良の出来で評価するか

イギリスの科目明細では，形成的評価と総括的評価の関係も明らかである。たとえば，GCSE歴史の学力評価計画（**表1**）では，2年間の学習の成果を2年度目の最後に行われる筆記試験（実力テスト）とコースワーク2つ（2年間で取り組んだパフォーマンス課題のうち最良のもの）で評価すると決まっている。したがって，**コースワークに取り組む以外の授業で教師が行う形成的評価は，総括的評価には加味されない。**

日本の指導要録においては，「観点別学習状況」欄で，学年ごとに観点別の総括的評価を行うことが求められている。したがって，日常的に行われる評価と総括的評価の関係を明らかにしておく必要がある。

そのような関係づけのあり方としては，次の2通りのやり方が見られる。
(1) 各時間や各単元の点数を**合計・平均**するやり方。
(2) 1年間を通して伸ばしていった学力の**最終的な状態**で総括的評価を行うやり方。

どちらがよいかを考えるための一つの資料として，前章で紹介した「木の観察記録」（小学校4年生理科）について，一人の子ども（A児と呼ぶ）の作品の変化を紹介しよう。次ページ**資料1**[7]は，ポートフォリオに蓄積された1年間のA児の作品である。学年の初め，A児の観察記録はまるで「お絵かき」である。途中，A児は教師の指導言を誤解して，以前観察した状態についての記

資料１　A児の作品の１年間の変化（西岡・梅澤・喜多・宮本・原田，2003）

| 4月11日 | 4月13日 | 4月18日 | 4月25日 |
| 7月4日 | 11月28日 | 12月19日 | 3月6日 |

憶と現在の様子の記録を並べて描いたり，「予想」と「本当」のスケッチを並べたりといったつまずきを見せている。しかし，互いの作品を批評させ合いながら自己評価力を磨かせていった指導の成果があがり，最後にはかなり緻密な観察記録がとれるようになっている。

　<u>この作品の変化を見れば，学年初めの学力と学年末の学力を合計・平均して学年末の総括的評価とすることはナンセンスである</u>ことがわかるだろう。むしろ，学年末の学力の実態を捉えて総括的評価を行うほうが適しているように思われる。ただし，A児以外の子ども作品を見ると，学年末にかえって作品の質が落ちている例もあった。そのような例を勘案するのであれば，イギリスのコースワーク同様，**学年を通した作品の中から最良のものを選ぶ方法も考えられ**る。

　本当のところ，観察記録をとる力が身についたかどうかを捉えるためには，

次の学年になって担当の教師が代わり，別の状況におかれたときにでも同等かそれ以上の力が発揮できるかどうかを検討する必要もあるように思われる。この点で，ある教師の次のような叙述は参考になる。「課題を十分に与え，子どものパフォーマンス事例を十分な数集めたと感じるのは，もう一つ追加の課題を与えたら，子どもたちがどれぐらいうまくそれをするかを正確に予測できるとほぼ確信できた時です」[8]。

　以上のような提案に対しては，小学校4年生理科の大単元「あたたかさと生き物」のように1年間を通した単元など他の学年や教科ではあまりないという反論もあるかもしれない。しかし，たとえば歴史の資料活用力や事象に関する思考力といった学力は，どの時代の単元で評価してもよいのではないだろうか。むしろ，<u>目標が細密化する中で，実質的には「思考・判断」や「技能・表現」が評価の対象から抜け落ちる危険性</u>のほうが深刻であるようにも思われる。

　また，思考力などを見るパフォーマンス課題を作ったとしても，<u>対象となる内容が違えば，発揮される力も違う</u>という批判も考えられる。この批判は，たとえば，「理科の生物領域で発揮される思考力は，化学領域で発揮される思考力とは種類が違う」，「生物が好きな子どもが生物領域で発揮する思考力は，化学領域でのものよりも優れているはずだ」といった想定に基づいている。しかし，これらの想定が事実であるかどうかの解明はまだ十分になされているとはいいがたい。したがって，「生物領域で発揮される思考力がはたして化学領域で思考する場合に転移するか」，「対象に対する好き嫌いが思考の深さに影響するか」といった点について，今後の研究が求められている。現状では，どの領域でも思考力が身につかない場合に比べれば，たとえ一つの領域でも確実に深い思考力が発揮されるようにすることには大きな意義があると思う。

　観点別の総括的評価を合計点ではなく，到達点として評価しようとする試みは，すでに日本においても見られる。たとえば**資料2**[9]（200〜201ページ）に挙げた「国語科評価計画表」では，学期末の時点での到達点を見るための「判断基準」が3段階（A・B・C）でのルーブリックとして示されている。この計画表を作った宮本教諭も，1時間ごとの基準を念頭におきつつ形成的評価を

行っている。しかし，毎時の形成的評価を合計した形で学期末の評定を出すのではなく，1学期間を通して伸ばしていった到達点を「判断基準」と照らし合わせて評価する形になっている。

この学力評価計画の特に興味深い点は，どの観点をどの単元で**重点的に評価する**かについての計画も示していることである（200ページの右半分の部分）。このような形式であれば，学期末・学年末の評価基準は教師間で共有しつつも，単元の組み合わせや，どの単元でどの観点を重視するかについては，教師の自由な判断の余地を残しておくことができるだろう。さらに，日記や朝の活動等においても同じ基準で継続的に評価する形になっている点も興味深い。国語力はあらゆる場面で発揮されるものである。この形式であれば，指導は単元ごとに行いつつも，評価はあらゆる場面での子どもの力の発揮を捉えて行うことが可能となるように思われる。

ただしこの書式については，学期ごとにスタンダードが変動する点が問題である。つまり，学期ごとに求められる水準がより高いものとなっているため，実際には力を伸ばしていてもCがつき続ける子どもが出てしまう。この問題については，1年間を通した，さらには学年を越えた「発達的／長期的なルーブリック」（第4章168ページ参照）を開発することによって対処していくことができる。

【6】総合評定のつけ方──「**全体的なルーブリック**」の策定が求められている

最後に，観点別の総括的評価を総合してつける評定についてふれておこう。総合評定については，教育委員会などで，「Aがいくつ以上で5」，「A，B，Cをそれぞれ3点，2点，1点と換算して，合計点が何点以上で5」といったルールづくりが行われている例が散見される。本章の冒頭で述べたように，学力評価計画の策定にあたってはこのようなルールの決定・公開と社会的承認が重要であり，ルールづくりの動きは首肯できる。しかしながら，ルールづくりが機械的な操作に陥る危険性にも注意しなくてはならない。

「知識・理解」「思考・判断」「技能・表現」といった観点は相互に関連しあ

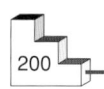

資料2　第6学年　国語科評価計画表（2学期）（宮本浩子，2002）

資質・能力		単元	わたしのアンソロジー	漢字の読み方	話し合いを豊かに	様々な価値、様々な生き方	わたしたちのことば、日本語	ことばの展示館へようこそ	漢字の形と音・意味	目的に応じて書こう・総合	わたしの六年間	送りがな	毛筆・書写	日記・朝の活動等	評価の方法
関心・態度	話す	積極的に話したり聞いたりする中で，自分自身の考えを深めようとする。			◎	◎		◎						◎	観察・学習記録
	書く	書くことにより考えを広げたり深めたりしようとするとともに，心豊かに書こうと心がける。								◎	◎			◎	観察日記・ノート
	読む	自分の生活（生き方）に関わることとして幅広い視点から読もうとする。	○												読書の記録・学習記録
話す・聞く能力	的確さ	聞き手の反応をとらえながら話す。			◎	◎									発言 観察 相互評価
	構成	事実と感想・意見の構成に留意しながら話す。			◎										スピーチ・発表の観察
	豊かさ	話すことによってさらに自分の考えを確かにする。				◎									発言の観察 自己評価
	非言語	資料・絵や掲示物を使って話す。												◎	観察
	正確さ	話し手の意図や立場・状況などを理解して聞く。													姿勢・表情の観察
		細部にわたることがらについて聞き分ける。													学習記録
	整理	複数の発表や話の関連を考えたり，自分にとっての意味を考えながら聞く。			◎	◎									色カード
		話の内容や進め方・組み立て方などの適否を聞き分ける。													相互評価 発言
	想像	聞きながら自分の意見や感想をもつ。													学習記録
		話された話題や自分にとって必要な内容について，さらに情報を得ようとする。													発言の観察 相互評価
	浸る	話の表現やことばの響きのよさ，組立の工夫や効果などを味わいながら聞く。													姿勢の観察
	非言語	お互いに学び合おうとする態度で臨む。			◎	◎									表情等の観察
	的確	話し合いの話題をとらえ，それないように話し合いを続ける。			◎										発言の回数と内容評価表
	展開	発言の内容を整理したり，必要に応じて話題を転じたりしながら話し合いを深める。			◎										発言内容 色カード等
	態度	相手の意見や立場を尊重しながら，互いが生かし合えるように発言する。			◎										発言内容の観察 自己評価
書く能力	取材・構成	文章にはいろいろな構成があることを理解し，目的や意図に応じて構成を工夫する。				○				◎	◎				構成メモ
	記述・表現	目的や意図に応じて，適切で効果的なことばや表現を選ぶ。								◎	○				作品 自己評価カード
	習慣	ノートやメモなど学習記録を整理しながら書き残すとともに，その価値を意識する。	○							○	○				学習記録
読む能力	図書資料活用	目的や意図に応じ，多くの図書資料の中から必要な情報を読み取る。				○									学習記録
	叙述に即して	語句の使い方，文末の表現などを手がかりに筆者の主張や表現の工夫をとらえることができる。				○									学習記録
	想像しながら	もう一つ奥にある意味を考えながら，情景や登場人物の心情を読む。	○												発言内容 学習記録メモ
	創造的に	多様な視点から他者と交流し，自分らしさや自分の位置を見いだす。													発言内容 学習記録メモ
	音読	効果を考えながら明快な発音でなめらかに音読する。	○												アンソロジー発表会
言語	言語知識・理解	学習した漢字を正しく書く。		◎				◎	◎					◎	確認テスト
		文脈における語の意味や効果を考えながら，語彙を豊かにする。				○	◎								発言・学習記録・テスト
		言語に関する理解を深める。（敬語・語源など）					◎								テスト
	書写	筆使いや大きさ字配りなどに気をつけ文字を書く。											◎		作品

第5章 教科教育における学力評価計画の策定

判 断 基 準		
A	B	C
積極的に発言し，司会者の役割を果たす等話し合いを豊かにしようとする。	積極的に意見を述べ話し合いを豊かにしようとする態度がみられる。	なかなか意見を述べようとせず，友達を頼りがち。
自分のために書くことによりさまざまな記録を残そうとする。	指示されたことについてはきちんと書くことができる。	抵抗が大きく未提出の作品が多い。書こうとしない。
読書の習慣が身についていて，幅広い本が読まれている。	指示された時間は読むが，読書の幅に若干偏りがある。	抵抗が大きく意欲的に読もうとしない。
相手の反応をとらえ瞬時の工夫を加えながら話すことができる。	相手を意識しながら話を進める。	相手の方を見ずに一方的に話している。
事実と意見・感想の構成を工夫しながら話す。	事実と意見・感想を整理して話す。	事実と意見・感想がごっちゃになっている。
話すことによって，自分の考えがはっきりする良さを自覚し臨んでいる。	話すことにより自分の考えがはっきりしてくることに気づく。	話すことの良さにはまだ目が向けられていない。
効果的に掲示物が使えている。	掲示物を使って話している。	掲示物を生かすことができない。
意図や立場・状況をふまえ，より客観的な聞き方ができる。	意図や立場・状況などを理解することができる。	相手の意図や状況などを意識せずに話を聞いている。
細かい表現に目を向けることにより話し合いを深めている。	細かい表現について聞き取り，その良さを考えることができる。	細かいところへこだわらず大雑把なとらえ方をしている。
互いの発言を関連づけながら，その意味を見いだそうとする。	互いの発言の関連性を考えることができる。	個別の聞き取りに精一杯で関連までは考えられない。
発言の適否をとらえ，さらにその効果や改善法を考える。	発言の適否をとらえることができる。	内容理解が精一杯で，その適否まではとらえられない。
聞きながら自分の意見や感想を深めることができる。	聞きながら自分の意見や感想をもつことができる。	内容理解が精一杯で，感想・意見まではもてない。
自分の内容がより充実するうえで大事な質問ができる。	聞きたいこと，頭に浮かんできたことをもとに質問できる。	頭に質問などは浮かんでくるが，発言できない。
表現や響きのよさ，組立の工夫を楽しみながら聞く。	表現や響きのよさ，組み立ての工夫を意識しながら聞く。	内容ばかりを追い，表現のよさや工夫には目が向けられていない。
話し合う中で互いの考えを深めようと幅広い視点から意見を述べる。	さまざまな考えを得るために積極的に意見を述べ合っている。	自分の意見を固執したり，他人に依存的になったりする。
話の展開をとらえ，話し合いが豊かになるよう発言する。	話の展開にそった発言ができる。	思いつくままの発言で話し合いを振り回している。
互いの意見を整理し，建設的な意見を述べる。司会者的役割を果たす。	互いの意見を整理しながら，話し合いを進めることができる。	出された意見を整理しながら聞けない。場当たり的。
参加者の個性や話題・内容をとらえその発言を誘う。	相手の発言を受けて話を進める。参会者全員に配意する。	相手の発言を受け止めようとしない。
目的や意図に応じ，効果的に構成を工夫することができる。	目的や意図に応じた構成を意識することができる。	内容が意図的に整理できていない。
表現の効果を吟味し，いきいきと表現できている。	目的や意図を考えながら表現している。	表現に目的や意図が十分ふまえられていない。
自覚をもち，こまめに記録をとったり，記録のとり方の工夫が見られる。	その時々の思いや必要な事柄を記録に残すことができる。	乱雑であったり，さっと書くことができなかったり。
それぞれの資料の特徴や内容の広がりを考えながら，意図的に読書活動を展開することができる。	幅広い視点から情報を得ようと読書活動を展開することができる。	1つの資料で満足し，さまざまな資料にあたろうとしない。
ことばや表現から筆者の思いを読み取り，その効果を考える。	ことばや表現のよさに目を向けながら読むことができる。	作品のことばや表現のよさに目を向けることができない。
表現をもとに，自分なりに主題を深めようとしながら読む。	表現の一つ奥にある意味をあれこれ考え読んでいる。	表現に振り回され，主題までとらえることができない。
さまざまな視点から話し合う中で，自身の読みや味わいを深める。	作品について友達と話し合い，自身の考えを深めることができる。	友達との交流が読みが深まることに結びついていない。
音声の効果を考えながら豊かに表現することを楽しんでいる。	さまざまな表現の方法を考えながら音読を試みている。	声に出すことの抵抗が大きく，味わうだけの声が出せていない。
90％以上のたしかさをもつ。	60％以上のたしかさをもつ。	たしかさが60％以下である。
90％以上のたしかさで使える。	60％以上のたしかさで使える。	たしかさが60％以下である。
誤用が少なく，語彙数も多い。	文のねじれや誤用が少ない。	文のねじれや誤用が多い。
90％以上のたしかさで使える。	60％以上のたしかさで使える。	たしかさが60％以下である。
丁寧で美しい作品ができる。	書き方を意識した作品ができる。	書き方への意識や技能が十分ではない。

っているものの，一人の子どもの学力を異なる角度から分析するものである。したがって，本来は加点して平均すれば総合評定になるという性質のものではない。むしろ，観点別の総括的評価をそのまま明示するほうが，学習する子どもにとってはよりよいフィードバックとなる場合もある。

　だが現状の指導要録では，何らかの方法で観点別評価を総合しなくてはならない書式になっている。その際には，子どものパフォーマンスを教科ごとに見た場合，どのような条件が見られれば5点がつけられるのかといった分析に基づいた，**教科としての「全体的なルーブリック」の策定が求められている**。

　極端な例を挙げれば，たとえば，小テストでは暗記して良い成績をとっているが，本質がわからず応用問題が解けない場合，「知識・理解」にA，「思考・判断」にCがつくかもしれない。逆に，本質がわかっていても，小テストでは暗記していないために低得点を取る子どもには，「思考・判断」にA，「知識・理解」にCがつくだろう。機械的な操作によればどちらも同じ評定になりうる。しかし，もし教科の目標において「本質の理解」を重視するならば，**総合評定は単純に両者を平均するより「思考・判断」を基本につけたほうがよい**。それでは冷酷だという意見もあるかもしれないが，評価はあくまで学習を向上させるためのものである。**到達点と問題点について的確に把握させる**ことによって子どもの自己調整を促し，ひいてはすべての子どもにその学年で到達すべきレベルに到達させることを目指すのが，目標準拠評価の本来の趣旨である。

　ちなみにイギリスの科目明細では，総合評定（グレード）についてもどう決めるかが明確に決められている。**表1**に示したGCSE歴史Bの例では，特に大きな分節点となるグレードA，C，Fについて，「グレードの解説」(grade descriptions)として，全体的なルーブリックが掲載されている（**資料3**[(10)]）。**表1**（193ページ）に示した配点に基づいて算出した合計点と，この全体的なルーブリックとの対応については，毎年，採点後に資格授与団体が決定している。これは，年により問題の難易度が推移しても同じスタンダードを保とうとしている工夫といえよう。

　一方，GNVQ中級ビジネス（**表3**，195ページ）の例では，総合評定は優・

資料3　GCSE歴史Bのグレードの解説（OCR, 2000）

> **グレードF**
> 　志願者は，科目明細の内容の関連する知識をいくらか再生・選択・組織する。彼らは，学習した出来事・人々・変化・論点に関して，いくらかの理由・結果・変化を同定し，記述する。特徴的な観念・信念・態度などを含め，出来事や論点や時期の特色を2，3記述する。
> 　志願者は，情報の資料を理解し，それらを表面上の価値で捉え，歴史的な論点を探究し単純な結論を導く上での有用性を考察し始める。出来事や人々や論点が表現され解釈される仕方にいくらか違いがあることに気づき，それについて理由をいくらか示すかもしれない。
>
> **グレードC**
> 　志願者は，学習した出来事・人々・社会についての自分の記述と説明を，ほぼ正確で適当に支持するために，科目明細の内容の歴史的知識を再生・選択・組織・展開する。
> 　志願者は，学習した出来事・人々・変化・論点について，構造化された記述と説明を作り出す。彼らの説明と記述は，関連する原因・影響・変化についての理解を示す。また，学習した時期・社会・状況について，当時の人々がもっていた様々な観念・態度・信念を含んだ鍵となる特徴や特色を考察し，分析する。
> 　志願者は，論点を探究し，関連する結論を導き出すために一連の情報資料を批判的に評価し用いる。どのように，またなぜ出来事・人々・論点が様々に解釈され表現されてきたかを認識し，コメントする。
>
> **グレードA**
> 　志願者は，主張を実証し，歴史的な判断に到達するために，科目明細の内容の歴史的知識を正確に効果的にかつ一貫性をもって再生し，選択し，組織し，展開する。
> 　志願者は，学習した出来事・人々・変化・論点をより広い歴史的文脈の中で考察する，発展的で，論理的に考えられ，よく実証された分析と説明を作り出す。また，学習した時期・社会・状況における特徴と観念・態度・信念の多様性を考察し，適切な折にはそれらの相互関係を考察する。
> 　志願者は，論点を探究し，論理的に考えられ，よく実証された結論に至るために，一連の情報資料を歴史的文脈の中で批判的に評価し，用いる。どのように，またなぜ出来事・人々・論点が様々に解釈され表現されてきたかを認識し，コメントするとともに，その歴史的な文脈においてそれらの価値を考察する。

良・合格という尺度で与えられる。総合評定は，各単元で獲得した点数を合計し，あらかじめ設定された境界線と比較した上で決定される。

2．学力評価計画を評価する

　ここで，学力評価計画が適切かどうかを点検するための視点を確認しておこう。次にチェックリストを作成した。以下，各項目について説明しよう。

【学力評価計画を評価するための視点】

□ カリキュラムで設定された目標に適切に対応しているか？（カリキュラム適合性）
□ 評価者が異なっていたり，同じ評価者が異なる時点で評価したりしても，特定のパフォーマンスについては同じような評価が与えられる程度に，学力評価計画や評価基準は明瞭か？（比較可能性）
□ 入手可能な資源と時間の限度内で，評価対象としなくてはならない人数の子どもたちを評価できるか？（実行可能性）
□ 公正な評価となっているか？（評価の公正性）
　○ 異なる社会的集団間で，不平等はないか？（平等性）
　○ 評価を行うことで，結果的に教育がだめにならないか？（結果的な妥当性）
　○ 試験に向けた指導や準備がどの程度認められるかのルールは明瞭か？
　○ 学力評価計画（評価基準）は公表され，社会的に承認されているか？（公表と承認の原則）

【1】妥当性と信頼性――「カリキュラム適合性」と「比較可能性」へ

評価を評価する基準として真っ先に挙げられるのは，妥当性・信頼性という2つの概念である。

妥当性（validity）とは，「ある評価の方法がどの程度当初意図した内容の評価にかなっているか」[11]を問うものである。妥当性の定義をめぐっては諸説が生まれてきたが，現在では**構成概念妥当性**[12]（construct validity）として解釈されるのが通常である。たとえば，「読むこと」に含まれる構成概念としては，音読と黙読の両方での正確さ，なめらかさ，文章の解釈，読書への関心といったことが考

【妥当性と信頼性】
妥当性とはテストが意図したものを測定しているかどうかを見るもの，信頼性とはテストがどの程度正確に測定しているかを問うものです。従来は，信頼性を重視する立場から誰が採点しても同じような点数がつく筆記テストが重用されてきました。しかし，幅広い学力を評価するためには，妥当性を重視し，パフォーマンス課題を取り入れることが必要です。

えられる。「読むこと」について評価しようと思えば，こういったそれぞれの側面を評価しなくてはならない。

ただし，実際のパフォーマンスは，大学の卒業論文のように，複合的な構成概念に関するものである場合もある。そのような場合は，改めて構成概念を分析することが難しいため，複合的な達成そのものとして認めるほうが適切であろう。なお，このとき発揮された能力が転移しうるものかどうかについて判断できるようにするためには，評価の文脈に関して詳述することが大切であるとされている。

以上の議論を踏まえた上で，ギップスは，これまでとは違った指標として，**カリキュラム適合性**（curriculum fidelity）を提案している。カリキュラム適合性とは，「構成概念，領域，またはカリキュラムが明確に規定され，評価がカリキュラム全体（各領域でなくても）をカバーしていること」[13]を意味する。つまりカリキュラム適合性とは，学力評価計画がカリキュラムとして設定されている目標に適切に対応しているかどうかについての点検を促す観点といえるだろう。

一方，**信頼性**（reliability）とは，「テストが測定しようとしている技能や達成事項をどの程度正確に測定しているか」[14]を問うものである。信頼性には次の2つがある。

- **テストの信頼性**：評価が2回実施されても，同じかまたは似たような結果を示すかどうかを扱うものである。テストの信頼性を高めるためには，課題の示し方や測定手続き，被験者の状態などをコントロールすることによって，誤差を小さくする必要がある。
- **テストの採点の一貫性**：評価者が異なっても，同じかもしくは類似した採点結果が出るかを問う評価者間信頼性と，同じ評価者が一人の子どもを2回評価しても同じような採点結果が出るかを問う評価者内信頼性がある。

ギップスは，信頼性を発展させた概念として，**比較可能性**[15]（comparability）を提案している。比較可能性とは，評価者が評価基準を共通理解し，同じ採点規則に従うことによって，評価の一貫性が確保されているかどうかを見るもの

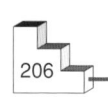

である。比較可能性を高める手だてをイギリスでは**モデレーション**(16)といい，具体的には評価者への訓練や評価者間の討議，評価基準の共通理解，事例集の提供，評価機関による調査や結果の承認などが含まれる。目標準拠評価を行うにあたっては，今後日本においてもモデレーションのシステムを作ることが求められている（第4章158ページ参照）。

【2】実行可能性──これまで日本の議論に欠けていたもの

評価法の選定にあたっては，**実行可能性**(17)（feasibility, manageability）を検討することも必要となる。実行可能性とは，入手可能な資源と時間の限度内で，評価しなくてはならない人数の子どもたちを評価できるかどうかを検討する視点である。

子どもの学力を評価するにあたっては，一人ひとりの子どもにじっくり時間をかけることができれば理想的である。しかし現実には，少人数の子どもたちを長い時間をかけて評価できる場合もあれば，多人数の子どもたちを短時間で評価しなくてはならない場合もある。実践家は与えられた条件のもと，可能な範囲で最善の方法を選ばざるをえない。ただし同時に，より効率的な評価方法を開発することや，よりよい評価を行う上での条件整備を進めることも大切である。

【3】評価の公正性

社会的な文脈における評価法の倫理的な側面を検討する視点として，**公正性（equity）**についてもふれておこう。公正さに関わっては，第一に，異なる社会的集団間の平等が問われる。すなわち，その評価法が，経済的な階層，性別，人種や民族的な出自，障害などにかかわらず，公平であるかが検討されなくてはならない。学力を効果的に示す機会を平等に与えるためには，まず評価の形式・内容・方法を調べる。たとえば，読む力以外を評価するための問題・課題づくりにあたっては，読む力が不十分な子どもでも理解できる問題・課題になっているかどうかの点検が必要となるだろう。また，何を学力とみなすかは，

社会に存在する複数の文化のどれに教育が依拠するかによる。教育内容の選定にあたっても，より公正な社会を形作るために選ぶという発想が求められる。

　ギップスは，公正性に関連して，**結果的な妥当性**[18]（consequential validity）という論点も提示している。これは，ある評価法の使用によって，学習者の教育機会がどのような影響を受けるのかを見る視点から妥当性を検討するものである。結果的な妥当性が損なわれた例としては，「学校ごとの試験成績を公表することによって，教師の指導が試験準備に集中してしまう（カリキュラム適合性をもたないものになってしまう）」という事例や，「生育環境の相違によりグループ間（たとえば，黒人と白人の間）に生じたテスト結果の相違を，生得的能力の相違として説明することによって差別を正当化する」という事例が挙げられよう。

　テストに向けた指導や準備がどの程度認められるのかも，難しい論点である。通常のテストでは，どのような問題が出されるのかは秘密にされるべきだと捉えられていることが多い。一方「真正の評価」論はこの論点に関して，全く異なる発想に立つ。「真正の評価」では，まず子どもに上手になってほしいパフォーマンスを決定し，そのパフォーマンスにあった評価を考える[19]。そして，どんなパフォーマンスが求められているかを，子どもにも明示する。そもそも伝統的な精神測定学は，能力を固定的なものとして捉える。それに対し，教育評価の立場では，パフォーマンスは学習の文脈と動機づけに立脚するものであり，本質的に相互作用を伴い，柔軟性をもつと捉えられる。したがって，パフォーマンスに基づく評価においては，子どもの最も優れたパフォーマンスを引き出すべきだとされるのである[20]。

　最後に，公正な評価を行うためには，**明瞭な評価基準が設定され，公表される必要がある**。これは，評価基準が妥当であるかどうかを公開で討論する上で必要であるだけでなく，明確な目的意識を与えることによって子どもたちの動機づけを高める点でも意義が大きい。評価基準を明示することは，どの子どもでも基準に達すれば認められる権利を与えることでもある。なお，評価基準は，評価が行われる前に教師や子どもたちにも明示されなくてはならない。単に公

表されるだけでなく，教師や子どもが実際にその評価基準を使いこなせるように，訓練したり指導したりすることも重要となる。

【付論2】学力評価計画を開発するシステム：国家と学校を調整する中間項

体系的な学力評価計画の開発は，各学校で取り組むには荷の重い作業であり，かといって国家からのトップダウンでは硬直したものとなってしまう危険性がある。したがって，**両者の中間に位置する地方レベルや教育研究機関の役割が重要となる**（第1章【付論1】参照）。

ここで，英米において，学力評価計画を策定するシステムとしてはどのようなものが見られるのか，紹介しておこう。

●イギリスのシステム

イギリスにおいては，OCR，AQA，EDEXCELなど様々な資格授与団体が，普通資格・準職業資格・職業資格について多種多様な科目明細を提供している（**図A**参照）。GCSEの歴史に限っても，それぞれの団体で3種類の科目明細が用意されているほどである。同一教科で用意されている科目明細であっても，教科の内容領域が異なって

図A　イギリスのシステム

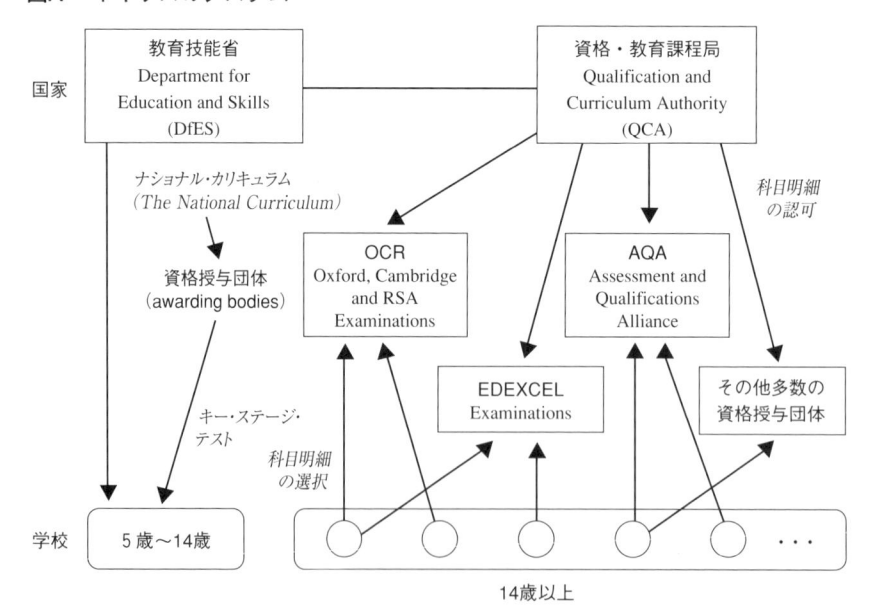

いたり，あるいは内容へのアプローチの仕方が異なっていたりするため，複数ある目標への配点の比重や用いられる評価法にもその違いが反映されている。

つまり，同じ教科でも違う内容をやっているが，資格としてはどれも同じGCSEとして扱われる。科目明細ごとの内容の多様性に対し，スタンダードを保持する仕事は国家（教育技能省やQCA）が行っている。具体的には，資格を「全国資格枠組み」の中に位置づける，資格について必要性と質の良否を検討する，資格授与団体による試験の実施と資格授与のプロセスが円滑に行われるよう統制する，資格について年ごとにスタンダードが一貫しているかどうかを点検するといった仕事である。

各学校は，ナショナル・カリキュラムの枠内で科目明細を選択し，学校カリキュラムを編成する。1996-97年度に筆者が6校において，キー・ステージ4でどのような教科が提供されているかを調査したところ，法的に規定された必修教科以外はかなり学校の裁量が働いていた[21]（2002年9月からは，さらに「設計と技術」，「現代外国語」が法的な必修教科ではなくなったので，学校や生徒による教科選択の幅は一層広がっている。これは，中等教育において「仕事に関係した学習」をより重視することによって，義務教育後も学校にとどまる生徒を増やしたい政府の意向を反映している）。資格授与団体は，いわば商品として資格を販売している。当然，多くの学校で採用される資格を提供するよう努力することから，学校や生徒も，教科選択により，科目明細の開発へ間接的に「参加」しているといえる。

このようにイギリスの資格制度は，**学力評価計画の開発について資格授与団体という中間項が存在することによって，スタンダードを確保する国家の統制と，需要と供給のバランスをとる市場原理を用いつつ，評価の質を点検する社会的なシステム**となっている。

●アメリカの学区制度

アメリカにおいては，学区（school district）が大きな役割を担っている。学区の教育委員会は，学区にある幼稚園から高等学校までの教育に責任をもつため，学校段階を越えてカリキュラムを設計する責任をもっている。

資料Aは，ニューヨーク州ジョンソン・シティ学区で用いられている言語科目（language arts：日本の国語科にあたる）のポートフォリオである。ジョンソン・シティ学区には幼稚園1園，小学校2校，ミドル・スクール1校，高等学校1校があるが，このポートフォリオは**幼稚園から第7学年まで通して引き継がれる基準準拠型ポートフォリオ**である。開くと各ポケットに，学年ごとに保存しておくべき子どもの作品が指定されている。次の学年，また次の学校の教師たちは，こうして子どもの学力を具体的に把握することができる。

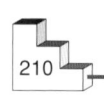

ジョンソン・シティ学区では，このポートフォリオに対応する評価基準表も「発達的／長期的なルーブリック」の形で開発されつつあった。**資料B**[22]は，そのうち「読みの成果」(reading outcomes) に関わる部分である。これは，学区の教師たちの間で長年蓄積された知見をもとに作られた。**子どもが到達した評価基準を学年により違う色でマークすることによって，子どもの到達度だけでなく，学年ごとにおける伸びを示す累積記録となっている。**

　このように「発達的／長期的なルーブリック」とポートフォリオで教科内容が規定されていることも，学力評価計画の一例といえるだろう。学区という単位は，学校教育全体を通したボトムアップの学力評価計画を開発できるシステムであるといえよう。

資料A　ジョンソン・シティ学区の言語科目ポートフォリオ

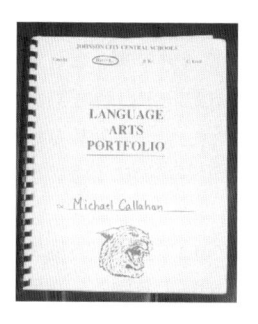

資料B　「読みの成果」に関する累積記録（ジョンソン・シティ学区の提供）

幼稚園―青，第1学年―黄，第2学年―緑，第3学年―ピンク，第4学年―オレンジ

	理　解	方　略	語　彙
読む以前の段階	・読めるようになることの必要性がわかる[中略] ・自己を読者であるとみなし始める ・本には前後があり，上から下へ左から右へ読むということがわかる ・「ストーリー感覚」を高める ・ある人がそのストーリーと絵をかいたのであるということがわかる	・読みたいという強い欲求をもつ ・本を探す [中略] ・ストーリーを示している（テクストの代わりに）絵を読む ・自分自身で本を選ぶ ・気に入った話をもう一度言う ・単語と文字を区別し始める	・身の回りの活字（標識・ラベル）に気づく ・自分自身の名前を認識する ・お友達の名前を認識する
萌芽的段階	・ひとまとまりの文字の上下がわかる ・口頭で文字が言え，様々な場合においても特定できる ・著者やイラストレーターに親しむ ・誘導的な問いに答えながらなじみのある物語を正しい順序で話せる[後略]	・意味がわかる手がかりとして絵に頼る ・ある単語を予想するために，その単語の語頭の文字を使う [中略] ・頻繁に自己訂正する，自分のことばで言う ・間違いをおそれず読んでみる ・先生の助けをいっぱい借りながら読む	・実際用いられている単語と個人的な単語がわかる ・文字と音との関係を利用する（例，the,isなど）
早期段階	・物語を構成する一般的な要素がわかる ・誘導的質問をもとに，主人公の足跡や気持ちがわかる ・誘導的な質問を用いた細かな点を補強しつつ正しい順序でお気に入りの物語が語れる ・主題がわかる ・細かな点がわかり始める [後略]	教師の指導を得つつ活字から意味を理解するために諸方略を使える[中略] ひとりで諸方略を使える ・必要なときに絵の手がかりを使う ・果敢にとりくみアプローチし始める ・意味を予想し確信するために文脈上の手がかりを使う [後略]	・基本的な語彙をもつ
流暢な段階	・ひとりで，物語の設定や登場人物，問題と顛末がわかりくわしく話せる ・主題と細部がわかる ・事実と虚構の区別をする ・推測するのに本文の情報を使い始める ・原因と結果の関係がわかる[後略]	ひとりで諸方略を使う [中略] ・読むとき意味のある置き換えを行う ・文字のまとまりや単語のまとまりに関するたくさんの知識を用いる ・予想したりアプローチしたり即座に確実にひとりで訂正したりする方略を用いる[後略]	・広く役立つ語彙をもつ ・語法と句読法を用いる
確実な段階	・ひとつの物語を構成する一般的な要素がお互い関係しあっていることがわかる ・著者の目的がわかり始める ・主題と細部がわかる ・様々な種類の実話とフィクションとを区別する ・推測するのに本文の情報を使う ・もっと複雑な物語で原因と結果の関係がわかる ・教師の助けをえながら，…様々な種類のジャンルの物語を比較対照できる ・文学の諸側面と自分の個人的な経験との関係がつかめる ・比喩的な言い回しを認識し解釈する	読者として自立し，次のような方略を自動的に用いる ・果敢に取り組みアプローチする ・能動的に予想を立てる ・意味をとりちがえたとき自分で訂正する ・様々なレベル（文字通り，解釈，批判的）で理解する ・内容分野の方略を用いる ・特別な活字（イタリック，肉太活字など）を認識する ・読みとおしをする ・索引，目次，用語解説などを用いる ・幅広いテキストから情報やアイデアを集め始める	・非常に幅広い語彙をもつ ・発展的内容の語彙をもつ

(1) イギリスにおいては従来，アカデミックな科目では「科目明細」にあたるものを「シラバス」(syllabus) と呼んできた。「科目明細」(specification) の語は，伝統的には職業資格で用いられてきたものである。最近では両者を統一するために，アカデミックな科目についても「科目明細」の語が用いられるようになった。
(2) 静岡市立安東小学校が開発した「カルテ・座席表」は，そのような形成的評価のための有意義な道具である（上田薫・静岡市立安東小学校『安東小発 個を見つめる授業』明治図書，1999年）。
(3) Wiggins, G. & McTighe, J., *Understanding by Design,* ASCD, 1998, p.9.
(4) OCR (Oxford Cambridge and RSA Examinations), *OCR GCSE in History B: Modern World History (No. 1937),* 2000 (http://www.ocr.org.uk/OCR/WebSite/docroot/index.jsp；2003年1月21日) の情報に基づき筆者が作成した。
(5) OCR, *OCR GCSE Science: Double Award A (No. 1983),* 2000 (http://www.ocr.org.uk/OCR/WebSite/docroot/index.jsp；2003年1月21日) の情報に基づき筆者が作成した。
(6) OCR, *OCR Intermediate GNVQ in Business (No. 7961),* 2000 (http://www.ocr.org.uk/OCR/WebSite/docroot/index.jsp；2003年1月21日)の情報に基づき筆者が作成した。
(7) 西岡加名恵・梅澤実・喜多雅一・宮本浩子・原田知光『ポートフォリオ評価法を用いたルーブリックの開発（第1号・第2号合冊版）』鳴門教育大学「教育研究支援プロジェクト経費」研究報告書，2003年。
(8) この教師の叙述は，スティギンズが次の文献の中で紹介しているものである。Stiggins, R., *Student-Involved Classroom Assessment* (3rd Ed), Merrill Prentice Hall, 2001, p.214.
(9) 徳島市福島小学校　宮本浩子教諭作成（2002年度2学期）。なお宮本教諭は，これ以前に「話す」，「聞く」，「話し合う」力について6年間を見通した発達の「系統表」を作成しており，この書式にもその成果が反映されている（宮本浩子「小学校高学年における国語科教育課程の構想と展開」第2回徳島国語教育実践研究大会資料，2001年8月19日）。
(10) OCR, *OCR GCSE in History B.*
(11) C・ギップス（鈴木秀幸訳）『新しい評価を求めて—テスト教育の終焉—』論争社，2001年，p.3 (Gipps, C. *Beyond Testing: Towards a Theory of Educational Assessment,* Falmer Press, 1994.)。
(12) **構成概念**とは，「直接的には観察できない概念であり，観察可能な事象から理論的に構成される概念」（中島義明他編『心理学辞典』有斐閣，1999年，p.249）であり，「現象の背後にある技能や属性をさす用語」である（ギップス，前掲書，p.8）。**構成概念妥当性**とは，「テストが測定をめざす概念に関する理論的予測が，実際のデータによって実

証されるかどうかで，テストの妥当性を評価しようとする考え方」(中島，前掲書，p.249) である。
(13) ギップス，前掲書，p.211。
(14) 同上書，p.94。
(15) 同上書，p.241。なお，鈴木訳では，「評価の統一性」。
(16) 同上書，p.100。
(17) ギップスは，manageabilityの語を用いている（同上書，p.158）のに対し，ウィギンズはfeasibilityの語を用いている（Wiggins, G., *Educative Assessment,* Jossey-Bass Publishers, 1998, p.119）。
(18) ギップス，前掲書，第8章。なお，鈴木訳では，「結果妥当性」。
(19) Wiggins, G., 'Testing to the (Authentic) Test', *Education Leadership,* Vol.46, No.7, pp.41-47.
(20) ギップス，前掲書，p.229。
(21) 拙稿「英国における総合学校を再考する―6つの中等学校の比較を通して―」『鳴門教育大学研究紀要』(教育科学編) 第6巻, 2001年, p.234。拙稿「英国の総合学校における平等主義原理のカリキュラム―2つの中等学校の比較研究―」(日本教育方法学会『教育方法学研究』第25巻, 2000年, pp.59-67) も参照されたい。
(22) 拙稿「教育評価の方法」田中耕治『新しい教育評価の理論と方法』(第1巻・理論編) 日本標準, 2002年, p.91。なおこの表は, 田中耕治・西岡加名恵・藤本和久「米国ニューヨーク州のジョンソン・シティにおけるODDMの検討―OBEのための学区-学校運営モデル―」(京都大学大学院教育学研究科 教育方法学講座紀要『教育方法の探究』第3号, 2000年, pp.43-60) の表3 (pp.57-58) を加工したものである。

第5章　Q&A

Q1 「教科の目標→学年目標→単元の目標→授業の目標→…」と目標を具体化していって，1時間に1～2つの観点で評価することになりました。それでもなかなか評価が大変なのですが？

A1 私が耳にした例では，同様の方法で目標を細分化していったら，1つの単元で300の評価項目が並んでしまった学校もあります。子どもたち全員をそんなにたくさんの評価項目で評価しながら，しかも面白い授業をすることなど不可能でしょう。1時間あたり1～2つの観点を取り上げ評価するとしても，30～40人の学級ではかなり大変だと思います。たしかに日常的に形成的評価を行うことは大切ですが，教師がチェックリストで常に子どもの学習を点検してそれを合計して評定をつけるやり方には限度がありますし，それを総括的評価に反映させるというのでは子どもにとっても窮屈な授業になってしまいます。学習には試行錯誤が必要ですが，間違いを恐れて試行錯誤もしにくくなりますね。

　さらに問題なのは，このようなやり方では，実際に用いられている評価法が「日常的な観察・対話」に偏ってしまうことです。第4章で述べてきたように，**幅広い学力を保障しようと思えば，数は少なくてもいいので，良質な自由記述問題やパフォーマンス課題を取り入れる**ことが重要です。ポートフォリオはそうした課題に取り組む過程を含めて成果を評価できるので，推奨しています。

Q2 パフォーマンス課題を取り入れよと言われても，時間が足りないのですが？

A2 むしろ，**パフォーマンス課題に取り組む過程を授業にする**というように，発想を転換してみてください。そんなにたくさんのパフ

ォーマンス課題に取り組ませる必要はありません。たとえば，歴史の思考力を身につけさせたいという目標があれば，いくつかの時代を扱うときに，「前の単元で扱った時代と，この単元で扱った時代を比べて，社会は変わったかどうか，小レポートを書きなさい」という課題に繰り返し取り組ませてはどうでしょうか？　子どもたちに思考力が育っていれば，徐々に「小レポート」の質が良くなるでしょう。こうすれば，「思考・判断」の観点についての学年末の評定は，「小レポート」のうちの一番良いものか，学年末のものに比重をおいてつけることができるでしょう。

Q3 入試に必要な知識を教えるだけで，手一杯です！

A3 お気持ちはわかります。でも，ちょっと次の問題を考えてみてください。

「次のものを年代の古い順に並べてください。①墾田永年私財法，②三世一身法，③荘園の成立，④班田収授法」（西林克彦『間違いだらけの学習論』新曜社，1994年，p.4）。

この問題を見て「④→②→①→③」という答えがわかった人は，おそらく「この4つの言葉は，古代の土地制度が公から私に進んだ過程を示すキーワードだ」と気づいた人です。

この例からわかるように，知識はバラバラに学んでも記憶しにくいのに対し，**うまく文脈の中に関連づけながら覚える**と記憶しやすいものなのです。パフォーマンス課題は，そのような関連づけに取り組ませるものですから，結果的にはより効率的に知識が習得されていくのではないかと思います。

実際の授業の中には，「たしかに教師は記憶すべき答えを説明しているけれど，はたして子どもたちはこれらの事柄に興味をもったり意味を理解したりしているだろうか」と疑問に感じざるをえないものも見られます。**何が重要事項で，なぜそれが重要なのかを理解させていくような授業がむしろ求められてい**

るように思います。

Q4 形成的評価と総括的評価の関係づけ方を教えてください。

A4 形成的評価とは指導の途中で行う評価であり、指導がうまくいっているかどうかを点検し、必要に応じて指導を向上させるために行われます。教師は、日常的に子どもたちを観察したり、発問に対する応え方を見たり、ノートやワークシートを点検したり、小テストを行ったり、といった様々な形で評価しています。これが形成的評価です。一方、総括的評価は、学期末や学年末に、子どもの成績（評定）をつける評価を意味しています。

形成的評価はできるだけ多くの機会を捉えて行われるべきです。しかし、学力評価計画を立てる際には、どのような評価活動を取り上げて評定をつけるか（総括的評価を行うか）を考える必要があります。たとえば、重要な概念を習得させるために、間違いがなくなるまで何度も小テストにチャレンジさせる場合、小テストの点数を合計して総括的評価を行うより、小テストについては形成的評価や指導のために行って、総括的評価は学年末の実力テストでの出来に基づいてつけるという形が採られるほうが妥当であるようにも思われます。

パフォーマンス課題を取り入れようとすれば、現実的には授業の中でパフォーマンス課題に取り組む時間を確保する必要があります。その場合は、教師が形成的評価を活かしつつ指導を行うことによって、子どもの作品の質が徐々に向上することでしょう。そこで、パフォーマンス課題を用いて総括的評価を行う学力評価計画を立てる場合は、どの時点の作品を総括的評価の資料とするかについても一定のルールを考えておく必要があるでしょう。

第5章　教科教育における学力評価計画の策定

Q5 指導要録の「観点別学習状況」欄は，単元ごとの評定を合計・平均すればいいのでしょうか？

A5 その方式でよいかどうかは，観点の内容によります。たとえば，「身近な物理現象」「身の回りの物質」「植物の生活と種類」「大地の変化」という4つの単元があり，**各単元での知識の記憶について評定をつける**のであれば，各単元の評定を合計（平均）すればよいでしょう。

しかし，**科学的な思考**という観点であれば，どの内容領域でも，ある程度共通する力として捉えることができるように思います。この場合は，単元ごとに科学的思考を見るための類似した課題を与え，徐々に力を伸ばしていき，**最終的な到達点で評定をつけるほうが適切**でしょう。このようにパフォーマンス課題や自由記述問題といった**多様な評価法を焦点を絞って取り入れる**ことは，日常の授業で常に評価しなければならないことに追われる状況を緩和してくれます。これが，目標準拠評価のためにも，教科に基準準拠型ポートフォリオの導入を勧める理由です。

Q6 「観点別学習状況」欄で観点別の評定をつけた後，総合評定はどのように算出すればよいですか？

A6 現在，「Aがいくつ以上で5」，「A，B，Cをそれぞれ3点，2点，1点と換算して，合計点が何点以上で5」といった，単純なルールづくりを進めている例が多く見られます。しかし，教科や単元によって，観点ごとの重要度が異なる場合が多いことから，傾斜配点を行うといった工夫も必要でしょう。また長期的には，第4章156〜157ページに述べたように，総合評定をつけるための「全体的なルーブリック」を作ることも考えられてよいと思います。

この際，すべての観点の力が総合的に発揮されるようなパフォーマンス課題を考え，それに対応するルーブリックを作るというやり方もあります。

Q7 学期ごとにルーブリックを作って評価することにしました。この方式では，Cがつく子どもは，学期ごとにたしかに力を伸ばしているのに，クラス全体で見ればやはりCをつけざるをえないという問題が起こったのですが，どうすればいいのでしょうか？

A7 たしかに「従来のような『絶対評価を加味した相対評価』であれば，Cの子どもでもやる気がでるように，『さじ加減』ができたのに…」という悩みも耳にします。

　目標準拠評価において，この問題を根本的に解決するには，学期や学年を越えたルーブリック（つまり「長期的／発達的ルーブリック」）を作る必要があります（第4章149ページの**資料6**や第5章211ページの**資料B**参照してください）。たとえば，特定の学年で10段階のルーブリックを用いれば，5から8へ伸びる子どももいれば，3から6に伸びる子どももいるでしょう。この方式なら，子どもによって尺度をずらす「さじ加減」をすることなく，それぞれの子どもの伸びを評価できます。このような方式が，第1章で述べた個人内評価と到達度評価の「内在的な結合」の具体像だと考えています。現時点では，通知表において**1年間共通したルーブリックを用いると**，多少改善できるのではないでしょうか。

Q8 学年や単元の初めにどのようなルールや基準で評価するかを示す必要があると言われますが，実際のところ，いきなり完全な学力評価計画を作るのは無理です。また，指導している過程で評価基準が変わってくるということもあると思うのですが？

A8 私も，大学の授業のためにシラバス（科目概要）を書く際には，毎年どのような学力評価計画を書くべきか，非常に悩みます。毎年，できるかぎりの知恵を絞って，先輩や同僚にも相談に乗ってもらいながら最善と思われる方式を書きますが，それでも授業が始まってしば

らくすると「もっとこうすればよかった」と後悔します。しかし、学力評価計画を書いて学生にも公表している以上、その学年の学生たちはそのつもりで授業を受けていますから、1年間は約束を守らざるをえません。

　学校には、教える経験が長い先生方がたくさんいらっしゃいますから、その経験を寄せ集めて学力評価計画を立てれば、かなり質のよいものが作られることでしょう。①ひとまず最善と思われる学力評価計画を作り公表して、あらかじめ子どもたちや保護者から承認してもらう。②もし改善すべき点が見つかったら翌年改善する、というプロセスを繰り返していけば数年のうちには、かなり安心できる学力評価計画ができると思われます。

　それまでは、大まかな学力評価計画を示しておいて、細かいところは単元ごとに説明していく、あるいは児童・生徒たちと話し合いながら作っていくといった方式も考えられるかもしれません。なお、学力評価計画を作る際の留意点については204ページをご覧ください。

Q9 学力評価計画が社会的に承認されるとは、どういう状態を指しているのでしょうか？

A9 いろいろな形態が考えられます。一番想像しやすいのは、学年初めの全校集会や保護者会などで学力評価計画が示され、討論され、承認されるという形態でしょう。このほかにも、いくつかの学力評価計画が選択肢として示され、子どもや保護者が納得のいくものを選ぶことができるのであれば、それぞれの学力評価計画は、それを選んだ人々には承認されたと解釈できるでしょう。中学校の学区単位で、中学校の教師たちと、その中学校に子どもたちを送り出す小学校との教師たちが集まって、相互の学力評価計画について検討するといった活動も、学校階梯を越えたカリキュラムの整合性を確保するためには重要です。地方教育委員会などで学力評価計画を公表して世論の反応を探るのも、学力評価計画に対する社会的評価を求めるやり方の一つといえるでしょう。

Q10 教師はあまりに忙しいですから，各学校で学力評価計画を作るのは難しいと思いますが？

A10 学力評価計画を立てて指導することは，本来であれば教師の仕事の中核に位置しています。それができないほど忙しい場合は，学校の役割や教師の労働条件を考え直す必要があると思います。それでもなお，各学校で学力評価計画を作ることは大変な作業だということは理解できます。十分な情報を集めて研究したり，学校を越えたスタンダードを明らかにしたりするためには，地方教育委員会や大学などが果たすべき役割が大きいといえます。こうした**中間的組織**が叩き台を作成し，各学校で実態に応じてアレンジすることも考えられてよいでしょう。

日本の地方教育委員会はアメリカの学区制度をモデルに作られましたが，アメリカの学区を実際に訪れると，学区教育委員会が日本の教育委員会よりもずっと学校に身近な存在であることに驚きます。第5章で紹介しているジョンソン・シティの例でいえば，校長が自分の学校に責任をもって日常的に教師たちと関わっているのと同じような感覚で，学区の教育長は5校園を歩き回り，教師たちと対話していました。

Q11 日本でもイギリスのように，資格授与団体（学校外部で検定試験を行う団体）が評価を担当すべきだと考えているのですか？

A11 たしかにイギリスのシステムは一つの興味深い形態ですが，形式的にそのような組織を作り，その学力評価計画に従って学校が評価を行わなくてはならないようにしてしまうことは危険です。学力評価は目の前の子どもの実態を一番よく知っている教師によって行われるのが，的確な評価を行うためにも指導を向上させる上でも最善だからです。イギリスの資格試験に関していえば，統一試験のみによって行われる形から，学校で教師たちが行う評価（コースワーク）も取り入れる形へと変化しています。日本にお

いては，むしろ教師が行う評価を中心に学力評価計画を立て始め，合意できる範囲で徐々に統一試験を取り入れる形へと変えていくほうがいいように思います。

　また，統一試験においては，しばしば「結果的な妥当性」(207ページ参照)が損なわれる危険性があることにも注意が必要です。イギリスでは，学校ごとの資格試験の結果が公表され，それに基づいて保護者が学校選択を行うため，学校間格差が拡大するという問題が起こっています（拙稿「英国における総合学校を再考する」『鳴門教育大学紀要』第16巻，2001年，pp.231-239)。日本においても，旧文部省によって「全国学力調査」(通称「学力テスト」)が行われた際には，テスト教育に拍車がかかり，教師の教育の自由が侵害されるなど様々な弊害が起こりました（浪本勝年「国の教育条件整備責任と法制（3）」山崎真秀編『現代教育法の展開』頸草書房，1987年，pp.113-127)。そのような問題が再び起こらないように気をつける必要があるでしょう。

第6章
最良作品集ポートフォリオと子どもの学び

> 最良作品集ポートフォリオは，子ども中心主義のカリキュラム原理を背景に個性的な学びのあり方を全体として捉えようとするものであり，最も子どもの参加の度合いが大きい。どんな作品を残し，どんな基準でそれを評価するかについて，子どもが決定権をもつ。1年間や数年間を振り返ることで，子どもは自分の成長を捉え直すことができるため，アイデンティティ形成にも寄与する。

1．子ども中心主義のカリキュラムと最良作品集ポートフォリオ

　第4章・第5章で大きくとり上げたウィギンズ[1]は，「理解」の重要性を強調し，ブルームが「応用」・「総合」と呼んだような「高次の学力」をも，正式な評価の対象としようとした。そのために彼は，カリキュラムそのものを「高次の学力」が習得されるような複数の課題（テスト，自由記述問題，パフォーマンス課題など）の集合体として設計することを主張する。また，自由記述問題やパフォーマンス課題などをとり入れつつも妥当で信頼性が高く客観的な評価が可能となるよう，詳細な採点指針（ルーブリック）の開発も推奨している。ポートフォリオは，これらの課題を組織化し，子どもによりよいフィードバックを与え，学力習得を証明するための道具として位置づけられる。このような文脈で用いられるポートフォリオは，基準準拠型ポートフォリオとなる。このようなウィギンズの構想は，カリキュラム編成の原理の一つの極である，学問中心主義のカリキュラム（第3章参照）の発想を継承するものといえる。

第 6 章 最良作品集ポートフォリオと子どもの学び

ポートフォリオ評価法の原則に「検討会」が含まれていることからもうかがわれるように，本質的にポートフォリオ評価法は，教師と子どもが共同で目標＝評価基準を創出していくものである。しかし，その過程で子どもがどの程度目標＝評価基準づくりに参加するかについては，多様な展開が可能である。事実，子ども中心主義の系譜からは，基準準拠型ポートフォリオとは異なる提案も行われている。それが最良作品集ポートフォリオである。最良作品集ポートフォリオにおいては，**所有権（どんな作品を残し，どんな基準でそれを評価するかについての決定権）が，子どもに委ねられる**。

本章では，最良作品集ポートフォリオの意義と留意点を確認した後，その実践について検討する。具体的には，子ども中心主義のカリキュラムの発想を継承するクロー・アイランド小学校[2]の事例研究を通して最良作品集ポートフォリオの意義と課題を探りたい。また，日本において見られる，最良作品集ポートフォリオの要素を織り込んだ実践についても紹介する。

【1】最良作品集ポートフォリオの意義

最良作品集ポートフォリオの意義はまず，子どもにとっては，**自分なりの基準で自己評価する練習になる**ことである。第 1 章にも書いたとおり，自己評価を適切に行えるようになることは，自立の基礎といえよう。もちろん子どもは，放っておいても自分なりに自己評価をしているが，それでも学校の中で「自分なりの評価基準で自分を評価すること」を**明示的に**求めることは，自立の基礎を養う上で意義深い。筆者自身，クロー・アイランド小学校を訪問した際，子どもたちにポートフォリオ・イブニングを実演してもらったが，小学校 4 年生の男の子たちが堂々と自分たちが学習してきた内容とそれについて自分がどう思っているかを話してくれた様子には，とても強い印象を受けた。また鳴教大附小で最良作品集ポートフォリオを実践した際にも，大人が想像している以上に，子どもたちにとって自分たちの成長を見るのが嬉しいことのようであった。

また，最良作品集ポートフォリオ作りを指導する過程で，教師は子どもの自己評価力を評価し，育む機会を得る。ポートフォリオ自体は「評定」の対象か

ら外れるが，最良作品集ポートフォリオを用いるという選択は，子どもの自立的な自己評価を育てることを教育目標として選んでいることを意味する。つまり，教師はやはり子どもの学びと自己評価を評価し，指導するのである。

さらに，最良作品集ポートフォリオによって，教師は，子どもの視点から学びの姿を捉える機会を得ることができる。基準準拠型ポートフォリオの場合，子どもの学習は目標と照らし合わせて評価される。だがこの場合，何を入れるかが決まっているので目標からはみ出す部分は見落とされてしまう可能性が高い。一方，最良作品集ポートフォリオであれば，**子ども自身の興味や子どもにとって何が重要かを教師が把握することができる**。このことが，教育を改善するヒントになることもある。

【2】最良作品集ポートフォリオを用いる上での留意点

子どもが自分なりの評価基準に則ってポートフォリオづくりを進めるといっても，放任しておけばいいということではない。

①まず，最良作品集ポートフォリオとは何かを伝えるとともに，**どのような評価基準が意味のあるものなのかを指導する必要がある**。例えば，「自分にとって達成感が大きいこと」，「自分が大きく成長したと感じられた時」，「自分らしさが表れていること」といった評価基準が考えられる。

②また，子どもにはポートフォリオを作らせるだけでなく，それを用いてアピールする機会を確実に与える必要がある。（以下紹介するクロー・アイランド小学校のポートフォリオ・イブニングは，そのような機会といえる。）

③保護者や教師たちにも，最良作品集ポートフォリオとは何かについての共通理解を図っておく必要がある。最良作品集ポートフォリオには，必ずしも大人の評価基準で見た「最良」の作品が集められるわけではない。保護者にはアラを探すのではなく，子どもなりの自己表現を見るよう促す必要がある。また教師は「子どものこんな作品を人に見せては，自分の指導の質が悪いように見えてしまう」と自己防衛的になるかもしれない。最良作品集ポートフォリオは，教師の指導の記録ではなく，子どもの学びの記録であることを理

解しておく必要があるであろう。

2．クロー・アイランド小学校におけるポートフォリオ評価法の実践

【1】クロー・アイランド小学校の概要

　クロー・アイランド小学校は，アメリカのシカゴ，ウィネトカ学区にある。ウィネトカ学区は，20世紀初頭ウォッシュバーン（C. Washburne），パーカー（F. Parker）などが主張する子ども中心主義教育の影響を強く受けた。「ウィネトカ公立学校の哲学」[3]においては，学区の信念として，一人ひとりの子どもの尊重，知的卓越性の強調，社会的責任と機会の平等という理想の確保が重視されている。また学区の教育目標として，①知的成長，②基礎的スキルの徹底，③子どもを全人的に捉えること，④多様な関心や才能への対応，⑤身体的・精神的健康の促進，⑥学識・責任ある市民の育成，⑦美的発達の促進，⑧卓越性の追求，が掲げられている。「子どもを全人的に捉える」といった主張に，子ども中心主義からの影響が今なお残っていることがうかがわれる。現在，小学校（幼稚園－第4学年）3校，ミドル・スクール2校（第5－8学年），高校1校（第9－12学年）がある。

　クロー・アイランド小学校[4]は，児童数370人，男女はほぼ同数で，民族的少数派の子どもは少ない。学区は比較的豊かな階層の住む地域である。各学年4クラスで，1クラス約20人であり，能力混合学級編制を行っている。16人の担任教師のほか，美術，音楽，運動感覚に関する健康促進（kinetic wellness），体育，スペイン語，図書室，コンピュータ，理科，第二言語としての英語（English as a Second Language: ESL）を専門とする教員が11人いる。1984年からはヒバートが校長を務め，1987－88年度から学校ぐるみでポートフォリオ評価法に取り組んできた。

　この事例研究にあたっては，当校においてポートフォリオ評価法に取り組む教師たちの意識や授業の様子までを含め，その実践の全体像を把握するため，2001年5月29・30日に学校を訪問した。この間に授業観察を行ったほか，ヒ

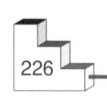

バートには両日1時間ずつインタビューをした。また、各学年の担任教師や美術、図書室、ESLを担当する教師たち、子どもの母親2人とも対話する機会に恵まれた。さらにヒバート自身も、十数年の実践の成果をまとめた著書[5]を2001年に出版した。そこで次に、筆者が訪問した際に収集したデータ、及びヒバートの著書に基づいて、クロー・アイランド小学校の実践を検討しよう。

【2】クロー・アイランド小学校の実践
(1)「紙ばさみ」と「ポートフォリオ」と「アーカイブ」

クロー・アイランド小学校では、3種類のポートフォリオを用意している。

まず、日常的に資料をためている**「紙ばさみ」**（folder）がある。多くの教師が、**資料1の①**に示したような「吊り下げ型紙ばさみ」を用いている。この教師は数学とその他に分類しているが、数学と読書と作文に分けている教師もいた。また、美術などを担当する専門教員は、別の「紙ばさみ」を用意している。

教師は、たとえば一月に1度、子どもたちにこの「紙ばさみ」を振り返らせ、残しておきたい作品を、学年ごとに決められた色のフォルダーに入れさせる（**資料1②**）。同校では、このフォルダーのことを**「ポートフォリオ」**と呼んでいる。つまり、「紙ばさみ」がワーキング・ポートフォリオであり、「ポートフォリオ」はパーマネント・ポートフォリオの位置を占めている。

さらに、小学校生活全体を通してこの「ポートフォリオ」を集め、**「アーカイブ」**と呼ばれる茶色の大きなフォルダーに保管する（**資料1③**）。「アーカイブ」は、普段は「資料センター」と呼ばれる図書室の一角に、学年を移動しても並べ替えなくてよいように名字のアルファベット順に並べられている（**資料1④**）。

「アーカイブ」は一種の累積記録であるが、これが唯一の累積記録ではない。**標準テストの結果や教師が記述した評価を集めた指導要録**が、別に用意されている。つまり、子どもが所有権を握る「アーカイブ」と教師が所有権を握る指導要録という、2つの累積記録が存在している。

このように2つの累積記録を並存させるシステムは、ヒバートらが意図的に

資料1　クロー・アイランド小学校のポートフォリオ

行っていることである。ヒバートは次のように述べている。「私たちは、ポートフォリオと学校の累積記録を全く別のものとしています。ポートフォリオに対する子どもたちの所有権は大変重要であり、教師による採点や評価（evaluation）を免れている必要があります。一方、学校の累積記録は、もっと標準化された情報と、適切なことに教師のコメント、および／または子どもの作品への評価（assessment）を含んでいます」[6]。つまり、クロー・アイランド小学校のポートフォリオは、基準準拠型ポートフォリオで重視されていたような学力評価の道具ではなく、子どもによる「学習の評価」のための独立したアプローチとして登場しているのである。

(2) 振り返りを促す日常的な指導——作品を選んだ理由を書かせる

「紙ばさみ」から「ポートフォリオ」へ資料を選ばせる際、教師たちは、子どもたちに、**なぜその作品を選んだかの理由を書かせる**という指導を行う。そのような理由を書く紙片は「振り返りの付箋」（reflection tag）と呼ばれ、選ばれた作品の左上に添付されている（**資料1**②を参照）。**資料2**[7]は、「振り返

資料2　学年による指導の違いと，子どもの記述（「振り返りの付箋」など）

	幼　稚　園	第　1　学　年	第　2　学　年
指導の特徴	ポートフォリオの経験の始まり 「赤ちゃんの本」（baby book）を思い出させる。 1年の終わりにかけて，教師との対話を通し，振り返り，選択する過程を始める。子どもたちは，なぜある写真が自分にとって重要かの理由を，教師に話す。 ブロックを組み立てたり，新しい友情を築いたりすることは，5歳児にとって，価値あるベンチマークとなる。	第1学年の課題は，どうやって振り返るかを学ぶことである。 「赤ちゃんの本」に触れながら，教師は「でもあなたたちはもう赤ちゃんではないから，このコレクションを**ポートフォリオ**と呼びます」と言う。 [赤いフォルダーを見せながら]「これがあなた方の1年生のポートフォリオになります。このフォルダーには何が入るかしら？　あなたが決めて，私はあなた方を手伝います」。 「もうあなたたちは1年生だから，**あなたたちが1年生の作品を選び，ポートフォリオに保管します。」** 「読むことで，何が一番難しいですか？」 「書くことが上手になったと，どうやってわかりますか？」 「理科で，いい観察者であるとはどういう意味ですか？」 「あなたが得意なことは何ですか？」	第2学年で，子どもたちは，自分の作品をフォルダーに組織し，自分で振り返りを書くようになる。 子どもたちに，「何かをポートフォリオに入れるのは，なぜ？」と尋ねる。「それが，一番いい作品だからです」というのが，普通の最初の答えだ。教師は，価値についてさらに述べるよう，我慢強く子どもたちから引き出す。「私が得意なことだからです」「一生懸命がんばったからです」といった言葉を，子どもは語り始める。 中身に関してオープン・エンドに書かれた振り返りが，ポートフォリオの組み立てに重要な要素である。
子どもの記述	「私は，友達とお城を作ります。」（エイミィ）	「かくのがすき。」（チャーリー） 僕は，今年作文が上手になったと知っている。なぜなら…「学年のはじめ，およそ2つか3つのたんごしか書けなかったし，文字も正しくなかった。今では，たんごの間をあけることができるし，ピリオドをさいごにおくし，大文字を使うことができる。」（ビリー） 第1学年の最も良かった部分は…「たくさんのばしょに行くことです。」（リリー） 今年の数学で私が学んだ一番重要なことは…「時間…それは，ベッドに行く時間や，映画を見る時間を知るのに重要だ。」（デヴィン） 僕が読んでいる物語は…「学校」。僕は，この物語が好きだ。なぜなら…「それはほんもののように思えるから」。僕は，このページを取り上げた。なぜなら…「ぼくは友だちを作るのがすきで，友だちを作ることがぼくにとってたいせつだからだ。」（ローレン）	「ぼくは，かくことがすきだ。…かんがえることや，そうぞうすることをかくことができる。」（チャーリー） 私は，ポートフォリオにこの作品を選びました。なぜなら…「本物のたねをつけているからです。それらを手に入れるために，私たちは，くだものをほってうめなくてはなりませんでした。」（アンナ） 僕は，ポートフォリオに，この作品を選びました。なぜなら…「それは，僕の作文帳のさいごのページで，私がどれだけ上手になったかをしめすからです。」（サム） 僕は，ポートフォリオに，この作品を選びました。なぜなら…「これは，僕自身の考えだからです。」（デイヴィッド）

第6章 最良作品集ポートフォリオと子どもの学び

(Hebert (2001) をもとに筆者が作成した)

	第 3 学 年	第 4 学 年	第 5 学 年
指導の特徴	3年生は、ポートフォリオを組織する別のやり方を考え始める――日付により、教科により、関心により、好みにより、といったようにである。振り返りの付箋に書かれた言語は、話される言語とほぼ同じになる。目標設定は、第3学年のポートフォリオの経験の重要な部分である。 自分の学習の歴史がどこに保管されているか、よく知っている。…高度な能力と自信をもって、ポートフォリオを組織するようになる。	4年生たちは、自省の言語を洗練するよう取り組む。 「自分の学習についての物語を語ること」というポートフォリオの概念が、カリキュラムに埋め込まれる。	第5学年までに児童たちは、ポートフォリオを分析し、評価し、成長のパターンに気づくことができるようになる。 目次を作ったり、ポートフォリオの中身についてより長く説明する中で、生徒たちは、作品（artifacts）を蓄積し、価値を割り当て、学習の傾向性を評価し始める。
子どもの記述	「ぼくは、せいかつの中であったほんとうの話を書くのがすきだ。今では、書きたいことを書くことができる。」（チャーリー） 僕は、この作品をポートフォリオに選びました。なぜなら…「これは、スポーツについてだからだ。僕の長所は、スポーツとスペルだ。僕は、この両方が大好きだからだと思う。」（チャーリー） 私は、ポートフォリオにこの作品を選びました。なぜなら…「マーティン・ルーサー・キング・ジュニア博士の自伝で、私はいっしょうけんめいがんばりました。…私のママは、私をほこりに思いました。」（サラ） 私は、ポートフォリオにこの作品を選びました。なぜなら…「去年していたみたいに、指で数を数えることをもうしないからです。」（ケイティ）	「ぼくの作文は良くなってきている。…ぼくがんばっているからだ。よりふくざつな文章を書くようになったし、くわしく書くようになった。句読点をどこに打つかを学んだし、その意味も学んだ」（チャーリー） 私は、ポートフォリオにこの作品を選びました。なぜなら…「私は書くことが大好きです！ 私の語彙は、たくさんふえました。書かれた物語が、活気づいています。まさに私の頭から飛び出して、ノートへと行くみたいです。私は、自分の物語をより良く理解します。この物語は、よくまとまっています。私はまた、書けば書くほど、想像力がふくらんでいくとわかります。」（マディ） ＊「私は、このクラスで、子どもから生徒に成長したと思う。学年の初めのポートフォリオを見て、成長したことがわかる。この学校に来ることで、たくさん学ぶだろう。ここがとても好きだ。私は数学の事実と割り算を知らない状態から両方とも知っているように変わった。一生懸命がんばることで、成功し始めている。」（サリー）	「物語の書き直しがとくいになってきている。ぼくの一番の長所は、考えをいいぐあいに組み合わせることができることだ。…ぼくは何をどこにおくべきかを知っていると思う。」（チャーリー） 「私は、学校は素晴らしいと思う。面白いだけでなく、学んでいる。理科は、私のお気に入りの教科だ。私は、本物の、やってみる理科が好きだ。去年、社会で、私は、ジョージアについてのレポートをした。まさに、私の人生で、一番大きなプロジェクトだった。今年、私は、蒸気機関車についてのレポートをした。私の作品のスペルは、向上した。私は、単語を発音通りに書く。たとえば、『group』を『grupe』というふうに書く。時にはそれが正しいし、時には間違っている。数学は、お気に入りの教科ではない。私は、早くやりすぎて答えを間違うから、もう少しゆっくりする必要があると思う。もしゆっくりすれば、一度で正しい答えを出すことができるだろう」（C.J.） 「僕は、速く読みすぎないときの自分はいい読み手だと思う。僕は、単語を混ぜこぜにしてしまわない限りは早く読む。自分で読んでいると、時々僕は本当には理解しないほど速く読んでしまう。意味がわからないところに来たら、僕はその部分をとてもゆっくりと読み直す。」（ポール）
親の記述		＊「サリーは、概念的に考える人です。優れた想像力をもっており、学校に行くことを楽しんでいます。私たちは、彼女がその創造的な力を伸ばし、自分の能力と才能に自信を感じるような機会があることを希望します。」（サリーの両親）	

＊は通知表に書かれた振り返り

りの付箋」などを書かせる際に教師が行う指導の特徴と,子どもの記述の例を,学年ごとに整理したものである。学年が進むに従い,子どもたちの振り返りが深まっていることがうかがわれる。

　第1学年の場合は,教師が選んだ理由を尋ねて書き取る。高学年になると,選ぶ理由についてクラスで考え,板書するといった指導がなされている。そのような場面での教師の指導言の一例を示す[8]。

　T：あなたがポートフォリオに入れる作品を選ぶ理由をいくつか考えてみましょう。何か理由を思いついたら,手を挙げてください。私は黒板にそのリストを書きます。(いくつかの理由を聞き,書く時間をとる)　テーブルに白い付箋を用意しました。それぞれの付箋には「私は,この作品を私のポートフォリオに選びました。なぜなら：」と書いてあって,あなた方が書き込めるよう線が引いてあります。あなたが作品を選ぶ理由として,黒板に書いてあるものを参考にしてください。<u>いったん始めたら,他の理由を思いつくかもしれません。それもいいですよ</u>——黒板に書いてあるのだけが理由ではありませんからね。置いておきたい作品を見つけたら,振り返りの付箋に書き込んで,それをこんな風に作品にホッチキスでとめてください。(作品の左上にとめる様子をやってみせる)［下線は引用者による］

　ここで教師は,作品を選ぶ理由に幅広く目配りするよう例を示し,さらに下線部にあるように作品選びの理由を限定しないように注意している。

　筆者が実際に観察したところでは,第4学年の教室の一つで,教師がポートフォリオの編集の仕方についてのいくつかの案(日付ごと,教科ごと,気に入ったものから,など)を子どもたちに挙げさせ,それらをフリップチャートに箇条書きした。次に,「ある作品を気に入るのにはどのような理由があるだろうか」と問いかけ,何人かの子どもに発言させつつ,ワークシートに記入させた。これらも,その後ポートフォリオを整理させる上で役立つ自己評価力を育てる指導といえる。

　また,日常的に,学びの過程についての認識を深めるような対話もなされている。次は,その一例である[9]。このような対話も,ポートフォリオ検討会の一種といえよう。

　T：これらの本のどれが最も難しかったの？
　A　(アシュレー,第1学年)：この本…だって,知らない単語がいっぱいあったから。

T：知らない単語に出会ったら，何をするの？
A：絵がないと，難しいなあ…。
T：その単語が何かがわかる方法を思いつける？
A：時には次の単語が，知らない単語の一種の鍵になるね…そうすれば，その単語の意味がわかる…その単語は次に読む単語とつながっているから…次の単語にいって，それを見たら，時々難しい単語の手がかりになる…でも，そうでないと，難しい。
T：あなたがそのことを知っていることは重要よ。…いい読み手は，あなたが言ったとおりのことをするの。

　このような対話は，授業の合間になされることが多い。**資料3**は，2001年5月29日の第1学年の時間割である。子どもたちは，これらの課題をそれぞれのペースで行っている。もちろん劇の練習などはクラス全体で行うが，小道具作りなどであれば，終わった子どもから本を読むといった好きな活動をしている。したがって，そのような合間を使って，教師は対話する時間をとることができるのである（教室ごとにトイレもついているので，休憩時間をとる必要もない）。筆者が授業を見学した際には，教師も子どももたえず活動しているという印象を受けた。さらに，子どもたちには，同学年や異学年の子どもとも対話する機会が折にふれ与えられている。

(3) ポートフォリオ・イブニング

　クロー・アイランドでは，年に1度，学年末（5月）に，子どもが自分の親に自分の「ポートフォリオ」や「アーカイブ」を紹介するイベント（ポートフォリオ・イブニングという）が行われている。ポートフォリオ・イブニング自体は，子どもが自分の親と非常に親密に語り合う機会であり，場合によっては教師が口をはさむことすら躊躇されると，ある教師は語った。ヒバートは，上に示したようなインフォーマルな教師と子どものコミュニケーションを「会話」（conversation）と呼び，ポートフォリオ・イブニン

資料3　あるクラス（第1学年）の時間割（2001年5月29日）

朝の会／仕事
美術
休憩／おやつ
活動時間
幼稚園のポートフォリオ
クラス日誌I
昼ご飯
クラス日誌II
スペイン語
図書室またはコンピュータ
読者の劇の練習と小道具
チョイス？
物語
さようなら

グに代表されるようなフォーマルなコミュニケーションの機会を「検討会」(conference) と呼んでいる。両者をあえて区別して呼ぶことによって、「検討会」の場が特別で重要なものだという印象を子どもたちに与えようとしているのであろう。

ポートフォリオ・イブニングは午後7時ごろから始まり、90分程度で行われる。①初めのおよそ45分間は、親子が一対一でポートフォリオを振り返る。そこでは、子どもが特に紹介したい作品をポートフォリオから選び出し、「振り返りの付箋」などを参考にしながら、親になぜその作品を選んだかを紹介し、作品を見せる。幼い子どもの場合、ポートフォリオから作品を選んで取り出すにもかなり時間がかかるが、一対一なのでじっくり時間をとることができる（ポートフォリオ・イブニングでは、満足感を感じさせる感嘆の声や信じられないといった感じの笑いが聞かれると、ヒバートは語った）。②それが終わると、親子で教室の展示物を見て回る。③最後に、教室の一画にあるじゅうたん敷きのスペースに集まり、子どもたちが共同で作成したビデオ・ポートフォリオを見る。ビデオ・ポートフォリオでは、体育やスペイン語などの授業風景や校庭での様子が紹介されている。

子どもたちにとって、ポートフォリオ・イブニングは晴れがましい場である。子どもたちは、服装の指示はないにもかかわらず正装して登校するし、「私は、責任をもつのが好きです」、「ママとパパが、作品について、先生ではなく僕に質問しました」といった感想をもつ[10]。

(4) ポートフォリオ・イブニングの準備

教師と子どもたちは、ポートフォリオ・イブニングまでに数週間かけて準備をする。その中で教師は、作品選びの手がかりとなるように、「**学年の初めに知らなかったことで、今、数について知っていることは何ですか？**」、「**あなたのポートフォリオについて、ママやパパに理解してもらいたいことは何ですか？**」といった質問をする。また、子どもに、**親に訊いてもらいたい項目**を書き並べた「私に尋ねて」シートを用意させたりもする[11]。

親に対する指導も、教師の役割の一つである。親によっては、子どもの話に

耳を傾けるよりも，批判的に問いかけてしまうことがある。たとえば，自作のなぞなぞを親に披露しようとはりきっている子どもに，「スペル・ミスが直っていないじゃない」と言った親がいた。そのような場合，教師は対話に加わり，子どもに「スペルを直した作品をママに見せてあげて」と助け舟を出す。子どもが校正すべき時にはちゃんと校正しているのだということを知って親も安心したところで，子どもは自慢のなぞなぞを披露できたのである[12]。

さらに，クロー・アイランド小学校では，数年前からポートフォリオ検討会にどう参加するかを親に伝える機会も設けられている。これを「教師のポートフォリオ・パネル」(faculty portfolio panel) という。これは，標準テストにおける出来ばえについて校長が親に報告する会とは全く別に行われている[13]。

【3】最良作品集ポートフォリオを支持する主張──個性的な学びのあり方を全体として把握する

日常的に行われている教師と子どもの対話が示すように，クロー・アイランド小学校において教師たちは，どのような基準で作品を選んだらよいかについて，子どもの自己評価をより豊かにするよう指導している。しかし，自由記述をさせる「振り返りの付箋」や，子どもに対話を主導させるポートフォリオ・イブニングが典型的に示すように，作品選びの理由については子どもたちの自由な発想を許容し，教師や親がそれを邪魔しないこと，つまり作品選択の最終的な決定権については子どもに委ねることも重視されている。このことから，クロー・アイランド小学校の実践は，最良作品集ポートフォリオを推進している典型例といえる。

インタビューの中でヒバートは，十数年の実践を通して，ポートフォリオ評価法の捉え方が変わったと語っている[14]。

　筆者：標準テストが廃止されて，ポートフォリオ評価法が唯一の評価となることを望まれますか？
　ヒバート：かつてはそのように思っていました。今ではそうでもありません。…なぜなら，

私たちは…あらゆる種類の評価を取り入れることができるべきだと考えるからです。
　　私たちは,「何が目的なのか？」を問わなくてはなりません。[中略]
筆者：面白いですね。私は,それぞれにより向いている学力の質があるのだと思っていました。そうは思われないのですか？
ヒバート：…15年前は,そう思っていました。…ポートフォリオを標準テストの用語で考えるのをやめなくてはなりません——それは,それ自体で何なのか？[を考えなくてはならないのです。]

　つまり、15年の間にヒバートは，ポートフォリオ評価法を標準テストの代替と捉える発想から脱却し，独自の意義をもつものとして考えるに至った。この変化と，ヒバートが主張するポートフォリオ独自の意義を理解するには，クロー・アイランド小学校がどのような発想からポートフォリオ評価法に取り組み始めたのかを見る必要がある。

　アメリカでは，従来から親が子どもの作品を集めて作る「思い出箱」があった。ヒバートは，ポートフォリオをその延長線上で捉えている。また，この学校が子ども中心主義の哲学を掲げるウィネトカ学区にあるという特殊性もある。さらに，もっとも重要な点として，**ガードナーの多重知能理論**[15]からの影響が挙げられる。多重知能理論では，人間の知能には言語的知能や論理—数学的知能，音楽的知能など様々な知能があり，それぞれの知能は他の知能とは相対的に独立して機能し，発達すると捉えられている。また，個人によって，複数の知能のどこに長所・短所があるかが異なるとされる。したがってガードナーは，同じ教育目標を追究しつつも，個人ごとに教育を設計すべきだと，主張している[16]。

　クロー・アイランド小学校の教師たちが，この多重知能理論を理解したきっかけとして，ヒバートは次のようなエピソードを紹介している。ジェフという，普

【ガードナーの多重知能理論】
　知能の働きについて，「実行機能説」では，外部からの情報を一括して収集し処理する中央部分が他の部分を統括していると捉えます。それに対し，ガードナーの多重知能理論は，「モジュール説」を採るものです。「モジュール説」では，そのような中央部分はなく，心は相対的に独立したいくつかのモジュール（単位）から成り立っていると考え，それらモジュールが相互に連携しながら機能していると捉えられます。

段はあまり勉強ができなくて、教師たちがため息をついていたような子どもがいた。しかし、彼はゴルフが得意で、トーナメントに出場するほどだった。ヒバートは、ある日、ジェフがゴルフをやっているビデオを見た。そこに映し出されているジェフの表情は、普段とは全く違い、自信に満ち溢れたものだった。そこでヒバートは、校内の教員研修において、そのビデオと、教室でのジェフの普段の表情を録画したビデオとを取り上げた。教師たちは、どうやってゴルフをやっている時の有能感を学校でもたせうるかを考え、ジェフにはゴルフに関する本を作って1年生に紹介するという課題を提案することにした。こうして、ジェフは、1年生たちの新しいヒーローとなった[17]。

このようなきっかけの後、教師たちは、それぞれの子どものいろいろな場での表情に気を配り始めた。その具体的な反映として、通知表改革も行われた。子どもを多面的に捉えるため、特別教科の教師にも記入してもらう欄を設け、また子どもにも振り返りを書くスペースを与えたのである[18]。現在でも、クロー・アイランド小学校では、標準テストの結果の報告と、教師の自由記述による通知表との両方が、保護者に手渡されている。

それぞれの子どもを全体として評価した上で、一人ひとりにとって何が重要かを理解し、それによって多様な学習機会を用意するという発想は、ポートフォリオの実践にも通底している。したがってヒバートは、標準テストの代替物・補完物としてポートフォリオを捉えてしまうと、ポートフォリオならではの良さを害すると考える。つまり、学力評価については標準テストに基づいて行いつつ、ポートフォリオについてはそれぞれの子どもが自分の学びについて物語るための固有の道具として位置づけているのである。

ヒバートは、実際、次のようにポートフォリオを振り返る中で、自分の興味を再発見し、将来の進路を考えた子どもの事例を紹介している[19]。

校長［ヒバート］：どのように始めたいですか？
［中略。ローリーは、1年生のポートフォリオを振り返り始める。］
ローリー：これは1年生の時の思い出です。…これはハローウィーンの時の私です。私は、小児科医になりました。私は赤ちゃんたちと本当に楽しく過ごしました。［中略］私

は，赤ちゃんたちが，最もすばらしいものだと思っていたのです。
[中略。ローリーは，1年生から順に5年生のポートフォリオへと進む。]
ローリー：（5年生のポートフォリオから）これは，私が最近取り組んでいる作品です。私は，未熟児について研究レポートを書いています。どうやってご飯を食べさせるかを見せる，とても詳しい展示をするつもりです。
校長：このトピックの何があなたの興味を引くのですか？
ローリー：私にとって，1年生のところでも言ったように，私は小児科医か保母になることに興味をもっていて，とにかくお医者さんとか，どうやって赤ちゃんの世話をするとかを学んできました。…そして今回，立ち戻って，自分の作品を見直す機会を得て…私はとても赤ちゃんに興味をもってきたことを発見したし，その興味は1年生の時からだったと思い出します。
校長：そのことは，高校であなたが選択する科目にも影響するかしら？
ローリー：はい…私は，保母か先生になると思います。[後略]

ローリーの振り返りは，まさに自分の学習についての意義づけであるとともに，それを越えた自己評価，つまり**自分のアイデンティティ形成をめぐる自己評価**ともなっている。

このように，子どもに所有権を与えるという最良作品集ポートフォリオの発想の根底には，**それぞれの子どもの個性的な学びのあり方を全体として把握したいという教師たちの明確な意図**がある。

3．最良作品集ポートフォリオの位置づけ

【1】学力評価と「学び」の評価

以上のようなヒバートのポートフォリオ評価法についての理解は，日本における到達度評価論と比較すると，その特徴が明らかになる。到達度評価論においては，教師が設定した目標に到達できているかどうかという観点から，子どもの学力評価を行うことが主張される。これは，学力保障を教師の責任とする点で画期的な改革である。しかし，一方でそのように教育評価を捉えると，教師があらかじめ設定した枠の中でしか子どもの学びを把握できないという危険性も考えられる。ヒバートはインタビューの中で，「ポートフォリオは，教師の教育について評価するものではなく，子どもの学びについて評価するものです」[20]

と述べた。つまりヒバートは、学校の中において、子どもによる学びの評価を、教育する側の大人による評価とは相対的に独立した、正当なものとして位置づけようとする発想をもっている。次に、ヒバートの発想を「大人による子どもの学習の評価」の文脈と「子どもによる教育評価への参加」の文脈とに位置づけてみよう。

【2】大人による子どもの学習の評価

第4章164ページの図4「『態度の傾向性』の位置づけ」と照らし合わせると、大人による子どもの学習の評価については、次の3つの視点を考えることができる（図1）。

図1　大人による子どもの学習の評価

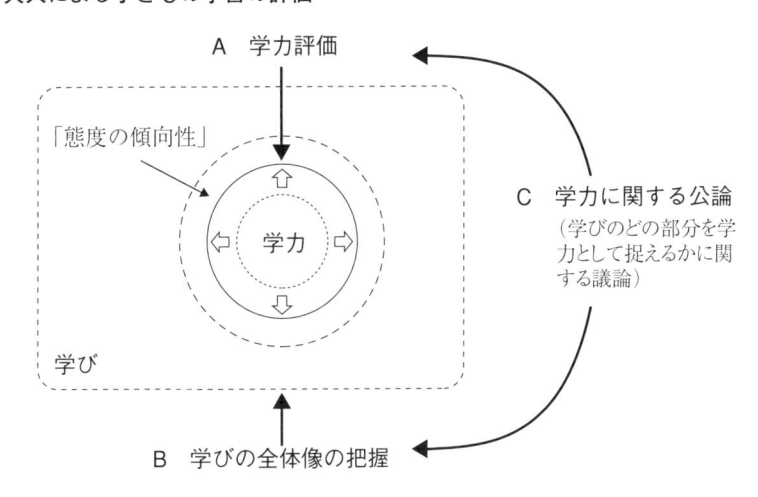

```
              A　学力評価
        ┌─────────────────┐ ←─┐
        │   ┌─────────┐   │   │
「態度の傾向性」→│  ⇧  │   │   │
        │   ⇦ 学力 ⇨  │   │   C　学力に関する公論
        │   │  ⇩  │   │   │  （学びのどの部分を学
        │   └─────────┘   │   │   力として捉えるかに関
        │                 │   │   する議論）
        │  学び           │   │
        └─────────────────┘ ←─┘
              B　学びの全体像の把握
```

A. 学力評価の視点

ここでは、教育目標と照らし合わせて教育効果が評価される。学力は評定の対象や選抜の根拠ともなるものであり、この視点に関連して、情意面をどう評価するか、相対評価（排他的競争）と到達度評価（資格制度）のどちらを採用するかなど、様々な論点が存在している。

B. 学びの全体像を把握しようとする視点

子どもは，学校において教師が教育目標として設定したことだけを学んでいるわけではないし，学校以外の場でも学んでいる。それらをも含めて子どもの姿を捉えようとするのが，この視点である。第4章で扱った「態度の傾向性」はBの対象であるが，学力のすぐ外側にある。ジェフの事例は，教師が子どもの「態度の傾向性」をつかむことが，授業を作る上で重要であることを示している。

C. 学力に関する公論において見られる，より高次の視点

保障されるべき学力はどのようなものなのか，評定の対象や選抜の根拠となる学力はどこまでなのかについては，社会的な合意形成がなされなくてはならない。日本においては，そのような公論を意図的に組織化する営みがこれまで少なかったが，実際には個々の教室，学校，学区，地域・地方，国家など様々な範域において，そのような合意形成をめぐる葛藤が起こっている。

この図に当てはめて考えると，ヒバートの主張は，学力評価の視点（A）と学びの全体像を把握する視点（B）とを混同する危険性を指摘するものと解釈できる。ヒバートは，インタビューの中で，次のようにも語っている[21]。

> 筆者：ポートフォリオを使うことは，子どもたちを可能性いっぱいまで伸ばすことに役立つと感じておられますか？
> ヒバート：はい，なぜなら可能性を発見することができると思うからです。ポートフォリオを通して，興味を見つけることができます。既有知識を発見することができます。［中略］
> 筆者：先生が，子どもたちの可能性を過小評価しないよう助けると感じていらっしゃるわけですか？
> ヒバート：そう，そのとおりです！

ポートフォリオ評価法を，学力評価にとどまらず，学びの全体像を把握するための道具として捉えることは，今まで視野に入らなかった子どもの可能性をも発見する機会を拓くものだといえるだろう。

ただし，筆者自身は，学力評価（A）や学力に関する公論（C）の視点に立つ場合も，ポートフォリオ評価法には意義が認められると考えている。なぜな

ら，ポートフォリオ評価法に取り組んでいる教師たちは，子どもの具体的なパフォーマンスにより多くの注意を払うことによって，従来の教育目標を問い直し，新たな学力を提案し始めているからである。たしかにヒバートはポートフォリオ評価法と標準テストの共存を主張している。これは，標準テストと照らし合わせた説明責任を問われるアメリカの現状において校長を務める立場からでは，州テストや全国テストの改革を具体的に提案することが難しいからであるようにも思われる。ヒバート自身は明確に意識していないものの，筆者としては，学びの全体像を捉えた上で改めて学力の対象規定を問い直す可能性も視野に入れていく必要があると考える。

【3】子どもによる教育評価への参加

一方，これら3つの視点は，子どもの教育評価への参加という観点からも読み替えることができる（図2）。学力評価の視点（A´）で捉えれば，子どもの教育評価への参加は，教師が提示した目標＝評価基準と照らし合わせて自己評価し，自己調整を行うという形になるだろう。これは，ウィギンズがフィード

図2　子どもによる教育評価への参加

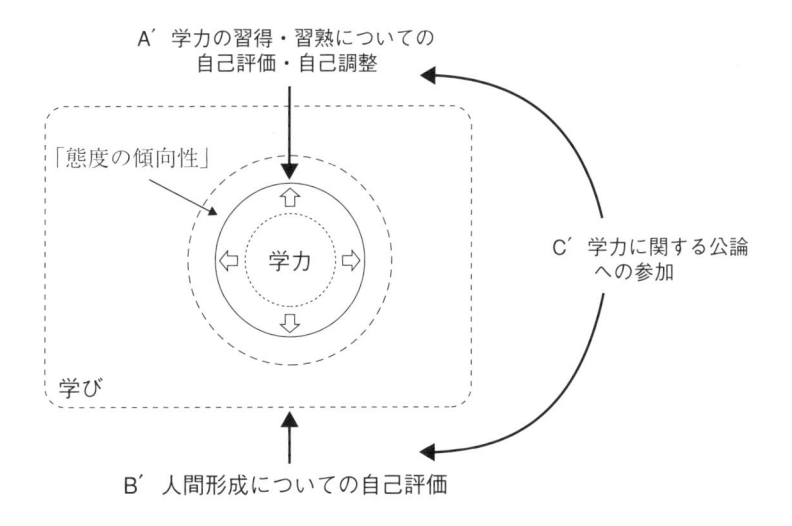

- A´ 学力の習得・習熟についての自己評価・自己調整
- 「態度の傾向性」
- 学力
- 学び
- B´ 人間形成についての自己評価
- C´ 学力に関する公論への参加

バックという言葉で強調した点である。しかしローリーの事例が明示するように，クロー・アイランド小学校のポートフォリオ評価法の実践は，子ども自身が，自分自身の人間形成のあり方について評価していく可能性（視点B´）をも拓くものである。つまり，子どもはポートフォリオを省察する作業を通して，学習は多元的に行われることを理解したり，自己のアイデンティティに関して認識を深めるのである。

さらにクロー・アイランド小学校は，子どもを未来社会における市民として育てることを目指している。ヒバート自身，著書の中で，次のように述べている。「すべての学校は，子どもたちが，未来の社会において能動的で構成的な役割を担うことを当然と思うように育てる責任を認識している。この目的に向けて，子どもたちができるだけ早く，学習者としての自分自身を理解するよう取り組ませることは理にかなっている。責任とバランスの取れた独立の校風を確立することは，多くの学校が熱望する，意図的な目標である」[22]。

このように考えれば，子どもが自分の人間形成のあり方に自覚的になることを促すポートフォリオ評価法は，学力に関する公論（視点C´）へも子どもが参加していく可能性を拓く第一歩だと考えることができるのではないだろうか。「子どもの権利条約」において子どもの意見表明権が国際的に認められた現在，子どもたちを自らの学力保障にむけての意見を表明できる一人の市民として育てるためにも，ポートフォリオ評価法の意義は大きいといえよう。

4．日本の実践に見る最良作品集ポートフォリオの要素

【1】鳴教大附小の「長期ポートフォリオ」

最後に，日本における最良作品集ポートフォリオの実践についてもふれておこう。第3章で紹介した鳴教大附小の「長期ポートフォリオ」（ボックスファイル）は，最良作品集ポートフォリオの一種である。子どもたちは，各学年において自分が最も大切にしたい資料を選び，ファイルに収めていく。**資料4**[23]は，「長期ポートフォリオ」に収められた作品を示した写真である。実は，こ

の子どもが「長期ポートフォリオ」を作り始めたのは，5年生の時であった。しかし，「長期ポートフォリオ」には，小学校1年生の時からの作品が収められている。これは，教師の説明を聞いたこの子どもが，家においてあった資料を持ってきて入れたからである。このほかにも，教師が研究用に借りていた資料をポートフォリオに入れたいから返してくれ，と言ってきた子どもの例もあった。自分の6年間の成長の記録を残すことは，大人が想像する以上に，子どもにとって楽しいことのようである。なお，**資料5**[24]は，「長期ポートフォリオ」に添えられた振り返りの用紙の一例である。ポートフォリオに作品を選ぶという作業を通して，自分の成長を捉え直す機会となっていることがうかがわれる。

資料4「長期ポートフォリオ」の中身
（宮本浩子教諭の提供）

資料5「長期ポートフォリオ」に収められた子どもの振り返り（宮本浩子教諭の提供）

【2】指導要録の観点に対応させた ポートフォリオ

第3章で紹介した宮本教諭は，2002年度には徳島市福島小学校で6年生を担任し，指導要録の観点に対応させたポートフォリオを用いた。具体的には，40個のポケットがあるクリア・ファイルの各ポケットに各教科の観点に対応する見出しをつけさせて，作品を残させた（**資料6**[25]）。1学期は，見出しをつけ，残しておいた作品を選んで収める作業に1時間をかけたそうだが，その

資料6　観点別長期ポートフォリオ（宮本浩子教諭の提供）

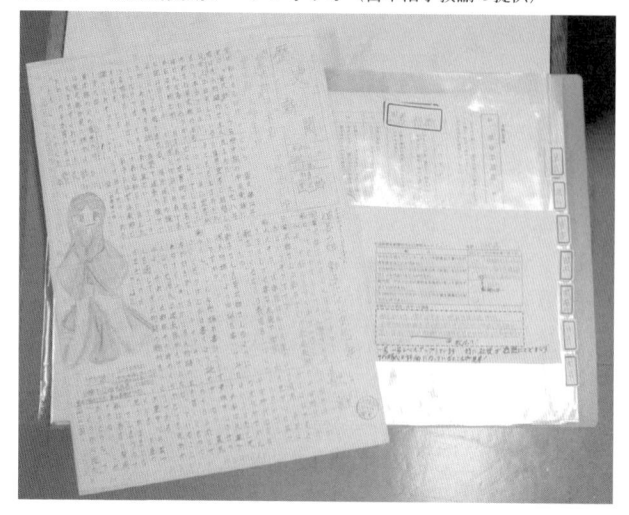

後子どもたちは自分で作品をためていった。このポートフォリオは、通知表につけた成績について保護者に説明するときにも、具体物で示せてよかったという(26)。

観点別に資料を残すように指示している点でいえば、このポートフォリオには、基準準拠型ポートフォリオの要素が取り込まれている。目標準拠評価を徹底するためには、さらに作品選びについてもどのような基準で選ぶべきかを教師から指定することが重要であるように思われる。

だが興味深いことに、宮本教諭は子どもが自分で選びたい作品を選ばせることをむしろ重視している。その理由を尋ねると、次のような返事が返ってきた。

「1・2年生については、ポートフォリオに入れる練習をする段階ですから、『これを入れなさい』と教師が指導します。でも5・6年生になると、選ぶ中に自分がいる、自分が見えてくるというのが大切だと思うのです。教師が指定すると、『嫌いなものを入れなくちゃならない』ということも起こりえます。すると、それだけで拒否してしまい、心がほぐれないのです」(27)。

このような指摘は、発達段階に応じてポートフォリオの受け止められ方が違うこと、発達段階を考慮してポートフォリオを導入する必要があることに気づかせてくれる。

宮本教諭はまた、最良作品集ポートフォリオが子どもの目からカリキュラムを捉え直す上でも役立つことを指摘した。

「ポートフォリオに入れる作品選びを子どもたちにさせることによって、子

どもたちの目からカリキュラムを捉え直すこともできます。面白いことに，たとえば国語の『聞く力』に社会科の資料を入れている子どももいるんですよ。この子にとっては，『聞く力』を一番発揮できた場面が社会科でゲスト・ティーチャーの話を聞いた場面だったんですね。もし教師の目から見てできているのに資料が入っていない子どもがいれば，『資料が入っていないけど，あの場面でできていたじゃない』と指導することもできます。それに，ある観点について資料が入っていない子どもがあまりにも多いようであれば，教師としては目標にしていたつもりだけど伝わっていなかったんだなあ，と反省する材料になりますね。実際，次の学期では重点的な目標として意識するといったこともありました」[28]。

つまり，最良作品集ポートフォリオは，教師のカリキュラム評価にも役立つのである。

本書の冒頭では，ポートフォリオがややもすれば子どもたちが勝手に作品を収集するものにとどまる危険性を指摘した。たしかに筆者は，ポートフォリオ評価法の実践すべてが最良作品集ポートフォリオのタイプになってしまうことを危惧している。しかし，クロー・アイランド小学校の実践や宮本教諭の指摘は，最良作品集ポートフォリオには他のタイプのポートフォリオにはない魅力があることに気づかせてくれる。終章では，3つのタイプのポートフォリオの特質を踏まえた上で，今後どのような使い方が提案できるかについて，考察を深めたい。

---

(1) Wiggins, G., *Educative Assessment*, Jossey-Bass Publishers, 1998.
(2) 当校は，次の論文でも紹介されている。宮本健市郎・田中耕治・名須川知子「アメリカ進歩主義学校の現在―シカゴおよびニューヨークの学校を訪ねて―」『学校教育学研究』第10号，1998年，pp.123 - 140。
(3) Winnetka Public Schools District, "Philosophy of the Winnetka Public Schools", 1981. これは，Hebert, E., *The Power of Portfolio: What Children Can Teach Us About Learning and Assessment*（Jossey-Bass Publishers, 2001）に付録として所収されている。
(4) 1999 - 2000年度までは，第5学年までの子どもを受け入れている学校であった。

（5）Hebert, *op cit.*
（6）ヒバート氏から筆者宛の電子メールによる（2002年5月14日）。
（7）Hebert, *op cit.* をもとに西岡が作成。
（8）*Ibid.*, pp.60-61.
（9）*Ibid.*, p.53.
（10）*Ibid.*, p.86&p.96.
（11）*Ibid.*, pp.86-87.
（12）*Ibid.*, p.93.
（13）*Ibid.*, pp.100-104.
（14）ヒバート氏へのインタビューによる（2001年5月30日）。
（15）Gardner, H., *Frames of Mind: The Theory of Multiple Intelligences*, Basic Books, 1983. 子安増生「多重知能理論からみた近年の教育改革批判」『京都大学大学院教育学研究科紀要』（第47号, 2001年, pp.28-50）も参照されたい。
（16）H・ガードナー『MI：個性を生かす多重知能の理論』新曜社, 2001年。
（17）Hebert, *op cit.*, pp.17-19.
（18）*Ibid.*, pp.24-36.
（19）*Ibid.*, pp.113-115. この対話の初出は，次の論文である。Hebert, E. with Schultz, L., "The Power of Portfolio" in *Educational Leadership*, Vol.53, No.7, 1996, pp.70-71. また，次の論文の中での訳出を参考にした。谷井想「総合学習におけるポートフォリオ評価法の可能性」滋賀大学教育学部社会科教育研究室編『社会科教育の創造』第6号, 1999年, pp.62-63。
（20）ヒバート氏へのインタビューによる（2001年5月30日）。
（21）同上インタビュー。
（22）Hebert, *op cit.*, p.5.
（23）鳴門教育大学学校教育学部附属小学校・宮本浩子教諭（2003年3月31日現在，徳島市福島小学校教諭）による1999～2000年度の実践。
（24）同上。
（25）徳島市福島小学校・宮本浩子教諭による2002年度の実践。
（26）宮本浩子教諭へのインタビューによる（2003年2月18日）。
（27）同上インタビュー。
（28）同上インタビュー。

第6章 Q&A

Q1 つまるところ，「所有権」から見て3種類に分けられるポートフォリオのうち，どれが最も優れているのですか？

A1 「どれが優れているのか」という択一の発想ではなく，目的に応じて使い分けるのが望ましいと思います。教科教育において目標準拠評価を行うためには基準準拠型ポートフォリオが適していますし，総合学習については基準創出型ポートフォリオが最適です。最良作品集ポートフォリオについては，子どもが選んだ作品についてもあらゆるものが収められうるので，学校外での学びも含めて扱われることになります。

　なお，一つのポートフォリオの中で，仕切りを作ってパートごとに「所有権」を分けるという方法もあります。（たとえばイギリスのプログレス・ファイル。第1章【付論1】を参照）。子どもが入れたい作品と教師が入れさせたい作品をそれぞれ選んで，誰が選んだかを付箋か何かで明示しておくというやり方もあります。**資料6**（242ページ）の「観点別長期ポートフォリオ」のように，観点だけを指定して好きな作品を選ばせるというやり方も参考になるでしょう。ポートフォリオの3種類はあくまで理念形であり，実際の運用では様々な工夫が可能です。

終章 ポートフォリオ評価法の意義と展望

1. ポートフォリオ評価法の全体像

　本書では，第1章で，教育評価論を構造的に捉え直すための柱として，「教育目標＝学力」そのものと「目標づくり」のプロセスという2つを提示した。また第2章では，ポートフォリオ評価法の基本原則を確認した。ポートフォリオ評価法は，ポートフォリオづくりを進める中で，子どもの学習の姿を教師と子ども自身が具体的に把握するとともに，子どもの自己評価力を教師が養う機会を構造的に織り込むアプローチである。そのために，ポートフォリオづくりにあたっては，**折にふれて中身を整理すること，ポートフォリオについて話し合う検討会を設けることが特に重要である。**

　同時に，ポートフォリオ評価法は，非常に柔軟性の高いアプローチでもある。ポートフォリオに収められる作品は何らかの系統性に即して選ばれていくが，その際，作品選びの基準（すなわち評価基準）を教師が決めるか，子どもが決めるか，あるいは両者の交渉によって決めるかに着目することが意義深い。

　総合学習では，両者の交渉によって作品選びをしていく基準創出型ポートフォリオを用いることが適切である（第3章）。総合学習は子ども自身が設定する課題に即して展開するが，より的確に課題が設定できるよう教師が指導をすることが必要である。この際に，ポートフォリオで子どもの学習の実態を捉え，話し合うことが有効である。

　一方，**教科教育においては，目標準拠評価を体系的に行うために，基準準拠型ポートフォリオを用いることができる**（第4，5章）。従来の筆記テストでは評価できる学力の幅が狭いため，今後はパフォーマンス課題なども取り入れ

ることが求められている。その際，どの評価法でもたらされた作品をポートフォリオに入れるかを規定しておけば，学力評価計画の見通しを教師と子どもが共有することができる。

さらに，**最良作品集ポートフォリオであれば，子どもの学びの全体像の把握に役立つ**。目標と照らし合わせた評価では，どうしてもあらかじめ設定した目標からはみ出した部分の学習は捉えにくくなる。しかし，子どもの自己評価を最優先する最良作品集ポートフォリオを用いれば，子どもの視点からカリキュラムを捉え直すことができるだろう。

2．ポートフォリオ評価法の本質──学習と評価の主体性

さて，第6章において明らかになったことの一つは，アメリカにおいて，基準準拠型ポートフォリオを支持するウィギンズと，最良作品集ポートフォリオを推奨するヒバートの間には，大きな意見の違いがあったということである。

ヒバートは，次のように述べている。「ポートフォリオを標準テストの用語で考えるのはやめなくてはなりません──それは，それ自体で何なのか？［を考えなくてはならないのです］。（中略）［ウィギンズについて］彼は，私とは異なる意見をもっています」(1)。ヒバートは，学力評価と子ども自身による学びの評価とを明確に区別し，学力評価については標準テストと教師の評価，学びの評価については最良作品集ポートフォリオによる評価を用いるという立場をとっていたのである。

一方，ウィギンズは，次のようにヒバートの主張を批判している(2)。

筆者：田中教授と私は，クロー・アイランド小学校というシカゴの学校を訪問しました。
ウィギンズ：クロー・アイランド？　私も行ったことがあります。
筆者：本当ですか！
ウィギンズ：進歩主義的な学校としてかなり有名です。［中略］［クロー・アイランド小学校のやり方について］なぜ私にはそれが気に入らないかというと，説明責任という圧力がかかるにつれ，そんなポートフォリオはどんどん重要視されなくなるからです。評価システムの一部にしないことによって，ポートフォリオは貶められます。［中略］私たち

には，今，典型的に集められているよりももっとたくさんの異なる種類の証拠が必要です。ポートフォリオは子どもたちだけでなく，学校にも所有されるものであってほしいし，政策策定者たちにはこれが重要な証拠であると言ってもらいたい。

つまりウィギンズは，標準テストをもポートフォリオに入れる作品の一つとして捉えた上で，基準準拠型ポートフォリオによる評価を公的な評価システムの中に組み込むことを主張しているのである。

このようなウィギンズの主張には，公的な評価システムの中で幅広い学力を評価するために多彩な評価法を用いることを推進する点では意義が認められる。しかし，ウィギンズの主張を突き進めると，要は筆記による評価やパフォーマンス課題を収集すればいいことになりかねない。実際，ウィギンズ自身，CLASSにおいて「アンソロジー」を提唱して以降は，ポートフォリオ評価法の研究を深めてはいない。これは，ウィギンズにとって，ポートフォリオが限定的な意味しかもちえていなかったことの表れであろう。

ウィギンズは同じインタビューの中で，「ポートフォリオの設計を形作った教師たちは，ポートフォリオという観念をある意味混乱させてしまったのです。なぜなら彼らはポートフォリオを指導過程としたがり，評価とはしたがらなかったからです。［その結果，彼らが用いるポートフォリオは］最良作品集ポートフォリオとなってしまいました」[3]と，否定的に語っている。しかし，教師たちがややもすれば最良作品集ポートフォリオを重視したという状況は，子どもたちを相手に指導にあたる教師たちにとって，ポートフォリオ評価法の最大の魅力が子どもに学習と評価の主体性を与えることにあったことを示しているようにも思われる。筆者自身，**子どもに学習と評価の主体性を与える**ところにポートフォリオ評価法の本質があると感じている。この本質的な特徴によって，ポートフォリオ評価法は，教育評価論に新しい視座を提起している。

上述のようなヒバートとウィギンズの主張の違いの背景には，2人が前提としているカリキュラム原理がある。子ども中心主義に立つヒバートは，子どもの視点からカリキュラムを捉えることの意義を重視している。このことは，教

師にとっては，あらかじめ念頭においている目標の枠を越えて子どもの学びを捉える機会を提供してくれるものである。さらに重要なことは，子どもに自分の視点でカリキュラムを捉えさせる機会を与えることが，自立した学習者となる基礎を養うものとなる点であろう。

一方，ウィギンズは，学問中心主義の立場に立っており，蓄積された文化を確実に子どもたちに伝授することを重視している。小学校の校長であるヒバートに比べ，中等学校の教員として働いた経験をもつウィギンズには，社会的な選抜が教育評価と重なって行われる文脈の厳しさが強く自覚されているということの影響もあるだろう。

筆者自身は，基準準拠型・基準創出型・最良作品集という3種類のポートフォリオは，どれか一つを選ぶべきものではなく，目的に応じて有機的に組み合わせるべきものだと考えている。たしかに，ウィギンズが主張しているとおり，基準準拠型ポートフォリオを用いれば，より焦点化された深い「理解」を子どもたちに提供することができるだろう。だが，ウィギンズが重視する教師から子どもへ与える文脈だけでなく，子ども自身が自分の学習を組み立てるという文脈からも，ポートフォリオ評価法は位置づけられるべきである。「目標内容決定の権限は，第一義的には子ども自身に属する。…目標内容づくりは…，子どもが自力でこれを行うことができるようになるまでの間，かりに大人の世代が預かっている」[4]と考えれば，学校において，子ども自身に学習主体としての自覚を促す機会を保障していくことが重要である。このように考えると，ポートフォリオはどの種類のものであっても本質的には子どもが目標づくりに主体的に関わることを促すものであり，そこにポートフォリオ評価法の最大の意義があるのだとわかる。

最後に，「学力評価と指導過程」，「社会的な目標づくりと教育評価」という2つの次元において，ポートフォリオが占める位置づけを確認しておきたい。

3．学力評価と指導過程における位置づけ

　まず，学力評価と指導過程という次元に着目してみよう。第1章で述べたとおり，学力概念を設定することは，学力保障とセットになった議論である。つまり評価の対象を，学習一般ではなく，「このような力を子どもにつけたい」という目標に対応する学力として限定的に捉え，その上で学力評価を行い，確実に学力保障をしようとしているのである。新指導要録において目標準拠評価が導入されたのも，このような学力保障の原理を教育全体に貫く思想が，国家政策にも採用される可能性を拓いたものと位置づけることができる。

　しかしながら，学力をめぐっては，様々な論争点も残されていた。いわゆる「高次の学力」については，学力の構造論から分析するよりも，むしろ「筆記による評価」から「パフォーマンスに基づく評価」まで多様な評価法を用いるほうが，現実的な打開策を与えてくれると考えられる。**構成主義的学習観と「真正の評価」論の知見を踏まえたポートフォリオ評価法においては，様々な作品を蓄積していく過程で，子どものパフォーマンスを通して，基礎学力から「高次の学力」までを捉えることができる。**

　一方，指導過程に着目すれば，ポートフォリオ検討会は，まさに形成的評価を具現化した一つの姿である。中内は，ヒトと少数の無尾猿類の教え方は，「相手の『心の声』を測定してみずからの行動をこれに適応させてゆく系」，すなわち教育評価，直接的には「形成的評価」の系が組み込まれている点で特有であることを指摘している[5]。また，「形成的評価」とは，「未発見の目標内容を明らかにしていく一歩一歩の仕事」[6]だとも述べている。ポートフォリオ検討会においては，教師が問いかけ，子どもが応え，両者の提案をつき合わせていくという話し合いが行われ，より深まった次の目標内容が，教師と子どもの両者に明らかになっていくのである。

　特に総合学習は，子どもが目標設定を行う力そのものを育てようとする領域である。総合学習においても，教育評価は，目的と目標に準拠して行われる。

総合学習の単元の始まりにおいては，大テーマと重点目標の設定によって大まかな方向性しか定まっていない。具体的な指導場面では，ポートフォリオとその検討会とを通して，子どもの探究の流れや個々の子どものニーズを把握し，細かな目標＝評価基準の設定を子どもと教師が共同で行っていく。教師の指導を受けつつも子どもが主体的に目標設定を行い，学習が進むと，自分が設定した目標と照らし合わせて自分の探究を振り返る，というサイクルを繰り返すことは，本書で定義した総合学習の本質的な単元構造に対応している。

4. 社会的な目標づくりと教育評価における位置づけ

　次に，目標づくりと教育評価計画[7]の社会的な設計において，ポートフォリオ評価法が果たしうる役割についてもふれておこう。教育評価には，学校を取り巻く社会が学校教育を評価するという社会的な次元が含まれている。最近，学校の説明責任が問われるようになってきたのも，教育評価の社会的な次元が顕在化してきたことの表れである。

　まず，第1章で述べたとおり，社会的な目標づくりと教育評価への参加主体としては，子どもも位置づいている。そこでポートフォリオ評価法がどのような教育評価への参加を子どもに提供するかを検討するために，改めて第1章で紹介したハートの「はしご」（図5，37ページ）を当てはめて分析してみよう。すると，どのタイプのポートフォリオを用いる場合であれ，4段目「子どもは仕事を割り当てられるが，情報は与えられている」に対応する参加が保障されていることがわかる。これは，検討会において，評価基準となる目標について子どもに十分な説明が行われ，それに対する意見表明の機会が与えられるからである。最良作品集ポートフォリオを用いた場合は，子どもなりの評価基準を用いて自己評価を行うことが保障される。したがって，6段目「大人がしかけ，子どもと一緒に決定する」，7段目「子どもが主体的に取りかかり，子どもが指揮する」にあたる参加を行うことができる場が，カリキュラムに組み込まれる。基準準拠型ポートフォリオを用いる場合は，一見，4段目や5段目（「子

どもが大人から意見を求められ，情報を与えられる」）というレベルの参加しか与えられていないように見える。だが，基準準拠型ポートフォリオにおいて学力評価計画や評価基準が子どもに公開されていること，また場合によっては複数の選択肢から選ぶことができることに着目すれば，8段目「子どもが主体的に取りかかり，大人と一緒に決定する」にあたる参加が実現できる可能性があることがわかる。このように「はしご」の上位に対応する教育評価への「参加」を保障していくことは，まさに子どもが学習主体，さらには社会的な目標づくりと教育評価の主体として自立していくことへ向けた「はしご」となるものといえるだろう。

　一方，大人の世代の参加に関してはまず，検討会そのものに保護者や地域の人々が参加するという場面に活用される点に着目できる。検討会の場においては，蓄積された作品群について話し合うことによって，幅広い評価参加者間でコミュニケーションを図ることができる。学校が求められている社会への説明責任の文脈では，ややもすれば数値化されたデータが用いられ，それによって数値で評価しやすいものが目標となってしまうという逆転現象が起きがちである。それに対し，ポートフォリオ評価法を用いれば，**具体的なパフォーマンスを直接共同で評価する**ことになる。したがって，学校で行われている教育と評価の営みを，教師に子どもを預けている大人たちも理解し，それに対して意見を述べることが容易になる。

　さらに，どのようなポートフォリオを作るかという議論そのものが，子ども・教育内容・社会という三者のニーズをいかに調整し，最適化するかに関わっている。第5章でふれたイギリスの資格制度においては，複数の科目明細が提供されている。それぞれの科目明細には固有の学力評価計画が明示されており，これにより，各科目明細に対応して基準準拠型ポートフォリオに収められるべき作品群が規定されている。国家が複数の基準準拠型ポートフォリオを認定し，それらの中から適したものを学校や子どもが社会のニーズを勘案しつつ選択するというシステムは，スタンダードを確保する国家の統制と，需要と供給のバランスをとる市場原理を用いて，子ども・教育内容・社会のニーズを調

整するものといえよう。

　一方，同じく第5章でふれたアメリカの学区制度においては，初等学校から中等学校へとポートフォリオが引き継がれていくことによって，一人ひとりの子どもの発達段階とニーズを，学校階梯を越えて共通理解し，それらに対応することができる。これは，学校を取り巻く地域社会の強い要望を基盤に行われているものである。つまり，アメリカの学区制度は，住民自治の原理を活かして，学力評価計画を策定する方向性を示しているものといえよう。

　これら英米のシステムを参考にして，今後は日本においてもポートフォリオを活かした教育評価計画の策定を進めていくことが求められている。その詳細についての検討は，今後の課題としておきたい。

---

(1) ヒバート氏へのインタビュー（2001年5月30日）。
(2) ウィギンズ氏へのインタビュー（2002年11月20日）。
(3) 同上インタビュー。
(4) 『中内敏夫著作集Ⅰ―「教室」をひらく―』藤原書店，1998年，pp.71-72。
(5) 『中内敏夫著作集Ⅰ』p.17。
(6) 「座談会　中内敏夫『新・教育原論』は教育と教育学の危機の時代に何を提起しているか」『教育』1999年7月号，p.91。
(7) 淀川雅也「教育評価の立場と教育制度の理論」森田尚人他編『教育学年報4―個性という幻想―』世織書房，1995年。

索引

重要用語として解説を施した語は**太字**で表し、解説ページを**太字**で表した。(＊は人名)

ア行

穴埋め問題 …………………………**136**
ウィギンズ（G. Wiggins）＊……………6, 43, 137-138, 141-142, 144, 166-167, 247-249

カ行

概念マップ ………………**120-123**, 156
鍵スキル（key skills）…………41, **169-171**
学習指導要領 ………**94-95**, 137, 158, 189
学問中心主義 …………………**95-101**
学力 ……………………………24, 134
学力評価
　………**16-31**, 65, 134-140, 236-240, 250
学力評価計画…139, 181, **188-211**, 219-221
梶田叡一＊ …………………………15
学校に基礎をおくカリキュラム開発…**94-95**
カリキュラム適合性 …………………205
「関心・意欲・態度」の評価
　………………………159-169, 186-187
観点別（ごと）の（評価）
　………………22, 179-181, 196-199, 217
基準と規準 ………………**25-26, 50-51**
「逆向きの設計」 …………………**189-191**
教育課程審議会答申（2000年12月）
　………………………………22-23, 186
教育評価 …………**15-17**, 237-240, 251
クロス・カリキュラム …………**100**, 169
ＫＪ法 …………………………**120**
形成的評価 ……22, 164, 181, 216, 250
結果的な妥当性 ……………………207
公開と承認の原則 …………………188
「高次の学力」 ………………25, 139, 190

構成主義的学習観 ……………**29-30**
公正性（equity）……………………206
コースワーク（coursework）………**193-196**
個人内評価 ……………………22-24
　―と到達度評価の「内在的な結合」…24, 147
子どもの参加論 ……………………**35-38**
子ども中心主義 …………………**95-101**

サ行

作品（work）（子どもの――）………58, 88
GCSE ………………40-41, **193-194**, 203
自己評価（力）（子どもの――）………**32-35**, 58-59, 107-109, 173, 196-197, 223
実行可能性 …………………190, 206
指導要録 ………**18-23**, 137, 189, 241-242
　――の観点 ………………22, 97, 135-136, 166-167, 181, 198-202, 241-243
真正の評価（authentic assessment） **30-31**
診断的評価 ……………………22, 164
信頼性（reliability）……………**204**
スタンダード（standard）
　………………………38, **144**, 157-158
スティギンズ（R. Stiggins）＊ …………134-137
絶対評価 ……………………**23**, 48
説明責任（accountability）………17, 55
総括的評価
　………22, 164, 181, 196-203, 216
総合学習 …………………**101-128**
　――の評価の観点 …………104-110, 131
総合的な学習の時間 ……28-29, 94, 99-101
相対評価………………………20-21, 237

タ行

多重知能理論（ガードナーの──）…43, **234**
妥当性（validity）……………………**204**
田中耕治＊………………………27, 99, 161-163
段階（習熟）説（学力モデル）…………25-27
デューイ（J. Dewey）＊……………………96
到達度評価………………………**21-24**, 48, 236

ナ行

中内敏夫＊………………………………24, 26
認定評価（戦前の絶対評価）………………19
能力概念……………………136-**137**, 191-196

ハ行

「はしご」（「子どもたちの参画の──」）
………………………………………37, 251
パフォーマンス（performance）…………66
── 課題 ………………6, 138-144,
　　　　　　　　　　179-180, 191-194, 214-215
── に基づく評価…5-6, **30-31**, **65-67**
比較可能性………………………………**205**
筆記試験（テスト）28, 41, 65-66, 191-196
ヒバート（E. Hebert）＊…43, 225-240, 247
評価基準……………………71-83, 109-**110**, 131
評価参加者（stakeholder）………………15-18
評定……………………15-**16**, 20, 199-203, 217
フィードバック ……………………17, 34
ブルーナー（J. S. Bruner）＊……………97
ブルーム（B. Bloom）＊……………18, 31, 163
プログレス・ファイル ………………42, 66
並行説（学力モデル）………………26-27
ベン図法……………………………**120**
ポートフォリオ（portfolio）
………63-68, 87-93, 116-123, 138, 226
　── 検討会 ……………4, **60-63**,
　　　　　　　68-85, 92, 112, 118-127, 231
　──の所有権 …67-68, 82-83, 223, 226
　──の容器 …………………57-58, 113

マ行

──評価法………………3, 39-43, 52-63
──評価法の6原則 …………53, 59-63
基準準拠型 ──
　…………………5, 67-68, 71-75, 139-140
基準創出型 ──
　…………………5, 67-68, 75-79, 236-243
最良作品集 ──…67-68, 79-82, 222-243
パーマネント・──60-61, 114-115, 117
ワーキング・──　……60-61, 115, 117
短期・中期・長期 ──
　………………………114-**115**, 240-241

マ行

マクタイ（J. McTighe）＊………137-138, 168
マスタリー・ラーニング論 …………**18-19**
目標（教育──）…………………………24, 189
　方向目標 ……………………………**19**
　到達目標 ……………………………**21**
　行動目標 ……………………………44
　体験目標 ……………………………44
目標準拠評価（目標に準拠した評価）
………………………………4, **22-23**, 48
目標づくり……………………………31-39, 251
目標分析………………………**17-18**, 31-32
モデレーション（moderation）…**158**, 183, 206
「問題解決のサイクル」………………102-105

ラ行

領域概念…………136-**137**, 168-171, 191-196
ルーブリック（rubric）6, **143**-159, 182-185
　── 作り（作成）………………149-157
　一般的な ── ……………………147-149
　観点別の ── ……………………147
　全体的な ──
　………………147, 153-157, 199-203, 217
　特定課題の ── ……………………147-148
　発達的／長期的な ── ……149, 168, 210

著者紹介

西岡加名恵(にしおかかなえ)

1970年、広島県生まれ。95年、京都大学大学院教育学研究科修士課程修了。98年、イギリス・バーミンガム大学にてPh.D.(Ed)取得。99年、京都大学大学院教育学研究科博士後期課程退学。鳴門教育大学講師を経て、現在、京都大学大学院教育学研究科准教授。京都大学在学中より"カリキュラムとは社会に存在する文化から次世代に伝えたい部分を選び取って組み立てるもの"とカリキュラム論に関心を持ち、卒業論文では京都市内の学校統廃合を、修士論文・Ph.D.論文ではイギリスのコンプリヘンシブ・スクールについて研究。帰国後は"ポートフォリオを通すとカリキュラムが子どもの学習の位相でみえてくる"ことに興味を持ち、ポートフォリオ評価法を研究。主な著書に『総合学習とポートフォリオ評価法・入門編』(共著、日本標準、1999年)、『新しい教育の探究』(共著、文化書房博文社、2000年)、『総合的な学習の評価』(共著、ぎょうせい、2001年)、『ポートフォリオをデザインする』(共訳、ミネルヴァ書房、2001年)、『学びの創造と学校の再生』(共著、ミネルヴァ書房、2002年)、『教育評価論の歴史と現代的課題』(共著、晃洋書房、2002年)、『新しい教育評価の理論と方法』[第1巻・第2巻](共著、日本標準、2002年)、『教育評価の未来を拓く』(共著、ミネルヴァ書房、2003年)、『総合と教科の確かな学力を育むポートフォリオ評価法・実践編』(共著、日本標準、2004年)、『「逆向き設計」で確かな学力を保障する』(編著、明治図書、2008年)がある。

教科と総合に活かすポートフォリオ評価法
～新たな評価基準の創出に向けて～

2003年6月20日　初版第1刷発行　　　［検印省略］
2020年10月1日　初版第7刷発行

著　者　西岡加名恵Ⓒ
発行者　福富　泉
発行所　株式会社　図書文化社
　　　　〒112-0012　東京都文京区大塚1-4-15
　　　　TEL 03-3943-2511　FAX 03-3943-2519
　　　　振替　00160-7-67697
　　　　http://www.toshobunka.co.jp/
印刷所・製本　株式会社　加藤文明社印刷所

落丁本・乱丁本はお取り替えいたします
ISBN 978-4-8100-3407-3 C3037

JCOPY 〈出版者著作権管理機構 委託出版物〉
本書の無断複写は著作権法上での例外を除き禁じられています。複写される場合は、そのつど事前に、出版者著作権管理機構（電話 03-5244-5088、FAX 03-5244-5089、e-mail: info@jcopy.or.jp）の許諾を得てください。